Die Abgrenzung von Marken

Saarbrücker Studien
zum Privat- und Wirtschaftsrecht

Herausgegeben von Johann Paul Bauer,
Michael Martinek (geschäftsführender Herausgeber)
und Helmut Rüßmann

Band 89

PL ACADEMIC RESEARCH

Julia Lorenz

Die Abgrenzung von Marken

Eine Untersuchung zur Wirksamkeit und Gestaltung markenrechtlicher Abgrenzungsvereinbarungen

PL ACADEMIC RESEARCH

Bibliografische Information der Deutschen Nationalbibliothek
Die Deutsche Nationalbibliothek verzeichnet diese Publikation in der Deutschen Nationalbibliografie; detaillierte bibliografische Daten sind im Internet über http://dnb.d-nb.de abrufbar.

Zugl.: Saarbrücken, Univ., Diss., 2015

D 291
ISSN 1433-8866
ISBN 978-3-631-67198-6 (Print)
E-ISBN 978-3-653-06697-5 (E-Book)
DOI 10.3726/978-3-653-06697-5

PL Academic Research ist ein Imprint der Peter Lang GmbH.

Peter Lang – Frankfurt am Main · Bern · Bruxelles · New York · Oxford · Warszawa · Wien

Diese Publikation wurde begutachtet.

www.peterlang.com

Vorwort

Die vorliegende Arbeit wurde im Wintersemester 2015/2016 von der Juristischen Fakultät der Universität des Saarlandes in Saarbrücken als Dissertation angenommen. Rechtsprechung und Literatur wurden bis August 2015 umfassend berücksichtigt.

Ich danke Herrn Prof. Dr. Dr. Dr. h.c. mult. Michael Martinek für die Übernahme der Betreuung der Dissertation und die schnelle Anfertigung des Erstgutachtens. Zudem bedanke ich mich bei Herrn Prof. Dr. Michael Anton für die Erstellung des Zweitgutachtens.

Ferner möchte ich mich bei allen bedanken, die durch konstruktive Gespräche, Ablenkung, Anwesenheit sowie Korrekturlesen zur Vollendung der Arbeit beigetragen haben. Ein besonderer Dank geht an Sven Feß, der mir seit dem Zeitpunkt unseres Kennenlernens zur Seite gestanden, mich vorbehaltlos unterstützt und motiviert hat.

Mein größter Dank gilt an dieser Stelle meinen Eltern, Lydia und Wolfgang Dörge, die mir durch ihren Rückhalt mein Studium ermöglicht und mich in jeder Phase meiner Ausbildung sowie bei jedem Schritt meines beruflichen und persönlichen Weges bedingungslos unterstützt haben.

Inhaltsverzeichnis

Abkürzungsverzeichnis

a.A.	andere Auffassung
a.F.	alte Fassung
ABl.	Amtsblatt
ABlEU	Amtsblatt der Europäischen Union
Abs.	Absatz
AcP	Archiv für die civilistische Praxis
AEUV	Vertrag über die Arbeits-Weise der Europäischen Union
AMG	Arzneimittelgesetz
Anh.	Anhang
Anm. z.	Anmerkung zu
Art.	Artikel
AT	Allgemeiner Teil
Aufl.	Auflage
B2B	Business-to-business
B2C	Business-to-consumer
BB	Betriebs-Berater (Zeitschrift)
Bd.	Band
bearb. v.	bearbeitet von
BeckEuRS	Beck online Rechtsprechung des EuGH, EuG und EuGöD
BeckRS	Beck-Rechtsprechung
BGB	Bürgerliches Gesetzbuch
BGH	Bundesgerichtshof
BPatG	Bundespatentgericht
BR	Bundesrat
BR-Drs.	Bundesratsdrucksache
BT	Bundestag
BT-Drs.	Bundestagsdrucksache
bzw.	beziehungsweise
ca.	circa
DB	Der Betrieb (Zeitschrift)
ders.	derselbe
d.h.	das heißt
dies.	dieselbe
DIHK	Deutscher Industrie- und Handelstag
DPMA	Deutsches Patent- und Markenamt

DStR	Deutsches Steuerrecht (Zeitschrift)
EG	Europäische Gemeinschaft
EGV, EG-Vertrag	Vertrag zur Gründung der Europäischen Gemeinschaft
Einf.	Einführung
Einl.	Einleitung
endg.	endgültig
EuG	Gericht der Europäischen Union; Europäisches Gericht erster Instanz
EuGH	Gerichtshof der Europäischen Union
EuGöD	Gericht für den öffentlichen Dienst der Europäischen Union
EUR	Euro
EUV	Vertrag über die Europäische Union
EuZW	Europäische Zeitschrift für Wirtschaftsrecht (Zeitschrift)
e.V.	eingetragener Verein
evtl.	eventuell
EWGV	Vertrag zur Gründung der Europäischen Wirtschaftsgemeinschaft
ff.	folgende
Fn.	Fußnote
FS	Festschrift
ggf.	gegebenenfalls
GMV	Gemeinschaftsmarkenverordnung
GRUR	Gewerblicher Rechtsschutz und Urheberrecht (Zeitschrift)
GRUR Ausl.	Gewerblicher Rechtsschutz und Urheberrecht Auslands- und Internationaler Teil (Zeitschrift)
GRUR e.V.	Deutsche Vereinigung für Gewerblichen Rechtsschutz und Urheberrecht e.V.
GRUR Int.	Gewerblicher Rechtsschutz und Urheberrecht Internationaler Teil (Zeitschrift)
GRUR-Prax	Gewerblicher Rechtsschutz und Urheberrecht. Praxis im Immaterialgüter- und Wettbewerbsrecht (Zeitschrift)
GWB	Gesetz gegen Wettbewerbsbeschränkungen
GWR	Zeitschrift für Gesellschafts- und Wirtschaftsrecht (Zeitschrift)
HABM	Harmonisierungsamt für den Binnenmarkt
Hrsg.	Herausgeber
hrsg. v.	herausgegeben von

HWG	Heilmittelwerbegesetz
IP	Intellectual Property
IPRB	IP-Rechts-Berater
JZ	Juristenzeitung (Zeitschrift)
KOM	Kommission
LG	Landgericht
LMK	Lindenmaier-Möhring – Kommentierte BGH-Rechtsprechung (Zeitschrift)
lit.	littera
MarkenG	Markengesetz
MarkenR	Markenrecht
MarkenR	Markenrecht – Zeitschrift für deutsches, europäisches und internationales Kennzeichenrecht (Zeitschrift)
MarkenRL	Markenrechtsrichtlinie
Mio.	Million, Millionen
MittPat	Mitteilungen der deutschen Patentanwälte (Zeitschrift)
Mrd.	Milliarden
MünchKomm	Münchener Kommentar
m.w.N.	mit weiteren Nachweisen
NJW	Neue Juristische Wochenschrift (Zeitschrift)
NJW-RR	Neue Juristische Wochenschrift Rechtsprechungs-Report Zivilrecht (Zeitschrift)
Nr.	Nummer
OLG	Oberlandesgericht
PK	Praxiskommentar
PVÜ	Pariser Verbandsübereinkunft zum Schutz des gewerblichen Eigentums
RefE	Referentenentwurf
RG	Reichsgericht
RIW	Recht der Internationalen Wirtschaft – Wirtschaftsdienst des Betriebsberaters (Zeischrift)
Rn.	Randnummer
Rs.	Rechtssache
S.	Seite
s.	siehe
sog.	sogenannt
u.a.	unter anderem

UGP-Richtlinie	Richtlinie über unlautere Geschäftspraktiken
Unterabs.	Unterabsatz
USA	United States of America
USD	United States Dollar
u.U.	unter Umständen
UWG	Gesetz gegen den unlauteren Wettbewerb
v.	vom, von, vor
vgl.	vergleiche
VO	Verordnung
WRP	Wettbewerb in Recht und Praxis (Zeitschrift)
WuW	Wirtschaft und Wettbewerb (Zeitschrift)
ZGE/IPJ	Zeitschrift für Geistiges Eigentum/Intellectual Property Journal (Zeitschrift)

Literaturverzeichnis

Abrar, Sascha, UWG-Schutz gegen Irreführung neben Markenrecht anwendbar, GRUR-Prax 2013, S. 429.

Adjouri, Nicholas, Alles was Sie über Marken wissen müssen – Leitfaden für das erfolgreiche Management von Marken, 2. Auflage, Wiesbaden 2014.

Alexander, Christian, Synopse: UWG – Referentenentwurf – UGP-RL, WRP 2014, S. 1380–1384.

—, Der Verwechslungsschutz gem. § 5 Abs. 2 UWG, in: Festschrift für Helmut Köhler zum 70. Geburtstag, S. 23–37, München 2014.

—, Anmerkungen zum Referentenentwurf eines Zweiten Gesetzes zur Änderung des UWG, WRP 2014, S. 1384–1391.

Althaus, Dietmar, Markenrechtliche Abgrenzungsvereinbarungen, Frankfurt am Main 2010.

Armbrüster, Christian/Wiese, Volker, Die Folgen der Schuldrechtsreform für vor dem 1.1.2002 begründete Dauerschuldverhältnisse, DStR 2003, S. 334–342.

Bärenfänger, Jan, Symbiotische Theorie zum Kennzeichen- und Lauterkeitsrecht - Teil 1, WRP 2011, S. 16–28.

—, Symbiotische Theorie zum Kennzeichenrecht - Teil 2, WRP 2011, S. 160–174.

Baumbach, Adolf/Lauterbach, Wolfgang/Albers, Jan/Hartmann, Peter, Zivilprozessordnung mit FamFG, GVG und anderen Nebengesetzen, 73., völlig neubearbeitete Auflage, München 2015 (zitiert: Baumbach/Lauterbach/Albers/Hartmann, Zivilprozessordnung).

Beater, Axel, Kartellverbot und Vergleichsvereinbarung, WuW 2000, S. 584–596.

Bechtold, Rainer, Anmerkung zu BGH v. 07.12.2010 – KZR 71/08 – Jette Joop, Kartellrechtliche Zulässigkeit einer Abgrenzungsvereinbarung folgt aus markenrechtlicher Rechtslage bei ihrem Abschluss – „Jette Joop", GWR 2011, S. 219–220.

—, Maßstäbe der „Selbstveranlagung" nach Art. 81 Abs. 3 EG, WuW 2003, S. 343.

Beck'sches Formularbuch Zivil-, Wirtschafts-, und Unternehmensrecht, hrsg. v. *Walz, Robert,* 3., überarbeitete und erweiterte Auflage, München 2014 (zitiert: Bearbeiter in: Beck'sches Formularbuch).

Beier, Friedrich-Karl, Ziele und Leitgedanken des europäischen Markenrechts, GRUR Int. 1976, S. 363–375.

Beier, Friedrich-Karl/Kur, Annette, Das Verhältnis von Markenrecht und Recht des unlauteren Wettbewerbs im Wandel der Zeiten, in: Festschrift für Wolfgang Fikentscher, S. 477–49, Tübingen 1998.

Benkard, Georg, Patentgesetz, Gebrauchsmustergesetz, 10. Auflage, München 2006 (zitiert: Bearbeiter in: Benkard, PatG).

Berlit, Wolfgang, Wettbewerbsrecht, 9., neu bearbeitete Auflage, München 2014.

Beyerlein, Thorsten, Das Verfahren wird ausgesetzt. – Überlegungen zur Reichweite des § 148 ZPO im gewerblichen Rechtsschutz von europäischem Hintergrund, WRP 2006, S. 731–735.

Bökel, Werner, Abgrenzungsvereinbarungen und Benutzungszwang, GRUR 1972, S. 28–32.

Bornkamm, Joachim, Die Schnittstellen zwischen gewerblichem Rechtsschutz und UWG, GRUR 2011, S. 1–8.

—, Kennzeichenrecht und Irreführungsverbot – Zur wettbewerbsrechtlichen Beurteilung der irreführenden Kennzeichenbenutzung, in: Festschrift für Alexander von Mühlendahl, Köln, Berlin, München 2005, S. 9–21.

—, Markenrecht und wettbewerbsrechtlicher Kennzeichenschutz – Zur Vorrangthese der Rechtsprechung, GRUR 2005, S. 97–102.

Bunte, Hermann-Josef, Die Bedeutung salvatorischer Klauseln in kartellrechtswidrigen Verträgen, GRUR 2004, S. 301–304.

Bühling, Jochen, Die Markenlizenz im Rechtsverkehr, GRUR 1998, S. 196–200.

Büscher, Wolfgang/Dittmer, Stefan/Schiwy, Peter, Gewerblicher Rechtsschutz, Urheberrecht, Medienrecht – Kommentar, 3. Auflage, Köln 2015 (zitiert: Bearbeiter in: Büscher/DittmerISchiwy, Gewerblicher Rechtsschutz, Urheberrecht, Medienrecht).

Buxbaum, Richard M., Die dem Patentmonopol innewohnenden Beschränkungen, WuW 1966, S. 193–217.

Canaris, Claus-Wilhelm, Nachträgliche Gesetzeswidrigkeit von Verträgen, geltungserhaltende Reduktion und salvatorische Klauseln im deutschen und europäischen Kartellrecht – Eine Untersuchung anlässlich der Aufhebung von § 103 a. F. GWB, DB 2002, S. 930–936.

Cepl, Philipp/Rüting, Kai, Kartellrechtliche Zulässigkeit von Nichtangriffsabreden und ihre Prüfung im Patentnichtigkeitsverfahren, WRP 2013, S. 305–311.

Christoph, Michael, Wettbewerbsbeschränkungen in Lizenzverträgen über gewerbliche Schutzrechte nach deutschem und europäischem Recht – Inhalt des Schutzrechts, spezifischer Gegenstand und Immanenztheorie, Regensburg 1998.

Clark, John Maurice, Competition as a Dynamic Process, Washington, D.C. 1961.

Coordes, Anne, Nach der BGH-Entscheidung "Baumann": Die Rechtsstellung des ehemaligen Lizenznehmers., GRUR-Prax 2014, S. 148–150.

Deutsch, Volker, Anspruchskonkurrenzen im Marken- und Kennzeichenrecht, WRP 2000, S. 854–858.

Deutscher Industrie- und Handelstag, Stellungnahme zum Referentenentwurf eines Zweiten Gesetzes zur Änderung des Gesetzes gegen den unlauteren Wettbewerb, WRP 2014, S. 1426–1430.

Deutsche Vereinigung für gewerblichen Rechtschutz und Urheberrecht e. V. (GRUR), Stellungnahme der Deutschen Vereinigung für gewerblichen Rechtsschutz und Urheberrecht zum Entwurf eines Zweiten Gesetzes zur Änderung des UWG, WRP 2015, S. 42–46.

Dobler, Christian/Sattler, Sven: Das Spannungsfeld von Wettbewerb, geistigem Eigentum und Standardisierung – Problemaufriss, Konfliktfelder und Lösungsansätze, in: Festschrift für Cornelis Canenbley zum 70. Geburtstag, München 2012, S. 139–154.

Douglas, Morton, Anmerkung zu BGH v. 07.12.2010 – KZR 71/08 – Jette Joop, Rechtslage bei Abschluss der markenrechtlichen Abgrenzungsvereinbarung entscheidend für kartellrechtliche Zulässigkeit – „Jette Joop", GRUR-Prax 2011, S. 204–205.

Dreher, Meinrad/Thomas, Stefan, Rechts- und Tatsachenirrtümer unter der neuen VO1/2003, WuW 2004, S. 8–18.

Dück, Herrmann/Maschemer, Andreas, Zwischen „Rule of Reason" und Immanenztheorie – Zur dogmatischen Einordnung der Markenabgrenzungsvereinbarung, WRP 2013, S. 167–172.

Eisenführ, Günther/Schennen, Detlef, Gemeinschaftsmarkenverordnung, 4. Auflage, Köln 2014 (zitiert: Bearbeiter in: Eisenführ/Schennen, GMV).

Ekey, Friedrich/Klippel, Diethelm/Bender, Achim, Markenrecht, Band 1, Markengesetz und Markenrecht ausgewählter ausländischer Staaten, 2., neu bearbeitete Auflage, München 2009.

Elmenhorst, Lukas/Schopp, Laura, Die Beendigung markenrechtlicher Abgrenzungsvereinbarungen, WRP 2012, S. 1356–1360.

Emde, Raimond, Ausgleichsanspruch analog § 89b HGB für Markenlizenznehmer?, WRP 2003, S. 468–477.

Emmerich, Volker, Unlauterer Wettbewerb, 9. Auflage, München 2012.

—, Kartellrecht, 13. Auflage, München 2014.

Everling, Ulrich, Zur Wettbewerbskonzeption in der neueren Rechtsprechung des Gerichtshofs der Europäischen Gemeinschaften, WuW 1990, S. 995–1009.

Fammler, Michael/Niebel, Rembert, Anmerkung zu BGH v. 07.12.2010 – KZR 71/08 – Jette Joop, Kartellrechtliche Zulässigkeit einer markenrechtlichen Abgrenzungsvereinbarung, GRUR 2011, S. 641–647.

Fezer, Karl-Heinz, Der Benutzungszwang im Markenrecht, Berlin 1974.

—, Kumulative Normenkonkurrenz im Kennzeichenrecht – Ein Beitrag zur autonomen Anwendung des MarkenG, des UWG, und des BGB nach § 2 MarkenG, WRP 2000, S. 863–872.

—, Markenrecht, Kommentar zum Markengesetz, zur Pariser Verbandsübereinkunft und zum Madrider Markenabkommen, 4., neu bearbeitete Auflage, München 2009 (zitiert: Fezer, Markenrecht).

Fezer, Karl-Heinz (Hrsg.), Handbuch der Markenpraxis, Markenverfahrensrecht, Markenvertragsrecht, 2. Auflage, München 2012 (zitiert: Bearbeiter in: Fezer, Handbuch der Markenpraxis).

Freitag, Robert, Verpflichtung, Nichtbenutzung eingetragener Warenzeichen nicht geltend zu machen?, GRUR 1973, S. 175–179.

—, Nochmals: Verpflichtung, Nichtbenutzung eingetragener Warenzeichen nicht geltend zu machen? Eine Replik, GRUR 1973, S. 348–349.

Frenz, Walter, Handbuch Europarecht, Band 2, Europäisches Kartellrecht, 2. Auflage, Berlin, Heidelberg 2015.

Fritzsche, Jörg, Unzulässiger Einwand der Löschungsreife im Verletzungsprozess und kein Löschungsgrund trotz Verlusts der Verkehrsdurchsetzung – Kinder, LMK 2004, S. 9–10.

—, Überlegungen zum Referentenentwurf eines Zweiten Gesetzes zur Änderung des UWG, WRP 2014, S. 1392–1399.

Fuchs, Andreas, Neue Entwicklungen beim Konzept der Wettbewerbsbeschränkung in Art. 81 Abs. 2 EG, ZWeR 2007, S. 369–393.

—, Kartellrechtliche Immanenztheorie und Wettbewerbsbeschränkungen in Genossenschaftssatzungen, BB 1993, S. 1893–1898.

Glöckner, Jochen, Der Schutz vor Verwechslungsgefahr im Spannungsfeld von Kennzeichenrecht und verbraucherschützendem Lauterkeitsrecht, in: *Ohly, Ansgar/Klippel, Diethelm* (Hrsg.), Geistiges Eigentum und Gemeinfreiheit, Tübingen 2007.

—, UWG-Novelle mit Konzept und Konsequenz – Anmerkungen zum Referentenentwurf eines Zweiten Gesetzes zur Änderung des Gesetzes gegen den unlauteren Wettbewerb, WRP 2014, S. 1399–1406.

Götting, Horst-Peter/Nordemann, Axel (Hrsg.), UWG, 2. Auflage, Baden-Baden 2013 (zitiert: Bearbeiter in: Götting/Nordemann, UWG).

Götting, Horst-Peter, Gewerblicher Rechtsschutz – Patent-, Gebrauchsmuster-, Design- und Markenrecht, 10., neu bearbeitete Auflage, München 2014.

Gottschalk, Eckart, Wie kann eine Unterlassungsvereinbarung erlöschen?, GRUR 2004, S. 827–830.

Hacker, Franz, Markenrecht, 3. Auflage, Köln 2013.

Harte, Henning, Die kartellrechtliche Beurteilung von Abgrenzungsvereinbarungen über Warenzeichen, GRUR 1978, S. 501–508.

Harte-Bavendamm, Henning/von Bomhard, Verena, Abgrenzungsvereinbarungen und Gemeinschaftsmarken, GRUR 1998, S. 530–542.

Harte-Bavendamm, Henning/Henning-Bodewig, Frauke, Gesetz gegen den unlauteren Wettbewerb (UWG), 3. Auflage, München 2013.

Hayek, Friedrich August, Individualismus und wirtschaftliche Ordnung, Erlenbach-Zürich 1952.

Hayek, Friedrich August von, Der Wettbewerb als Entdeckungsverfahren, in: *Schneider, Erich* (Hrsg.), Kieler Vorträge – gehalten im Institut für Weltwirtschaft an der Universität Kiel, Kiel 1968.

Heinemann, Andreas, Immaterialgüterschutz in der Wettbewerbsordnung – Eine grundlagenorientierte Untersuchung zum Kartellrecht des geistigen Eigentums, 2002, Tübingen.

—, Gefährdung von Rechten des geistigen Eigentums durch Kartellrecht? Der Fall „Microsoft" und die Rechtsprechung des EuGH, GRUR 2006, S. 705–713.

Helm, Horst, Nichtangriffsklausel im Warenzeichenrecht, GRUR 1974, S. 324–327.

Helm, Marianne, Zur ergänzenden Anwendung wettbewerbsrechtlicher Bestimmungen auf markenrechtliche Tatbestände, GRUR 2001, S. 291–295.

Henning-Bodewig, Frauke, Erneute UWG-Reform? Einige Anmerkungen zum Referentenentwurf 2014, WRP 2014, S. 1407–1410.

Henning-Bodewig, Frauke/Kur, Annette, Marke und Verbraucher – Funktionen der Marke in der Marktwirtschaft, Band I: Grundlagen, Weinheim 1988.

Henning-Bodewig, Frauke/Kur, Annette, Marke und Verbraucher – Funktionen der Marke in der Marktwirtschaft, Band II: Einzelprobleme, Weinheim 1989.

Herdzina, Klaus, Wettbewerbspolitik, Stuttgart, New York 1984.

Heydt, Ludwig, Verpflichtung, Nichtbenutzung eingetragener Warenzeichen nicht geltend zu machen? – Eine Entgegnung, GRUR 1973, S. 179–184.

Hildebrandt, Ulrich, Marken und andere Kennzeichen – Handbuch für die Praxis, 3. Auflage, Köln 2015.

Hirschle, Jochen, Die Entstehung des transzendenten Kapitalismus, Konstanz, München 2012.

Hoeren, Thomas, Das neue UWG – Der Regierungsentwurf im Überblick, BB 2008, S. 1182–1192.

Hoppmann, Erich, Marktmacht und Wettbewerb, in: Recht und Staat in Geschichte und Gegenwart – Eine Sammlung von Vorträgen und Schriften aus dem Gebiet der gesamten Staatswissenschaften, Tübingen 1977.

—, Wirtschaftsordnung und Wettbewerb, Baden-Baden 1988.

Immenga, Ulrich/Mestmäcker, Ernst-Joachim, Wettbewerbsrecht, Band 1, Kommentar zum Europäischen Kartellrecht, 5. Auflage, München 2012 (zitiert: Bearbeiter in: Immenga/Mestmäcker, EU-Wettbewerbsrecht).

Ingerl, Reinhard, Der wettbewerbsrechtliche Kennzeichenschutz und sein Verhältnis zum MarkenG in der neueren Rechtsprechung des BGH und in der UWG-Reform, WRP 2004, S. 809–816.

Ingerl, Reinhard/Rohnke, Christian, Markengesetz, 3., neu bearbeitete Auflage, München 2010 (zitiert: Ingerl/Rohnke, MarkenG).

Jackermeier, Siegfried, Die Löschungsklage im Markenrecht, Köln, Berlin, Bonn, München 1983.

Janoschek, Nanni, Abgrenzungsvereinbarungen über Warenzeichen, Weinheim 1975.

juris Praxiskommentar BGB hrsg. v. *Herberger, Maximilian/Martinek, Michael/Rüßmann, Helmut/Weth, Stefan,* Bd. 1 – Allgemeiner Teil, 7. Auflage, Saarbrücken 2014 (zitiert: Bearbeiter in: jurisPK-BGB, Band 1).

juris Praxiskommentar BGB hrsg. v. *Herberger, Maximilian/Martinek, Michael/Rüßmann, Helmut/Weth, Stefan,* Bd. 2 – Schuldrecht, 7. Auflage, Saarbrücken 2014 (zitiert: Bearbeiter in: jurisPK-BGB, Band 2).

Kartte, Wolfgang, Die gemeinschaftliche Nutzung von Warenzeichen im Spannungsfeld zwischen GWB und Warenzeichenrecht, in: Festschrift für Karlheinz Quack zum 65. Geburtstag am 3. Januar 1991, Berlin, New York 1991, S. 609–624.

Kellerhals, Miriam, Der Benutzungszwang im Gemeinschaftsmarkenrecht, GRUR Int. 1999, S. 14–24.

Kellermann, Alfred, Die gewerblichen Schutzrechte im Gesetz gegen Wettbewerbsbeschränkungen (I. Teil), WuW 1958, S. 643–657.

Kirchhoff, Wolfgang: Markenrechtliche Abgrenzungsvereinbarungen und Kartellrecht, in: Festschrift für Cornelis Canenbley zum 70. Geburtstag, München 2012, S. 273–285.

Klingelhöfer, Thomas, Der Unterlassungsanspruch des Markeninhabers und seiner Vertragspartner im deutschen Markenrecht, Hamburg 2006.

Klute, Nikolai, Die aktuellen Entwicklungen im Lauterkeitsrecht, NJW 2015, S. 450–454.

Knaak, Roland, Zur Wirksamkeit und Kündbarkeit von zeichenrechtlichen Abgrenzungsvereinbarungen, GRUR 1981, S. 386–397.

Kochendörfer, Mathias, Die Rechtsprechung zur Verwirkung nach § 21 Markengesetz, WRP 2005, S. 157–167.

Köhler, Helmut, Stellungnahme zum Referentenentwurf eines Zweiten Gesetzes zur Änderung des UWG, WRP 2014, S. 1410–1418.

Köhler, Helmut/Bornkamm, Joachim, Gesetz gegen den unlauteren Wettbewerb, 33., neu bearbeitete Auflage, München 2015 (zitiert: Bearbeiter in: Köhler/ Bornkamm, UWG).

Kommission der Europäischen Gemeinschaften, Denkschrift über die Schaffung einer EWG-Marke, GRUR Int. 1974, S. 481–499.

Kraft, Alfons, Sind Vorrechtsvereinbarungen über Warenzeichen kartellrechtlich relevant? GRUR 1977, S. 760–766.

—, Kartellrechtliche Fragen zu Abgrenzungsvereinbarungen und Vorrechtserklärungen im Kennzeichnungsrecht, MittPat 1986, S. 21–28.

Kreutzmann, Alix, Neues Kartellrecht und geistiges Eigentum, WRP 2006, S. 453–460.

Krieger, Ulrich, Die gemeinschaftliche Benutzung von Warenzeichen durch mehrere Unternehmen nach deutschem Recht, in: *Beier, Friedrich-Karl/Deutsch, Erwin/Fikentscher, Wolfgang* (Hrsg.), Die Warenzeichenlizenz. Rechtsvergleichende Untersuchungen über die gemeinschaftliche Benutzung von Warenzeichen. München, Köln, Berlin, Bonn 1963 S. 8–81.

Krüger, Stefan/Kamlah, Dietrich, Sukzessionsschutz bei Abgrenzungsvereinbarungen? WRP 2004, S. 1464–1471.

Kur, Annette, Die gemeinschaftliche Markenbenutzung, Markenlizenzen und verwandte Tatbestände, GRUR Int. 1990, S. 1–13.

Kur, Annette/Henning-Bodewig, Frauke, Marke und Verbraucher – Bericht über ein Projekt und seine Ergebnisse, WRP 1990, S. 453–459.

Lammel, Siegbert, Vertragsfreiheit oder Wirtschaftsfreiheit – Zur Teilnichtigkeit von Wettbewerbsabreden in: Archiv für die civilistische Praxis hrsg. v. *Grunsky, Wolfgang/Lieb, Manfred/Medicus, Dieter, Bd. 189, Tübingen 1989, S. 244–286.*

Lange, Paul, Marken- und Kennzeichenrecht, 2. Auflage, München 2012.

Langen, Eugen/Bunte, Hermann-Josef (Hrsg.), Kommentar zum Kartellrecht, Band 1, Deutsches Kartellrecht, 12. Auflage, Köln 2014 (zitiert: Bearbeiter in: Langen/Bunte, Kartellrecht, Bd. 2).

Langen, Eugen/Bunte, Hermann-Josef (Hrsg.), Kommentar zum Kartellrecht, Band 2, Europäisches Kartellrecht, 12. Auflage, Köln 2014 (zitiert: Bearbeiter in: Langen/Bunte, Kartellrecht, Bd. 2).

Lettl, Tobias, Der Schutz der Verbraucher nach der UWG-Reform, GRUR 2004, S. 449–461.

Loewenheim, Ulrich, Warenzeichen und Wettbewerbsbeschränkung – Eine rechtsvergleichende Untersuchung über das Verhältnis des Warenzeichenrechts zum deutschen und europäischen Kartellrecht, Bad Homburg v. d. H. 1970, (Wirtschaftsrecht und Wirtschaftspolitik, Band 14).

Loewenheim, Ulrich/Meessen, Karl M./Riesenkampff, Alexander (Hrsg.), Kartellrecht – Europäisches und Deutsches Recht, 2. Auflage, München 2009 (zitiert: Bearbeiter in: Loewenheim/Meessen/Riesenkampff).

Markenverband, Position zum Entwurf eines Zweiten Gesetzes zur Änderung des Gesetzes gegen den unlauteren Wettbewerb, WRP 2015, S. 46–48.

Martinek, Michael/Semler, Franz-Jörg/Habermeier, Stefan/Flohr, Eckhard, Handbuch des Vertriebsrechts, 3., neubearbeitete und erweiterte Auflage, München 2010 (zietiert: Berabeiter in: Martinek/Semler/Habermeier/Flohr, Handbuch der Vertriebsrechts).

Martinek, Michael/Wimmer-Leonhardt, Susanne, Steht auch dem Markenlizenznehmer der vertriebsrechtliche Ausgleichsanspruch analog § 89b HGB zu?, WRP 2006, S. 204–219.

Meessen, Karl, Prinzip Wettbewerb, JZ 2009, S. 697–706.

Mitscherlich, Hans, Praktische Erfahrungen mit dem Benutzungszwang für Warenzeichen, GRUR 1973, S. 500–505.

Müller, Sven, Abgrenzungsvereinbarungen im Markenrecht, München 2011.

Müller, Tilman, Der kartellrechtliche Zwangslizenzeinwand im Patentverletzungsverfahren. Drei Jahre nach der BGH-Entscheidung „Orange-Book-Standard“, GRUR 2012, S. 686–691.

Münchener Kommentar zum Bürgerlichen Gesetzbuch hrsg. v. *Säcker, Franz Jürgen/Rixecker, Roland/Oetker, Hartmut,* Bd. 5, Schuldrecht Besonderer Teil III, §§ 705–853, 6. Auflage, München 2013 (zitiert: Bearbeiter in: MünchKomm-BGB, Band 5).

Münchener Kommentar zum Bürgerlichen Gesetzbuch hrsg. v. *Säcker, Franz Jürgen/Rixecker, Roland,* Bd. 1, Allgemeiner Teil, §§ 1–240, 6. Auflage, München 2012 (zitiert: Bearbeiter in: MünchKomm-BGB, Band 1).

Münchener Kommentar zum Bürgerlichen Gesetzbuch hrsg. v. *Säcker, Franz Jürgen/Rixecker, Roland/Oetker, Hartmut,* Bd. 2 – Schuldrecht Allgemeiner Teil, §§ 241–432, 6. Auflage, München 2012 (zitiert: Bearbeiter in: MünchKomm-BGB, Band 2).

Münchener Kommentar zum Europäischen und Deutschen Wettbewerbsrecht (Kartellrecht) – Kartellrecht Missbrauchs-und Fusionskontrolle, hrsg. *v. Hirsch, Günter/Montag, Frank/Säcker, Franz Jürgen,* Bd. 1 – Europäisches Wettbewerbsrecht, 2. Auflage, München 2015 (zitiert: Bearbeiter in: MünchKomm-EuWettbR).

Münchener Prozessformularbuch hrsg. v. *Mes, Peter,* Bd. 5, Gewerblicher Rechtsschutz, Urheber- und Presserecht, 4. Auflage, München 2014 (zitiert: Bearbeiter in: Münchener Prozessformularbuch).

Münchener Vertragshandbuch hrsg. v. *Rieder, Markus/Schütze, Rolf A./Weipert, Lutz,* Bd. 3, Wirtschaftsrecht II, 7., neu bearbeitete Auflage, München 2015 (zitiert: Bearbeiter in: Münchener Vertragshandbuch).

Münker, Reiner, Stellungnahme der Wettbewerbszentrale zum Referentenentwurf eines Zweiten Gesetzes zur Änderung des Gesetzes gegen den unlauteren Wettbewerb, WRP 2014,3 S. 1434–1441.

Nassall, Wendt, Reduzierte Geltungserhaltung kartellrechtswidriger Klauseln?, BB 1988, S. 1264–1268.

Neef, Andreas, Kartellrecht, Heidelberg, München, Landsberg, Berlin 2008.

Neubauer, Hans, Markenrechtliche Vereinbarungen aus rechtsvergleichender Sicht, Köln, Berlin, Bonn, München 1983, (Schriftenreihe zum gewerblichen Rechtsschutz, Band 16).

Ohly, Ansgar, Die Interessenabwägung im Rahmen des Irreführungsverbots und ihre Bedeutung für die Wertungseinheit von Lauterkeits- und Kennzeichenrecht, in: Festschrift für Joachim Bornkamm zum 65. Geburtstag, München 2014, S. 423–441.

Ohly, Ansgar/Sosnitza, Olaf, Gesetz gegen den unlauteren Wettbewerb mit Preisangabenverordnung, 6., neu bearbeitete Auflage, München 2014.

Oppenhoff, Walter, Vorrechtserklärungen – problemlos? GRUR 1968, S. 508–511.

Palandt, Bürgerliches Gesetzbuch, bearb. v. *Bassenge, Peter/Brudermüller, Gerd/Ellenberger, Jürgen u.a.,* 74., neubearbeitete Auflage, München 2015 (zitiert: Bearbeiter in: Palandt)

Pahlow, Louis, Lizenz und Lizenzvertrag im Recht des Geistigen Eigentums, Tübingen 2006.

Peifer, Karl-Nikolaus, Negativer Imagetransfer bei Markenvereinbarungen – „Tic Tac Toe", WRP 1997, S. 685–690.

Pepels, Werner (Hrsg.), BWL im Nebenfach, 3., überarbeitete und erweiterte Auflage, München 2014.

Piper, Henning, Der Schutz der bekannten Marken, GRUR 1996, S. 429–439.

Pischel, Gerhard/Hausner, Sebastian, Informationsaustausch zwischen Wettbewerbern – Zum Stand der kartellrechtlichen Entwicklung, EuZW 2013, S. 498–503.

Reymann, Christoph, Immanente Schranken des europäischen Kartellverbots – zur Wiederherstellung der systematischen Grundaussagen des Art. 81 EG, Baden-Baden 2004.

Rißmann, Karin, Die kartellrechtliche Beurteilung der Markenabgrenzung, München 2008.

Rohnke, Christian, Die Bindung des Verletzungsgerichts an die eingetragene Marke – Ein überholtes Axiom, GRUR 2001, S. 696–705.

Sack, Rolf, Sonderschutz bekannter Marken, GRUR 1995, S. 81–98.

—, Der „spezifische Gegenstand" von Immaterialgüterrechten als immanente Schranke des Art. 85 Abs. 1 EG-Vertrag bei Wettbewerbsbeschränkungen in Lizenzverträgen, in: Festschrift für Wolfgang Ritter zum 70. Geburtstag, Köln 1997, S. 753–770.

—, Zur Vereinbarkeit von vertraglichen und gesetzlichen Nichtangriffspflichten im gewerblichen Rechtsschutz mit Art. 85 und Art. 30, 36 EG-Vertrag, in: Festschrift für Wolfgang Fikentscher zum 70. Geburtstag, Tübingen 1998, S. 740–773.

—, Zur Vereinbarkeit wettbewerbsbeschränkender Abreden in Lizenz- und Know-how-Verträgen mit europäischem und deutschem Kartellrecht, WRP 1999, S. 592–616.

—, Markenschutz und UWG, WRP 2004, S. 1405–1425.

— Irreführungsverbot und Interessenabwägung in der deutschen Rechtsprechung, GRUR 2014, S. 609–620.

—, Betriebliche Herkunftstäuschungen und § 5 UWG, WRP 2014, S. 1130–1136.

—, Anmerkungen zur geplanten Änderung des UWG, WRP 2014, S. 1418–1424.

—, Immanente Schranken des Irreführungsverbots, in: Festschrift für Helmut Köhler zum 70. Geburtstag, S. 555–564, München 2014.

Schlingloff, Jochen, Keine Änderung von der Rechtspraxis? Ein erster Blick auf den Referentenentwurf zur Änderung des UWG, WRP 2014, S. 1424–1426.

Schluep, Walter René, Kartellrechtliche Grenzen von warenzeichenrechtlichen Abgrenzungsverträgen (besonders nach Art. 85 EWGV), GRUR Int. 1985, S. 534–550.

Schmidt, Michael, Verschiebung markenrechtlicher Grenzen lauterkeitsrechtlicher Ansprüche nach Umsetzung der UGP-Richtlinie, GRUR-Prax 2011, S. 159–162.

Schmidtchen, Dieter, Wettbewerbspolitik als Aufgabe – Methodologische und systemtheoretische Grundlagen für eine Neuorientierung, Baden-Baden 1978.

Schmitz, Stefan, Doch eine Rule of Reason im deutschen Kartellrecht?, WuW 2002, S. 6–16.

Schneider, Willy, Operatives Marketing – Zielgerichteter Einsatz des Marketing-Instrumentariums, München 2013.

Scholz, Hardy, Auswirkungen der Irreführungsgefahr bei Abgrenzungsvereinbarungen im pharmazeutischen Bereich, GRUR 1994, S. 688–702.

Schricker, Gerhard, Territoriale Probleme und Klagerecht bei unlauterem Wettbewerb, GRUR Int. 1973, S. 453–459.

Schricker, Gerhard/Loewenheim, Ulrich, hrsg. v. *Loewenheim, Ulrich,* Urheberrecht, 4., neu bearbeitete Auflage, München 2010 (zitiert: Bearbeiter in: Schricker/Loewenheim, Urheberrecht).

—, Lizenzverträge über löschbare Warenzeichen, GRUR 1980, S. 650–660.

Schultz, Detlef von (Hrsg.), Kommentar zum Markenrecht, 3., überarbeitete Auflage, Frankfurt am Main 2012 (zitiert: Bearbeiter in: v. Schultz, MarkenR).

Schumpeter, Joseph, Theorie der wirtschaftlichen Entwicklung – Eine Untersuchung über Unternehmergewinn, Kapital, Kredit, Zins und den Konjunkturzyklus, 5. Auflage, Berlin 1952.

Schwanhäusser, Hermann, Die Auswirkungen der Toltecs-Entscheidung des Europäischen Gerichtshofs auf Abgrenzungsvereinbarungen, GRUR Int. *1985,* S. 816–819.

Schweda, Marc, Die Bindungswirkung von Bekanntmachungen und Leitlinien der Europäischen Kommission, WuW 2004, S. 1133–1144.

Schwintowski, Hans-Peter, Wettbewerb und Ordnung auf Energiemärkten nach Wegfall der §§ 103, 103a GWB – zugleich eine dogmatische Neubestimmung der Immanenztheorie, WuW 1997, S. 769–781.

Smith, Adam, An Inquiry into the Nature and Causes of the Wealth of Nations, Oxford 1976.

Sosnitza, Olaf, Markenrecht und Verbraucherschutz – Verbraucherschutz im Markenrecht, ZGE/IPJ 2013, S. 176–202.

—, Der Gesetzesentwurf zur Umsetzung der Richtlinie über unlautere Geschäftspraktiken, WRP 2014, S. 1014–1034.

—, "Apple Store", 3-D-Marken und materielle Vorrangthese, MarkenR 2015, S. 1–7.

—, Der Regierungsentwurf zur Änderung des Gesetzes gegen den unlauteren Wettbewerb, GRUR 2015, S. 318–323.

—, Deutsches und Europäisches Markenrecht, 2. Auflage, München 2015 (zitiert: Sosnitza, MarkenR).

Starck, Joachim, Marken und sonstige Kennzeichenrechte als verkehrsfähige Wirtschaftsgüter – Anmerkungen zum neuen Markenrecht, WRP 1994, S. 698–703.

Staudinger, Julius von, Kommentar zum Bürgerlichen Gesetzbuch mit Einführungsgesetz und Nebengesetzen, Buch 1, Allgemeiner Teil, §§ 134–138, Neubearbeitung, Berlin 2011 (zitiert: Bearbeiter in: Staudnger, BGB AT).

—, Kommentar zum Bürgerlichen Gesetzbuch mit Einführungsgesetz und Nebengesetzen, Buch 2, Recht der Schuldverhältnisse, Einleitung zum Schuldrecht; §§ 241–243 (Treu und Glauben), Neubearbeitung, Berlin 2015 (zitiert: Bearbeiter in: Staudinger, BGB).

—, Kommentar zum Bürgerlichen Gesetzbuch mit Einführungsgesetz und Nebengesetzen, Buch 2, Recht der Schuldverhältnisse, §§ 779–811, 15. Neubearbeitung, Berlin 2015 (zitiert: Bearbeiter in: Staudinger, BGB).

Steinbeck, Anja, Zur These vom Vorrang des Markenrechts, in: Festschrift für Eike Ullmann, S. 409–423, Saarbrücken 2006.

—, Richtlinie über unlautere Geschäftspraktiken: Irreführende Geschäftspraktiken – Umsetzung in das deutsche Recht, WRP 2006, S. 632–639.

Stöckel, Maximiliane (Hrsg.), Handbuch Marken- und Designrecht, 3., völlig neu bearbeitete und wesentlich erweiterte Auflage, Berlin 2013 (zitiert: Bearbeiter in: Stöckel, Handbuch Marken- und Designrecht).

Storkebaum, Rupprecht, Die „Vorrechtserklärung" – Kritische Betrachtungen zu markenrechtlichen Abgrenzungsvereinbarungen unter besonderer Berücksichtigung des Benutzungszwangs, *GRUR* 1976, S. 121–126.

Streicher, René, Abgrenzungsvereinbarungen über gewerbliche Schutzrechte – Konfliktlösung zu Lasten des Wettbewerbs? – Zugleich Anmerkung zur Entscheidung des BGH vom 07.12.2010 – Jette Joop, WuW 2011, S. 954–960.

Streinz, Rudolf, EUV/AEUV – Vertrag über die Europäische Union und Vertrag über die Arbeitsweise der Europäischen Union, 2. Auflage, München 2012 (zitiert: Bearbeiter in: Streitz, EUV/AEUV).

Strenkert, Andreas, Die Beendigung des Lizenzvertrages, Berlin 2011.

Strepp, Hans Michael, Irreführung und Verwechslungsgefahr – Einige dogmatische Aspekte des Verhältnisses von Wettbewerbs- und Markenrecht, München 2000.

Ströbele, Paul/Hacker, Franz/Kirschneck, Irmgard/Knoll, Helmut/Kober-Dehm, Helga, Markengesetz, 11. Auflage, Köln 2015 (zitiert: Bearbeiter in: Ströbele/Hacker, Markengesetz).

Teplitzky, Otto, Wettbewerbsrechtliche Ansprüche und Verfahren, Unterlassung-Beseitigung-Auskunft-Schadensersatz, 10., völlig neubearbeitete und wesentlich erweiterte Auflage, Köln 2010.

Tetzner, Heinrich, Zur Frage der Rechtswirksamkeit von Verpflichtungen, die Nichtbenutzung von Warenzeichen nicht geltend zu machen, GRUR 1973, S. 641.

Thiering, Frederik, Die Rechtsprechung des EuGH und des BGH zum Markenrecht seit dem Jahr 2013, GRUR 2014, S. 925–940.

Traub, Fritz, „Geltungserhaltende Reduktion" bei nichtigen vertraglichen Wettbewerbsverboten?, WRP 1994, S. 714–718.

Traumann, Clemens, Privatrechtliche Abgrenzungsvereinbarungen in patentamtlichen Verfahren, WRP 2012, S. 676–678.

Ullmann, Eike, Das Koordinatensystem des Rechts des unlauteren Wettbewerbs im Spannungsfeld von Europa und Deutschland, GRUR 2003, S. 817–825.

Ullrich, Hanns, Lizenzkartellrecht auf dem Wege zur Mitte, GRUR Int, 1996, S. 555–568.

Ulmer, Eugen, Warenzeichen und Wettbewerb – In ihrer Fortbildung durch die Rechtsprechung in: Rechtsvergleichende Abhandlungen, hrsg. v. *Titze, Heinrich/Wolff, Martin,* Bd. 5, Berlin 1929.

Ulmer, Peter, Rule of Reason im Rahmen von Artikel 85 EWGV, RIW 1985, S. 517–524.

Weck, Thomas/Camesasca, Peter, Willenserklärungen im Kartellrecht, WuW 2013, S. 17–23.

Wieddekind, Dirk/Langen, Stefanie, Ende der Vorrangthese und Voraussetzungen der Anspruchsverwirkung im Marken- und Lauterkeitsrecht – Urteil des BGH vom 15.08.2013 – „Hard Rock Café", IPRB 2015, S. 136–140.

Winkler, Matthias, Das Widerspruchsverfahren nach dem deutschen Markenrecht, GRUR 1994, S. 569–578.

Zimmer, Daniel/Paul, Thomas, Entwicklungstendenzen der europäischen und der deutschen Kartellrechtspraxis – Teil 1, JZ 2008, S. 611–622.

Zöller, Zivilprozessordnung, bearb. v. *Geimer, Reinhold/Greger, Reinhard/Hergert, Kurt/Heßler, Hans-Joachim u.a.,* 30. neubearbeitete Auflage, Köln 2014 (zitiert: Bearbeiter in: Zöller).

Einleitung

Die Abgrenzungsvereinbarung stellt seit längerer Zeit eine beliebte Methode zur gütlichen Beendigung von Widerspruchsverfahren im Rahmen von Markenanmeldungen dar. Die wirtschaftliche Relevanz der Abgrenzungsvereinbarung kann jedoch keinesfalls losgelöst von der ökonomischen Bedeutung der Marke betrachtet werden. Und diese ist im Laufe der Zeit stetig gewachsen. Den Ursprung der Marke kann man in der Wirtschaft verorten[1]. Mit dem Beginn des Handels kommt auch die Entwicklung der Marke in Gang. Einen genauen Zeitpunkt dafür zu bestimmen ist fast nicht möglich. Es ist jedoch überliefert, dass bereits Produzenten und Händler der Antike ihre Ware kennzeichneten, um in erster Linie kundzutun, von wem das Produkt stammte. Zudem sollte die Kennzeichnung auf den Qualitätsgrad der Ware hinweisen und eine Vertrauensbindung zum Kunden herstellen[2]. Mit der Industrialisierung und der damit entstandenen Möglichkeit, Waren in Massen zu produzieren, wurde ihre Markierung für die emotionale Bindung zwischen Hersteller und Verbraucher noch wichtiger. Der direkte Kontakt zwischen diesen Parteien bestand aufgrund der Zwischenschaltung verschiedener Handelsstufen immer seltener[3]. Natürlich weist die Marke auch heute noch auf eine bestimmte Warenherkunft hin und steht für einen gewissen Grad an Qualität[4]. Aber genau die, am besten dauerhafte, Manifestierung einer emotionalen Bindung des Verbrauchers an ein Produkt macht die Marke zu einem immens wichtigen Absatzinstrument. Je länger die Bindung einer Käufergruppe an eine Marke besteht, desto länger ist auch der Absatz des damit gekennzeichneten Produkts gesichert. Meistens sind mehr Produkte einer Warengruppe als potentielle Käufer vorhanden. Bei diesen sind die Marke und das damit verbundene Image oft ausschlaggebend für die Kaufentscheidung[5]. Die Marke ist ihr Aushängeschild[6]. Bekannten Marken schreibt man charakterliche Züge zu, wie sie Personen aus dem engsten Umkreis haben[7]. Experten aus dem Bereich des Neuromarketings stellten fest, dass das Betrachten der Marken „Ferrari", „Harley-Davidson" und „iPod" die Stimulation

1 Adjouri, Alles was Sie über Marken wissen müssen, 2014, S. 188.
2 Adjouri, Alles was Sie über Marken wissen müssen, 2014, S. 188.
3 Adjouri, Alles was Sie über Marken wissen müssen, 2014, S. 189.
4 Hacker, Markenrecht, 2013, A § 6 I Rn. 58, II Rn. 62.
5 Pepels, BWL im Nebenfach, 2014, S. 212.
6 Pepels, BWL im Nebenfach, 2014, S. 212.
7 Pepels, BWL im Nebenfach, 2014, S. 212.

derselben Hirnströme bewirkt, wie der Anblick von Heiligenbildern[8]. Für Marken soll also *„dasselbe Prinzip wie für Ikonen, Fetische und Götzen in der Religion*[9]*"* gelten[10]. Aus diesem Grund investieren die Unternehmen große Summen in das Absatzmarketing. *Pepels* ist sogar der Ansicht, *„Marketing heißt, Marken machen*[11]*"*. Im Gegenzug kann eine dauerhaft erfolgreich positionierte Marke einen beachtlichen Wert erhalten, der dem Unternehmenswert zugerechnet werden kann[12]. Der Wert einer Marke ergibt sich dabei aus dem Wertunterschied, der entsteht, wenn man das Produkt einer Premiummarke mit einem sog. No-Name-Produkt oder einem mäßig bekannten Produkt vergleicht[13]. So löste beispielsweise die Marke „Apple" im Best Global Brands Ranking 2013 von Interbrand nach 13 Jahren Führung die Marke „Coca-Cola" an der Spitze ab. Auch im Ranking des Jahres 2014 konnte „Apple" die Führungsposition verteidigen[14]. Der Markenwert der Marke „Apple" beträgt nach Angaben von Interbrand 118,863 Mrd. USD[15]. Im Best German Brands Ranking 2015 konnte sich die Marke „Mercedes-Benz" mit einem Markenwert in Höhe von 25,438 Mrd. EUR vorne positionieren[16]. Beim DPMA gingen im Jahre 2014 66.613 Markenanmeldungen ein. Davon wurden 47.980 Marken eingetragen[17]. Das HABM erreichten im Jahre 2014 117.475 Gemeinschaftsmarkenanmeldungen, bis Mitte Juli 2015 waren es 64.459[18]. Nach Veröffentlichung der Anmeldungen gingen beim HABM im Jahre 2014 15.768 Widersprüche ein, eingetragen wurden letztlich 103.768 neue Gemeinschaftsmarken[19]. Bis Mitte Juli 2014 erreichten das Harmonisierungsamt 8.799 Widersprüche und ungefähr 54.180

---

8 Schneider, Operatives Marketing, 2013, S. 49.
9 Hirschle, Die Entstehung des transzendenten Kapitalismus, 2012, S. 189.
10 Schneider, Operatives Marketing, 2013, S. 49.
11 Pepels, BWL im Nebenfach, 2014, S. 212.
12 Schneider, Operatives Marketing, 2013, S. 52.
13 Schneider, Operatives Marketing, 2013, S. 52.
14 http://www.bestglobalbrands.com/2014/apple/, 22.07.2015, 11:26 Uhr.
15 http://www.bestglobalbrands.com/2014/apple/, 22.07.2015, 11:26 Uhr.
16 http://www.bestgermanbrands.com/en/01/mercedes-benz#content, 22.07.2015, 11:29 Uhr.
17 http://presse.dpma.de/presseservice/datenzahlenfakten/statistiken/marke/index.html, 22.07.2015, 11:32 Uhr.
18 https://oami.europa.eu/tunnel-web/secure/webdav/guest/document_library/contentPdfs/about_ohim/the_office/SSC009-Statistics_of_Community_Trade_Marks-2015_en.pdf, 22.07.2015, 11:39 Uhr.
19 https://oami.europa.eu/tunnel-web/secure/webdav/guest/document_library/contentPdfs/about_ohim/the_office/SSC009-Statistics_of_Community_Trade_Marks-2015_en.pdf, 22.07.2015, 11:45 Uhr.

Gemeinschaftsmarken wurden bis zu diesem Zeitpunkt eingetragen[20]. Wenn man bedenkt, dass das Repertoire der verfügbaren Zeichen sowie deren Kombinationsmöglichkeiten, insbesondere vor dem Hintergrund der multinationalen Ausrichtung, nicht unerschöpflich sind, ist es offensichtlich, dass bei der ansteigenden Zahl der Neuanmeldungen, die zumindest bei Gemeinschaftsmarken beobachtet werden kann[21], die Gefahr der Verwechslung mit bereits eingetragenen Marken ebenfalls steigt. Deshalb ist der Abschluss einer Abgrenzungsvereinbarung ein mehr als willkommenes und gern genutztes Instrument, um Widersprüche kostengünstig und schnell aus dem Weg zu räumen, dabei ein bereits bestehendes Schutzrecht zu erhalten und die bisher getätigten Marketinginvestitionen weiter zu amortisieren bzw. einem neuen zur Eintragung zu verhelfen und die Schutzbereiche der Marken dabei auch noch voneinander abzugrenzen. Als eines der jüngeren Beispiele für den Abschluss einer Abgrenzungsvereinbarung kann an dieser Stelle die Einigung der Inhaber der Marken „HELUX“ und „VELUX“ genannt werden[22].

Obwohl es im Rahmen des Widerspruchsverfahrens häufig zum Abschluss von Abgrenzungsvereinbarungen kommt, beschäftigen sich die Gerichte in ihrer Praxis äußerst selten mit dem Vertragstypus. In der Regel sind zwei Konstellationen zu beobachten, in denen es dazu kommt[23]. Einerseits, wenn sich die Marktumstände ändern und eine Partei daraufhin gegen die vertragliche Vereinbarung verstößt und die Gegenseite dann die ihr aus der vertraglichen Vereinbarung zustehenden Ansprüche geltend macht. Andererseits, wenn eine der Parteien versucht, im Rahmen einer negativen Feststellungsklage die von ihr angenommene Unwirksamkeit der Abgrenzungsvereinbarung bestätigen zu lassen[24].

Abseits der gerichtlichen Verfahren begegnet der Praktiker dem hier untersuchten Vertragstypus bei der Durchführung der Due Diligence in Verbindung mit Unternehmenskäufen bzw. Börsengängen, denn diese können je nach

20 https://oami.europa.eu/tunnel-web/secure/webdav/guest/document_library/contentPdfs/about_ohim/the_office/SSC009-Statistics_of_Community_Trade_Marks-2015_en.pdf, 22.07.2015, 11:46 Uhr.

21 https://oami.europa.eu/tunnel-web/secure/webdav/guest/document_library/contentPdfs/about_ohim/the_office/SSC009-Statistics_of_Community_Trade_Marks-2015_en.pdf, 22.07.2015, 11:47 Uhr.

22 BPatG v. 19.11.2013 – 28 W (pat) 55/12, BeckRS 2014, 02271.

23 Fammler/Niebel, Anm. z. BGH v. 07.12.2010 – KZR 71/08 – Jette Joop, GRUR 2011, S. 646.

24 Fammler/Niebel, Anm. z. BGH v. 07.12.2010 – KZR 71/08 – Jette Joop, GRUR 2011, S. 646.

Ausgestaltung großen Einfluss auf die Gewährleistungsklauseln haben oder sogar als „*Deal Breaker*" fungieren[25]. Zusammenfassend kann festgestellt werden, dass dieser erste Schritt zur Ausräumung des Konflikts, der nicht selten über den Abschluss einer Abgrenzungsvereinbarung erfolgt, ein sehr wichtiger ist. Dieser ebnet nämlich den Weg zur Positionierung bzw. dem Ausbau der Marke. Und dies kann und soll dem jeweiligen Inhaber bei dem Einsatz der richtigen Marketingstrategie einen immensen Wertgewinn einbringen.

Vor diesem Hintergrund ist die Frage nach der Zulässigkeit und Wirksamkeit der Abgrenzungsvereinbarungen naheliegend. Insbesondere erscheint es interessant, ob solche Verträge unter die Geltung des Kartellrechtes fallen oder sie aufgrund ihres vergleichenden Charakters und ihrer wirtschaftspolitischen Zielsetzung als Ausnahme behandelt werden. Bestehen wettbewerbs- oder markenrechtliche Probleme? Wie werden diese Problempunkte von der Rechtsprechung gesehen? Bestehen Unterschiede zwischen den Ansichten der europäischen und der deutschen Gerichte? Oder hat die Harmonisierung in Bezug auf Abgrenzungsvereinbarungen bereits vollständig stattgefunden? Die Beantwortung dieser und anderer Fragen ist Gegenstand dieser Arbeit.

---

25 Fammler/Niebel, Anm. z. BGH v. 07.12.2010 – KZR 71/08 – Jette Joop, GRUR 2011, S. 646.

Kapitel 1: Abgrenzungsvereinbarung

A. Definition

Anfänglich wurde der Vertragstypus „Abgrenzungsvereinbarung“ größtenteils als Vorrechtserklärung bezeichnet[26]. Tatsächlich ist es aber lediglich ein pars pro toto, denn die Vorrechtserklärung war von Beginn an in den meisten Fällen ein Bestandteil der Abgrenzungsvereinbarung[27]. Anhand dieser Begrifflichkeit entsteht zudem der Eindruck, dass es sich hierbei ursprünglich um einseitige Erklärungen des Inhabers bzw. Anmelders der jüngeren Marke gehandelt hat[28]. Tatsächlich handelte es sich in der Regel schon immer um gegenseitige Verträge[29]. Mittlerweile ist der zutreffendere Terminus „Abgrenzungsvereinbarung“ im Schrifttum seit Jahren allgemein anerkannt[30]. Und auch in der Rechtsprechung scheint er sich etabliert zu haben[31]. Der Wortsinn des Begriffes „Abgrenzungsvereinbarung“ deutet darauf hin, dass es hier lediglich um die Abgrenzung der Markenschutzbereiche geht. Tatsächlich kann dieser Ausdruck jedoch als Überbegriff für schuldrechtliche Vereinbarungen gesehen werden[32], die die Rechte und Pflichten der Parteien im Markenkollisionsfall regeln und somit einen zwischen zwei oder mehr Markeninhabern bestehenden Konflikt vermeiden oder beilegen. Darin findet regelmäßig nicht lediglich die Abgrenzung der Markenschutzbereiche statt, sondern es werden die unterschiedlichsten, auf den Einzelfall abgestimmten Regelungen getroffen. Viele Autoren haben sich bereits an der Definition der Abgrenzungsvereinbarung versucht. Nach *Krieger* handelt es sich hierbei um gegenseitige Verträge, im Rahmen derer der Inhaber eines älteren Schutzrechtes der Eintragung eines jüngeren zustimmt. Dafür verpflichtet sich der Letztere wiederum zu einer eingeschränkten Nutzung seines Zeichens[33].

---

26 Storkebaum, GRUR 1976, S. 121; Oppenhoff, GRUR 1968, S. 508.

27 Kraft, GRUR 1977, 760; Kirchhoff, in: FS Canenbley, 2012, S. 273; Krüger/Kamlah, WRP 2004, S. 1465, 1466.

28 Storkebaum, GRUR 1976, S. 122.

29 Storkebaum, GRUR 1976, S. 125; Kraft, GRUR 1977, 760.

30 Vgl. Loewenheim, Warenzeichen und Wettbewerbsbeschränkungen, 1970, S. 151; Bökel, GRUR 1972, S. 28; Schwanhäusser, GRUR Int 1985, S. 816; Dück/Maschemer, WRP 2013, S. 167.

31 BGH v. 7.12.2010 - KZR 71/08 - Jette Joop; BPatG v. 11.12.2013 - 29 W (pat) 60/13, BeckRS 2014, 08389; BPatG v. 19.11.2013 - 28 W (pat) 55/12, BeckRS 2014, 02271.

32 Fammler in: Fezer (Hrsg.), Handbuch der Markenpraxis, 2. Aufl., 2012, II 1 A, Rn. 3.

33 Krieger in: Beier/Deutsch/Fikentscher (Hrsg.), Die Warenzeichenlizenz, 1963, S. 73.

Nach *Loewenheim* besteht ihr Zweck darin, Widersprüche von Inhabern älterer Markenrechte gegen die Eintragung einer jüngeren Marke zu beseitigen[34]. Insgesamt scheint jedoch zum heutigen Zeitpunkt Einigkeit darüber zu herrschen, dass es bei Abgrenzungsvereinbarungen um Verträge geht, die vor allem zur Abgrenzung zwischen einer jüngeren und einer älteren Marke dienen, wenn die Schutzbereiche bzw. die betroffenen Warengruppen identisch sind oder die Gefahr der Verwechslung, kurz gesagt also eine rechtliche Kollisionslage besteht[35]. Sollte diese jedoch offensichtlich nicht vorliegen, handelt es sich bei den Verträgen nach *Neubauer* um sog. Scheinabgrenzungsvereinbarungen, die vor allem kartellrechtlich aus einer anderen Perspektive betrachtet werden müssen[36]. Die kartellrechtliche Betrachtung der Abgrenzungsvereinbarungen wird in Kapitel 2 A der Abhandlung umfangreich dargestellt, weshalb an dieser Stelle auf diese Ausführungen verwiesen werden kann[37].

B. Historischer Hintergrund

Das verstärkte Vorkommen des Vertragstypus „Abgrenzungsvereinbarung" kann ungefähr auf das Jahr 1948 zurückgeführt werden[38]. Zu dieser Zeit bestand die heute in § 26 MarkenG kodifizierte Pflicht zur Benutzung der Marken nicht, sie stellten aber bereits einen gewichtigen Teil des unternehmerischen Vermögens dar. Die Folge dieser Situation war die Anmeldung und Eintragung zahlreicher Schutzrechte, die einerseits zu „verstopften Registern"[39] führte und andererseits natürlich auch die Verteidigung der mannigfaltigen Rechte erforderte[40]. Aufgrund der Vielzahl der unbenutzten Marken und bedingt durch die Tatsache, dass das Interesse des Schutzrechtsinhabers an der Nutzung sich in der Regel auf ein überschaubares Territorium sowie nur Teile des Warenverzeichnisses bezog, war die Motivation der Markeninhaber an der Ausfechtung langwieriger markenrechtlicher Streitigkeiten nicht sonderlich groß. Der Abschluss einer

34 Loewenheim, Warenzeichen und Wettbewerbsbeschränkungen, 1970, S. 151.

35 Elmenhorst/Schopp, WRP 2012, S. 1356; Kirchhoff, in: FS Canenbley, 2012, S. 273; Krüger/Kamlah, WRP 2004, S. 1464; Neubauer, Markenrechtliche Vereinbarungen aus rechtsvergleichender Sicht, 1983, S. 7.

36 Neubauer, Markenrechtliche Vereinbarungen aus rechtsvergleichender Sicht, 1983, S.11; Nordemann in: Loewenheim/Meessen/Riesenkampff, Kartellrecht, 2. Aufl. 2009, § 1 GWB, Rn. 213.

37 Vgl. S. 20ff.

38 Storkebaum, GRUR 1976, S. 121.

39 Harte-Bavendamm/v. Bomhard, GRUR 1998, 531.

40 Storkebaum, GRUR 1976, S. 121.

Abgrenzungsvereinbarung und das damit verbundene gegenseitige Nachgeben erschien in Kollisionsfällen als die vernünftigere Lösung[41]. Hinzu kam der Gedanke, dass für den Inhaber des älteren Rechts bei der Anmeldung eines neuen Zeichens durchaus die Möglichkeit bestand, auf den Anmelder des jüngeren Rechts in dessen Position wieder zu treffen. Um zu vermeiden, dass dieser sich dann für eine eventuell abgelehnte Einigung in Form einer Abgrenzungsvereinbarung revanchiert, neigte man in der Mehrzahl der Fälle zu einer friedlichen Lösung[42].

Die Abgrenzungsvereinbarung gewann nach 1948 aufgrund der Entwicklung der Wirtschaft, nicht nur in der BRD, noch mehr an Bedeutung[43]. Zeitgleich schlug die Geburtsstunde des Markenartikels, die kumuliert mit den oben beschriebenen Gegebenheiten zu einer „Markenexplosion"[44] führte. Vor diesem Hintergrund war der Abschluss der Abgrenzungsvereinbarung eine willkommene Möglichkeit die eigenen Interessen wahrend, markenrechtliche Streitigkeiten beizulegen und somit vor allem Kosten und Zeit zu sparen[45]. Auch die Einführung des Benutzungszwangs durch das Gesetz zur Änderung des Patentgesetzes, des Warenzeichengesetzes und weiterer Gesetze, das sog. Vorabgesetz vom 1. Oktober 1968, und die damit verbundene Abschaffung der Vorratsmarke änderte nichts an dieser Entwicklung[46].

In der Rechtsprechung begegnet man dem Vertragstypus der Abgrenzungsvereinbarung noch früher, nämlich erstmalig in Entscheidungen aus den Jahren 1935, 1940 sowie 1949[47]. In der Entscheidung des Reichsgerichts vom 12. März 1935 belegte der Beklagte sein Verteidigungsvorbringen mit einer Vereinbarung, in der die klägerische Seite ihn „zum Gebrauch der von ihr benutzten Kennzeichen ein für allemal berechtigt"[48]. Dem Tatbestand der sog. „strickende Hände"-Entscheidung des Reichsgerichts vom 28. August 1940 lässt sich eindeutig entnehmen, dass die Parteien im Jahre 1924 eine Vereinbarung trafen, um die Benutzung kollidierender Warenzeichen zu regeln[49]. Bei den Parteien handelte es sich um konkurrierende Hersteller von Strickwolle. Beide Zeichen stellten in

---

41 Storkebaum, GRUR 1976, S. 121.
42 Müller, Abgrenzungsvereinbarungen im Markenrecht, 2011, S. 8.
43 Storkebaum, GRUR 1976, S. 122.
44 Storkebaum, GRUR 1976, S. 121.
45 Storkebaum, GRUR 1976, S. 122.
46 Storkebaum, GRUR 1976, S. 125; Böckel, GRUR 1972, S. 28.
47 Müller, Abgrenzungsvereinbarungen im Markenrecht, 2011, S. 9.
48 RG v. 12.03.1935 – II 326/34, GRUR 1935, 756.
49 RG v. 28.08.1940 – II 26/40, GRUR 1940, 561.

leichter Form abgewandelte strickende Hände dar[50]. In der abgeschlossenen Vereinbarung verpflichtete sich der Kläger die älteren Rechte des Beklagten künftig anzuerkennen. Dieser wiederum durfte sein jüngeres Zeichen unter bestimmten Voraussetzungen weiter nutzen. Gemeinsam wollten sie gegen Nutzer ähnlicher Warenzeichen vorgehen[51]. Damit stellt bereits dieses Vertragswerk das Beispiel einer klassischen Abgrenzungsvereinbarung dar. Im Urteil des Hanseatischen Oberlandesgerichts vom 7. Juli 1949 wurden ebenfalls Vereinbarungen, die daran beteiligte Parteien dazu berechtigen, ausgewählte Zeichen zu variieren, erwähnt[52]. Aber auch von einem Vergleich, der die Benutzungsmodalitäten des Warenzeichens „Lux" regeln soll, war die Rede[53].

C. Rechtsnatur

Für die nachfolgenden Ausführungen von Bedeutung ist die Frage nach der Rechtsnatur der Abgrenzungsvereinbarungen. Wie bereits erwähnt, existiert in Bezug auf den zu untersuchenden Vertragstypus keine gesetzliche Regelung. Dies führt dazu, dass unterschiedliche Standpunkte in Bezug auf die Qualifikation ihrer Rechtsnatur und die damit verbundene Anwendbarkeit bestimmter Normen oder insbesondere markenrechtlicher Grundsätze vertreten werden[54]. Eine Tatsache kann jedoch schon an dieser Stelle feststellend erwähnt werden. Abgrenzungsvereinbarungen werden in den meisten Fällen für eine unbegrenzte, zumindest eine längere Zeit geschlossen, so dass die Parteien sich auf Dauer angelegte Verhaltensweisen schulden[55]. Aus diesem Grund muss der Vertragstypus eindeutig den Dauerschuldverhältnissen zugeordnet werden[56].

I. Gesellschaftsvertrag

Teilweise qualifizierte man in der Vergangenheit Abgrenzungsvereinbarungen als Gesellschaftsverträge oder zumindest als gesellschaftsähnliche Verträge im Sinne des § 705 BGB. Auch das Reichsgericht hat das in der sog. „strickende Hände"-Entscheidung thematisierte Abkommen als Gesellschaftsvertrag

50 RG v. 28.08.1940 – II 26/40, GRUR 1940, 561.
51 RG v. 28.08.1940 – II 26/40, GRUR 1940, 561.
52 Hanseatisches OLG v. 07.07.1949 – 3 U 376/48, GRUR 1949, 375.
53 Hanseatisches OLG v. 07.07.1949 – 3 U 376/48, GRUR 1949, 376.
54 Vgl. S. 118, 154, 157ff.
55 Grüneberg in: Palandt, 74. Aufl. 2015, § 314, Rn. 2.
56 Knaak, GRUR 1981, 389.

eingeordnet[57]. Es begründete seine Ausführungen damit, dass durch den Abschluss der betreffenden Vereinbarung das gemeinsame Interesse der Parteien festgeschrieben wurde[58], das, wie bereits dem Gesetzeswortlaut zu entnehmen, als essentielles Merkmal für Gesellschaftsverträge gemäß § 705 BGB gilt[59]. In dieser Fallkonstellation mag diese Zuordnung auch nicht unrichtig gewesen sein, denn die Parteien haben tatsächlich einen gemeinsamen Zweck, nämlich die Verteidigung ihrer Schutzrechte gegen Dritte, vereinbart und auch verfolgt[60]. Sie gingen sogar einen Schritt weiter und hielten vertraglich fest, dass sie sich gegenseitig bei der Verteidigung der Zeichenrechte unterstützen, indem sie Informationen über etwaige Verletzungshandlungen sowie Dokumente und beratende Leistungen austauschen[61]. Üblicherweise ist die Interessenlage beim Abschluss einer Abgrenzungsvereinbarung jedoch eine andere. Dabei stehen sich nämlich zwei Parteien gegenüber, die allem voran ihre Markenrechte sichern und stärken und nicht dem Angriff der gegnerischen Partei, zumindest nicht bis zum Ende eines gerichtlichen Verfahrens oder gar des Rechtsweges, aussetzen möchten. Die Parteien räumen sich also grundsätzlich gegenseitig Leistungen ein, meistens Gestattung der Markennutzung gegen Verpflichtung zum Nichtangriff, vereinigen diese jedoch nicht[62]. Der Gesellschaftsvertrag ist aber genau auf diese Leistungsvereinigung ausgerichtet[63]. Letztendlich ist bei näherer Betrachtung einer Abgrenzungsvereinbarung durch Auslegung festzustellen, ob darin nicht doch ausnahmsweise die Leistungen der Parteien vereinigt werden und die Verfolgung eines gemeinsamen Zwecks somit bejaht werden kann. In den meisten Fällen wird dies jedoch zu verneinen sein. Auch die Tatsache, dass durch Abgrenzungsvereinbarungen die Koexistenz der Marken durch beide Parteien erreicht werden möchte, reicht zur Begründung des gemeinsamen Zwecks nicht aus, weil diese in der Regel gerade durch die Abgrenzung und nicht Vereinheitlichung der Markenschutzbereiche geschieht. Die Parteien legen für die kollidierenden Schutzrechte also individuelle Grenzen fest, um sich so weit wie möglich voneinander zu entfernen[64]. Ebenso wenig können die Beendigung der Streitigkeit

57 RG v. 28.08.1940 – II 26/40 – strickende Hände, GRUR 1940, 562.
58 RG v. 28.08.1940 – II 26/40 – strickende Hände, GRUR 1940, 562.
59 Ulmer/Schäfer in: MünchKomm-BGB, Band 5, 6. Aufl. 2013, vor § 705, Rn. 6.
60 RG v. 28.08.1940 – II 26/40 – strickende Hände, GRUR 1940, 561.
61 RG v. 28.08.1940 – II 26/40 – strickende Hände, GRUR 1940, 562.
62 Elmenhorst/Schopp, WRP 2012, S. 1357.
63 Sprau in: Palandt, 74. Aufl. 2015, § 705, Rn. 13; Kraft, GRUR 1977, S. 763.
64 Neubauer, Markenrechtliche Abgrenzungsvereinbarungen aus rechtsvergleichender Sicht, 1983, S. 50.

sowie eine eventuelle Wettbewerbsbeschränkung den gemeinsamen Zweck begründen, denn das Hauptziel der Abgrenzungsvereinbarung liegt im Erhalt bzw. dem Behalt der eigenen Rechte[65]. Ohne die Erreichung dieses Zieles würde sich kaum eine Partei auf den Abschluss einer derartigen Vereinbarung einlassen.

II. Lizenzvertrag

Zum Teil wird diskutiert, ob man Abgrenzungsvereinbarungen eventuell den Lizenzen zuordnen kann. Diese Überlegungen sind insbesondere in solchen Konstellationen naheliegend, in denen der Inhaber des älteren Schutzrechtes seinem Vertragspartner im Rahmen der Abgrenzungsvereinbarung die ggf. eingeschränkte Nutzung eines identischen Zeichens für Warengruppen, auf die sich auch das ältere Schutzrecht erstreckt, erlaubt[66]. Außerdem würde eine solche Zuordnung die in Bezug auf Abgrenzungsvereinbarungen bestehende Problematik des Sukzessionsschutzes lösen, weil § 30 Abs. 5 MarkenG auf Abgrenzungsvereinbarungen anwendbar wäre[67]. Die Zuordnung der Abgrenzungsvereinbarungen zu den Lizenzen erscheint jedoch bereits aufgrund der unterschiedlichen Vertragsinhalte und des durch die Parteien in der Regel verfolgten Zwecks schwierig. Im Rahmen einer Lizenz überlässt der Markeninhaber einer dritten Person die Benutzung seiner Marke für einen begrenzten Zeitraum[68]. Der Lizenznehmer erhält also ein vom Markenrecht des Lizenzgebers abgeleitetes Recht[69]. Durch das dem Verhältnis der Parteien zugrunde liegende Vertragswerk entsteht zwischen ihnen also ein Über-/Unterordnungsverhältnis[70]. Die Abgrenzungsvereinbarung dient dagegen der Lösung von Markenkollisionen verschiedener Markeninhaber[71]. Diese besteht in der Regel darin, dass die zwei Rechte ggf. in abgewandelter Form gleichberechtigt nebeneinander bestehen und gerade keine der Parteien ein von der anderen „*abgeleitetes Recht*" erhält[72]. Der Vertrag stellt also eine „*horizontale Vereinbarung*" zwischen Konkurrenten dar[73]. Zudem darf an dieser Stelle nicht außer Acht gelassen werden, dass die beiden Rechtsinstitute in der Regel unterschiedliche rechtliche Folgen haben. Der Grund dafür liegt in

---

65 Kraft, GRUR 1977, S. 763.
66 Müller, Abgrenzungsvereinbarungen im Markenrecht, 2011, S. 24.
67 Vgl. S. 154.
68 Fezer, Markenrecht, 4. Aufl. 2009, § 30, Rn. 1.
69 Krüger/Kamlah, WRP 2004, S. 1466.
70 Althaus, Markenrechtliche Abgrenzungsvereinbarungen, 2010, S. 74.
71 Ingerl/Rohnke, Markengesetz, 3. Aufl. 2010, § 30, Rn. 137.
72 Krüger/Kamlah, WRP 2004, S. 1466.
73 Althaus, Markenrechtliche Abgrenzungsvereinbarungen, 2010, S. 74.

der Rechtsnatur der Lizenz. Nach herrschender Meinung hat die, zumindest ausschließliche, Lizenz unter der Geltung des MarkenG nämlich einen dinglichen Charakter, weil die Übertragung der Marke nicht mehr an die Übertragung des entsprechenden Geschäftsbetriebs gebunden ist[74]. Es ist also zwischen der dinglichen Lizenz und der schuldrechtlichen Benutzungsüberlassung zu unterscheiden. Meistens ist in einem Lizenzvertrag eine dingliche Verfügung enthalten und § 30 MarkenG anwendbar, es sei denn die Parteien vereinbaren etwas Abweichendes und die Vorschrift findet keine Anwendung[75]. Dies bedeutet, dass bei der Einräumung einer Lizenz eine beschränkte Rechtsübertragung stattfindet und der Lizenznehmer deshalb aus dem ihm eingeräumten Recht gegen Dritte vorgehen kann. Dem Lizenzgeber stehen bei Verstößen des Lizenznehmers zusätzlich zu den Ansprüchen aus dem Lizenzvertrag auch solche des Markenrechts zur Verfügung[76]. Abgrenzungsvereinbarungen haben dagegen einen lediglich schuldrechtlichen Charakter[77]. Eine Übertragung von Markenrechten findet hierbei in der Regel nicht statt. Nicht selten verzichten Parteien sogar auf ihre markenrechtlichen Ansprüche. Letztlich bleibt anzumerken, dass lediglich identische, nicht aber verwechslungsfähige oder ähnliche Zeichen lizenziert werden können[78]. Bei Abgrenzungsvereinbarungen geht es dagegen meistens um die Regelung der Benutzung von verwechslungsfähigen Zeichen. Natürlich ist der tatsächliche Wille der Parteien einer Abgrenzungsvereinbarung durch Auslegung des betreffenden Vertragswerkes nach §§ 133, 157 BGB zu ermitteln, um festzustellen, ob es sich hierbei eventuell um eine Lizenz handelt[79]. Man wird jedoch äußerst selten oder gar nie zu diesem Ergebnis gelangen.

---

74 BGH v. 19.07.2007 – I ZR 93/07, zitiert nach juris; OLG Hamburg v. 19.08.2004 – 3 U 4/03, GRUR-RR 2005, S. 182; Pahlow, Lizenz und Lizenzvertrag im Recht des Geistigen Eigentums, 2006, S. 340; Fezer, Markenrecht, 4. Aufl. 2009, § 30, Rn.7; Bühling, GRUR 1998, S. 196; a. A. Hacker in: Ströbele/Hacker, Markengesetz, 11. Aufl., 2015, § 30, Rn. 21ff.

75 Fezer, Markenrecht, 4. Aufl. 2009, § 30, Rn.7; Hacker in: Ströbele/Hacker, Markengesetz, 11. Aufl. 2015, § 30, Rn. 20.

76 Fezer, Markenrecht, 4. Aufl. 2009, § 30, Rn.8.

77 Müller, Abgrenzungsvereinbarungen im Markenrecht, 2011, S. 24.

78 BGH v. 13.04.2000 – I ZR 220/97, Subwaay/Subwear, GRUR 2001, S. 55, 56; Krüger/Kamlah, WRP 2004, S. 1466, 1467; Elmenhorst/Schopp, WRP 2012, S. 1357; Althaus, 2010, S. 71.

79 Elmenhorst/Schopp, WRP 2012, S. 1357.

III. Vertrag sui generis

Sicherlich zutreffend ist die unumstrittene These, dass es sich bei Abgrenzungsvereinbarungen um Verträge *„sui generis"* handelt[80]. Der Vertragstypus ist gesetzlich nicht geregelt und hat sich aufgrund der Bedürfnisse der Markenrechtspraxis gebildet und etabliert[81]. Sobald also nicht der seltene Fall gegeben ist, in welchem ein Lizenz-, Gesellschafts- oder gesellschaftsähnlicher Vertrag bejaht wird und auch der vergleichende Charakter dem Regelungswerk gänzlich fehlt, ist ein Vertrag sui generis anzunehmen, der grundsätzlich nach dem allgemeinen Schuldrecht zu beurteilen ist[82].

IV. Vergleich

In den meisten Fällen ist eine Abgrenzungsvereinbarung jedoch entsprechend der herrschenden Meinung als Vergleich im Sinne des § 779 BGB zu qualifizieren[83]. Die Motivation zu ihrem Abschluss ist nämlich in den meisten Fällen eine Situation, in der die Parteien bereits über kollidierende Marken streiten oder unsicher sind, ob die für eine Kollision erforderliche Verwechslungsgefahr gegeben ist, und den Streit über diese Frage vermeiden möchten[84]. Bei einem Vergleich nach § 779 Abs. 1 BGB handelt es sich um eine schuldrechtliche Vereinbarung, die einen Streit oder eine Ungewissheit der Parteien über ein Rechtsverhältnis beseitigt, indem ein gegenseitiges Nachgeben erfolgt. Dabei können der Streit oder die Ungewissheit rechtliche oder tatsächliche Merkmale des Rechtsverhältnisses betreffen. Das Vorliegen subjektiver Zweifel reicht dabei aus, die objektive Rechts- und Sachlage sind nicht zu berücksichtigen[85]. Der vergleichende Charakter fehlt einer Abgrenzungsvereinbarung nach *Althaus* jedoch dann, wenn die betroffenen

---

80 Bökel, GRUR 1972, S. 32; Knaak, GRUR 1981, S. 388; Scholz, GRUR 1994, S. 692; Elmenhorst/Schopp, WRP 2012, S. 1358.

81 Grüneberg in: Palandt, 74. Aufl. 2015, Überblick vor § 311, Rn. 12, 14; Elmenhorst/Schopp, WRP 2012, S. 1358.

82 Grüneberg in: Palandt, 74. Aufl. 2015, Überblick vor § 311, Rn. 15.

83 Elmenhorst/Schopp, WRP 2012, S. 1357; Kraft, GRUR 1977, S. 761; Knaak, GRUR 1981, 388; Ingerl/Rohnke, Markengesetz, 3. Aufl. 2010, § 30, Rn. 137; Fezer; Markenrecht, 4. Aufl. 2009, § 14, Rn. 1089; Janoschek, Abgrenzungsvereinbarungen über Warenzeichen, 1975, S. 70; Neubauer, Markenrechtliche Abgrenzungsvereinbarungen aus rechtsvergleichender Sicht, 1983, S. 50; Rißmann, Die kartellrechtliche Beurteilung der Markenabgrenzung, 2008, S. 26; Müller, Abgrenzungsvereinbarungen im Markenrecht, 2011, S. 23.

84 Scholz, GRUR 1994, 692; Elmenhorst/Schopp, WRP 2012, S. 1357; Ingerl/Rohnke, Markengesetz, 3. Aufl. 2010, § 30, Rn. 137.

85 Sprau in: Palandt, 74. Aufl. 2015, § 779, Rn. 4.

Marken identisch sind oder zwischen ihnen ein hoher Ähnlichkeitsgrad besteht. In diesen Fällen können seiner Ansicht nach keine Zweifel über das Vorliegen von Verbietungsrechten nach § 14 Abs. 2 MarkenG vorliegen. Er ist jedoch definitiv zu bejahen, wenn es um das Vorliegen der Verwechslungsgefahr zwischen den Zeichen geht. In diesen Fällen ist der Zweifel an der Berechtigung zur Durchsetzung der Verbietungsrechte, die letztendlich die Vernichtung eines der beiden Schutzrechte zur Folge haben, nachvollziehbar[86]. Auch die Verordnung (EG) Nr. 207/2009 des Rates über die Gemeinschaftsmarke (GMV) vom 26. Februar 2009 lässt in Art. 42 Abs. 4 erkennen, dass Abgrenzungsvereinbarungen einen vergleichenden Charakter innehaben[87]. In der Vorschrift ist nämlich geregelt, dass eine Einigung im Widerspruchsverfahren gewünscht ist, die Parteien vom HABM sogar dazu aufgefordert werden können. Mit dieser Einigung, die auch als Vergleich bezeichnet werden könnte, ist der Abschluss einer Abgrenzungsvereinbarung gemeint. Diese Annahme wird durch die Regel 18 Abs. 1 der Durchführungsverordnung zur GMV untermauert. Diese besagt, dass das Widerspruchsverfahren zwei Monate nach Empfang der Mitteilung über das Vorliegen der Zulässigkeitsvoraussetzungen beim Widerspruch beginnt. Diese zweimonatige Frist ist die sog. „*cooling off*"-Phase, die den Parteien die Gelegenheit geben soll, sich gütlich zu einigen, was in den meisten Fällen den Abschluss einer Abgrenzungsvereinbarung bedeutet[88]. Auch die im Rahmen eines gerichtlich ausgefochtenen Markenrechtsstreits geschlossenen Vergleiche erfüllen aufgrund der Doppelnatur des Prozessvergleichs die Voraussetzungen des § 779 BGB. Darunter ist zu verstehen, dass gerichtlich geschlossene Vergleiche sowohl Prozesshandlung als auch Rechtsgeschäfte nach § 779 Abs. 1 BGB sind[89].

D. Ausgestaltung/Regelungsinhalte

Wie bereits oben erwähnt, kann der Ausdruck „Abgrenzungsvereinbarung" als Überbegriff für die Verträge zur Regelung markenrechtlicher Kollisionsfälle bezeichnet werden[90]. Um nachfolgend die rechtliche Zulässigkeit von

86 Althaus, Markenrechtliche Abgrenzungsvereinbarungen, 2010, S. 82.

87 Rißmann, Die kartellrechtliche Beurteilung der Markenabgrenzung, 2008, S. 27.

88 von Kapff in: Fezer (Hrsg.), Handbuch der Markenpraxis, 2. Aufl., 2012, I 2, Rn. 93; Bender in: Fezer (Hrsg.), Handbuch der Markenpraxis, 2. Aufl. 2012, I 2, Rn. 1264.

89 Müller, Abgrenzungsvereinbarungen im Markenrecht, 2011, S. 23; Stöber in: Zöller, ZPO, 30. Aufl. 2014, § 794, Rn. 3; Baumbach/Lauterbach7Albers/Hartmann, Zivilprozessordnung, 73. Aufl. 2015, Anh. § 307, Rn. 1, 4.

90 Fammler in: Fezer (Hrsg.), Handbuch der Markenpraxis, 2. Aufl. 2012, II 1 A, Rn. 3.

Abgrenzungsvereinbarungen beurteilen zu können, sollten zunächst die typischen Inhalte des zu untersuchenden Vertragstypus an dieser Stelle einer detaillierten Betrachtung unterzogen werden. Dabei wird die Darstellung an diesem Punkt der Arbeit auf die Kernregelungen der Abgrenzungsvereinbarungen beschränkt. Die Zusatzklauseln werden in Kapitel 3 behandelt[91]. Die Darstellung der wichtigsten Klauseln erfolgt dabei teilweise anhand von Beispielen. Dabei werden jedoch nicht alle Abwandlungsmöglichkeiten aufgezeigt. Der Sinn der nachfolgenden Ausführungen liegt nämlich darin, dem Leser zu veranschaulichen, welche Pflichten den Parteien durch den jeweiligen Regelungspunkt der Abgrenzungsvereinbarung auferlegt werden und welche Sachlage dadurch geschaffen wird. Am Ende der Ausführungen findet sich ein erläutertes Muster einer Abgrenzungsvereinbarung, bei dem auch die am häufigsten vorkommenden Sachverhaltskonstellationen berücksichtigt werden[92].

Der Abschluss der Abgrenzungsvereinbarung findet in den meisten Fällen im Rahmen eines Widerspruchsverfahrens statt. Bei der Anmeldung einer deutschen Marke ist das Widerspruchsverfahren zeitlich der Eintragung der Marke ins Markenregister nachgeordnet. Bei der Anmeldung einer Gemeinschaftsmarke wird das Widerspruchsverfahren gemäß Art. 42 Abs. 1 GMV vor der Eintragung durchgeführt. Am günstigsten ist es, die Konfliktsituation bereits vor dem Widerspruchsverfahren aus dem Weg zu räumen, insbesondere wenn es um die Eintragung einer Gemeinschaftsmarke geht, denn der Widerspruch kann ihre Eintragung um die Dauer der Streitentscheidung verzögern. Dies gelingt allerdings nicht immer. Oft ist der Inhaber der Marke mit dem älteren Zeitrang gezwungen, Widerspruch einzulegen, um die dreimonatige Widerspruchsfrist des § 42 Abs. 1 MarkenG bzw. Art. 42 Abs. 1 GMV nicht verstreichen zu lassen, so dass der Abschluss der Abgrenzungsvereinbarung im Verfahren vor dem DPMA oder HABM, jedoch ohne die Beteiligung des Amtes erfolgt[93].

Die Hauptabrede einer Abgrenzungsvereinbarung enthält in der Regel eine sog. Vorrechtsvereinbarung. Darin legen die Parteien meistens fest, dass die Geltendmachung von Rechten, die der Inhaber des jüngeren Schutzrechts aus der Eintragung und Benutzung seiner Marke gegen den Inhaber des prioritätsälteren Rechts herleiten kann, nicht erfolgt[94]. Ihr Zweck besteht darin, den gegenwärtigen Konflikt

91 Vgl. S. 152ff.

92 Vgl. S. 176ff.

93 Fammler in: Fezer (Hrsg.), Handbuch der Markenpraxis, 2. Aufl., 2012, II 1 A, Rn. 5.

94 Fammler in: Fezer (Hrsg.), Handbuch der Markenpraxis, 2. Aufl., 2012, II 1 A, Rn. 4; Knaak, GRUR 1981, 386.

beizulegen und künftige zu vermeiden[95]. *Fammler* liefert für die entsprechende Klausel in einer Abgrenzungsvereinbarung folgenden Formulierungsvorschlag: „*Der Anmelder verpflichtet sich, weder aus der Eintragung noch aus der Benutzung seiner Marke Rechte gegen die Marke des Inhabers herzuleiten. Insbesondere wird der Anmelder Neueintragungen der Marke des Inhabers und Eintragungen ähnlicher Marken dulden, mit Ausnahme solcher Marken, die mit der angemeldeten Marke identisch sind*[96]." *Kraft* bezieht in seinen Formulierungsvorschlag nicht nur die Neuanmeldung, sondern auch die Erneuerung der betroffenen Marken ein. Zudem soll seine Klausel nicht nur ähnliche, sondern auch identische Zeichen einbeziehen[97]. Die Ausweitung der Regelung auf die Anmeldung und Eintragung ähnlicher sowie identischer Zeichen in der Zukunft soll dem Inhaber des älteren Schutzrechts ein gewisses Maß an Rechtssicherheit in Bezug auf die meist für mehrere Jahre geplante Markenstrategie ermöglichen[98].

In den häufigsten Fällen enthält die Vorrechtsvereinbarung eine ausdrückliche, eher selten eine konkludente Nichtangriffsabrede[99]. Die Nichtangriffsabrede kann auch die Verpflichtung enthalten, die von der Abgrenzungsvereinbarung umfassten Marken gemeinsam gegen die Angriffe Dritter zu verteidigen und sich dabei gegenseitig mit den erforderlichen Informationen auszustatten[100]. Als Gegenleistung für das Anerkennen seiner älteren Rechte verpflichtet sich der Markeninhaber gegenüber dem Inhaber des älteren Schutzrechts zur Rücknahme des Widerspruchs oder verzichtet auf die Geltendmachung seiner Verbietungsrechte, sollte der Abschluss der Abgrenzungsvereinbarung dem Widerspruchsverfahren vorgelagert sein[101]. Für die entsprechende Klausel schlägt *Fammler* folgende Formulierung vor: „*Der Inhaber wird unverzüglich*

---

95 Neubauer, Markenrechtliche Abgrenzungsvereinbarungen aus rechtsvergleichender Sicht, 1983, S. 19.

96 Fammler in: Fezer (Hrsg.), Handbuch der Markenpraxis,2. Aufl. 2012, II 1 A, Rn. 16; so auch Kraft, GRUR 1977, 760; ähnlich auch Scholz, GRUR 1994, 691; Harte-Bavendamm/v. Bomhard, GRUR 1998, 530.

97 Kraft, GRUR 1977, 760.

98 Neubauer, Markenrechtliche Abgrenzungsvereinbarungen aus rechtsvergleichender Sicht, 1983, S. 20; Rißmann, Die kartellrechtliche Beurteilung der Markenabgrenzung, 2008, S. 18.

99 Fammler in: Fezer (Hrsg.), Handbuch der Markenpraxis, 2. Aufl., 2012, II 1 A, Rn. 15; Kraft, GRUR 1977, 760; Janoschek, Abgrenzungsvereinbarungen über Warenzeichen, 1975, S. 7, 8, Müller, Abgrenzungsvereinbarungen im Markenrecht, 2011, S. 13.

100 Janoschek, Abgrenzungsvereinbarungen über Warenzeichen, 1975, S. 17.

101 Janoschek, Abgrenzungsvereinbarungen über Warenzeichen, 1975, S. 7; Althaus, Markenrechtliche Abgrenzungsvereinbarungen, 2010, S. 60.

nach Abschluss dieser Abgrenzungsvereinbarung den gegen die Marke „XY" erhobenen Widerspruch zurücknehmen. Der Inhaber wird die Eintragung der Marke „XY" und die identischen Folgeanmeldungen nicht angreifen, insbesondere nicht deren Löschung wegen älterer Rechte betreiben. Der Inhaber wird gegen die Benutzung der Marke „XY" für die Waren und Dienstleistungen ..... keine Rechte herleiten. Den Parteien steht es frei, die Löschung der Marken der jeweils anderen Partei wegen Verfalls nach § 49 MarkenG zu betreiben; in diesem Fall kann keine der Parteien diese Vorrechtsvereinbarung kündigen, und die Verpflichtungen aus dieser Vorrechtsvereinbarung bestehen auch nach der Löschung der Marke wegen Verfalls uneingeschränkt fort[102]*."*

Neben den Vorrechtsvereinbarungen wird in Abgrenzungsvereinbarungen am wahrscheinlich häufigsten der materielle Markenschutzbereich abgegrenzt[103]. Dazu gehört zum Einen die Begrenzung des Waren- und Dienstleistungsverzeichnisses der jüngeren Marke[104]. Dies lässt sich in der Regel nicht schwierig gestalten, denn oft bedarf es lediglich einer Konkretisierung der durch das Abkommen von Nizza über die internationale Klassifikation von Waren und Dienstleistungen für die Eintragung von Marken vorgegebenen und oft zu allgemein formulierten Waren- und Dienstleistungsgruppen[105]. Allerdings ist im Rahmen dieser Abgrenzung zu beachten, dass eine nachträgliche Erweiterung des Schutzbereiches der Marke auf weitere Waren und Dienstleitungen nicht möglich ist[106]. Für diese Regelung liefert *Fammler* folgenden Formulierungsvorschlag: *„Der Anmelder wird das Waren- und Dienstleistungsverzeichnis der Anmeldung auf die Waren und Dienstleistungen .... beschränken und die aus dieser Anmeldung resultierende Marke nur für diese Waren und Dienstleistungen benutzen*[107]*."*

Ebenfalls zur Schutzbereichsabgrenzung gehören Regelungen, in denen Einschränkungen bzgl. des betroffenen Zeichens vereinbart werden. Diese können in der Festlegung einer bestimmten Zeichenform, -farbe, -schrift, -größe oder

102 Fammler in: Fezer (Hrsg.), Handbuch der Markenpraxis, 2. Aufl., 2012, II 1 A, Rn. 16.

103 Neubauer, Markenrechtliche Abgrenzungsvereinbarungen aus rechtsvergleichender Sicht, 1983, S. 21.

104 Janoschek, Abgrenzungsvereinbarungen über Warenzeichen, 1975, S. 17.

105 Neubauer, Markenrechtliche Abgrenzungsvereinbarungen aus rechtsvergleichender Sicht, 1983, S. 23; Althaus, Markenrechtliche Abgrenzungsvereinbarungen, 2010, S. 57.

106 Hildebrandt, Marken und andere Kennzeichen, 3. Aufl. 2015, Zweiter Teil, Erstes Kapitel, § 5 II, Rn. 13.

107 Fammler in: Fezer (Hrsg.), Handbuch der Markenpraxis, 2. Aufl., 2012, II 1 A, Rn. 16.

der Verpflichtung zur Benutzung eines Zusatzes liegen[108]. Im Rahmen der diesen Gegenstand regelnden Klauseln sollte vor allem seitens des Markenanmelders nicht außer Acht gelassen werden, dass die Gestaltung der Marke, wie in der Abgrenzungsvereinbarung festgelegt und anschließend auch im Register eingetragen, grundsätzlich auch im Rahmen der Benutzung beibehalten werden muss[109]. Andernfalls besteht die Gefahr der unzureichenden markenmäßigen Benutzung gemäß §§ 25, 26 MarkenG bzw. Art. 15 GMV und spätestens nach Ablauf der Benutzungsschonfrist droht die Rechtsfolge des § 49 MarkenG bzw. Art. 51 GMV[110]. In diesem Zusammenhang kommt auch die Regelung der Art der Benutzung in Betracht. Dies kann beispielsweise eine Klausel sein, die festlegt, wie eine Marke zu Werbezwecken zu verwenden ist oder über welche Vertriebswege an welche Abnehmer die mit ihr gekennzeichnete Ware vermarktet werden darf[111]. Natürlich darf auch die territoriale Abgrenzung an dieser Stelle nicht unerwähnt bleiben. Im Rahmen solcher Klauseln erfolgt die Festlegung der Gebiete, in denen sich die Parteien die Benutzung der abzugrenzenden Zeichen gestatten. Solche Vereinbarungen sollen weder auf nationaler noch auf internationaler Ebene in der Praxis fast nicht existent sein[112]. Aus Gründen der Vollständigkeit sollen aber auch sie im Rahmen dieser Arbeit Erwähnung finden. Selbstredend ist es denkbar, die aufgeführten Regelungen je nach Sachverhaltskonstellation kumulativ oder alternativ zu vereinbaren.

---

108 Janoschek, Abgrenzungsvereinbarungen über Warenzeichen, 1975, S. 16; Fammler in: Fezer (Hrsg.), Handbuch der Markenpraxis, 2. Aufl., 2012, II 1 A, Rn. 4; Neubauer, Markenrechtliche Abgrenzungsvereinbarungen aus rechtsvergleichender Sicht, 1983, S. 25; Rißmann, Die kartellrechtliche Beurteilung der Markenabgrenzung, 2008, S. 18.

109 Stöckel in: Stöckel, Handbuch Marken- und Designrecht, 3. Aufl. 2013, S. 266.

110 Hildebrandt, Marken und andere Kennzeichen, 3. Aufl., 2015, Zweiter Teil, Erstes Kapitel, § 8 I, Rn. 1ff.; Schork in: Stöckel, Handbuch Marken- und Designrecht, 3. Aufl., 2013, S. 129, 147/148.

111 Janoschek, Abgrenzungsvereinbarungen über Warenzeichen, 1975, S. 17; Neubauer, Markenrechtliche Abgrenzungsvereinbarungen aus rechtsvergleichender Sicht, 1983, S. 26.

112 Neubauer, Markenrechtliche Abgrenzungsvereinbarungen aus rechtsvergleichender Sicht, 1983, S. 26; Janoschek, Abgrenzungsvereinbarungen über Warenzeichen, 1975, S. 16.

Kapitel 2: Kartellrechtliche Vorüberlegungen

Das Verhältnis zwischen dem Kartellrecht und den gewerblichen Schutzrechten ist seit jeher spannungsgeladen, denn die letzteren stellen das dar, was das erstgenannte Gebiet verhindern soll. Gewerbliche Schutzrechte können Wettbewerbsbeschränkungen verkörpern[113]. Aus diesem Grund ist es unentbehrlich zunächst zu untersuchen, wie das Verhältnis zwischen dem Kartellrecht und den gewerblichen Schutzrechten, insbesondere dem Markenrecht, ausgestaltet ist. Oft geht die Beantwortung dieser Frage in die Untersuchung der dogmatischen Begründung der grundsätzlichen Zulässigkeit von Abgrenzungsvereinbarungen über. Im Rahmen dieser Arbeit werden diese Punkte zum besseren Verständnis jedoch getrennt behandelt.

A. Verhältnis Kartellrecht - gewerbliche Schutzrechte

Das Kartellrecht, welches man zutreffender als das Recht gegen Wettbewerbsbeschränkungen bezeichnen sollte, denn ein Kartell ist lediglich eine von mehreren Formen der Wettbewerbsbeschränkung[114], unterscheidet sich sehr von der Zielsetzung, die mit den Immaterialgüterrechten verfolgt wird. Das Kartellrecht ist marktbezogen[115] und schützt die Institution Wettbewerb als solche bzw. soll seine Unverfälschtheit und Freiheit gewährleisten, indem es Wettbewerbsbeschränkungen verhindert und bekämpft[116]. Gewerbliche Schutzrechte dagegen sollen ihren Inhaber dafür belohnen, dass er den Wettbewerb durch Investitionen und daraus entstehende Innovationen belebt und fördern dieses Vorgehen, indem sie diesem in Bezug auf ein bestimmtes Produkt ein ausschließliches Verwertungsrecht verschaffen, nicht zuletzt um das eingebrachte Investment zu amortisieren[117]. Dieses Ausschließlichkeitsrecht versetzt den Schutzrechtsinhaber somit in eine Stellung, die dem Monopol ähnelt[118]. Zwischen dem Monopol und der durch das Kartellrecht geschützten Wettbewerbsfreiheit besteht grundsätzlich

---

113 Loewenheim, Warenzeichen und Wettbewerbsbeschränkungen, 1970, S. 17.

114 Neef, Kartellrecht, 2008, S. 1, Rn. ; Bunte in: Langen/Bunte, Kartellrecht, Bd. 2, 12. Aufl. 2014, Einl. Rn. 1.

115 Dobler/Sattler, in: FS Canenbley, 2012, S. 143.

116 Neef, Kartellrecht, 2008, S. 1, Rn. 1.

117 Jestaedt in: Langen/Bunte, Kartellrecht, Bd. 2, 12. Aufl. 2014, nach Art. 101 AEUV, Rn. 1236; Heinemann, GRUR 2006, 705.

118 Dobler/Sattler, in: FS Canenbley, 2012, S. 140, 143.

eine Diskrepanz[119], die in den unterschiedlichsten Konstellationen deutlich wird und einer Auflösung bedarf[120].

I. Kartellrechtlicher Ansatz

Es wurde versucht, diese Diskrepanz aufzulösen, indem man dem Kartellrecht gegenüber den gewerblichen Schutzrechten und somit auch dem Markenrecht den Vorrang einräumte und Vereinbarungen über Marken ohne die Berücksichtigung immaterialgüterrechtlicher Besonderheiten rechtlich würdigte[121]. Begründet wurde dieser rein kartellrechtliche Ansatz damit, dass bereits im Entwurf eines Gesetzes gegen Wettbewerbsbeschränkungen vom 22. Januar 1955 in § 15 lediglich „Verträge über Erwerb oder Benutzung von Patenten oder Gebrauchsmustern" Erwähnung fanden[122]. Warenzeichen, wie man Marken früher bezeichnete, kamen im Entwurf nicht vor. In der Begründung zu § 15 des Gesetzesentwurfes wurde zwar hervorgehoben, dass man der missbräuchlichen Ausnutzung der durch Immaterialgüterrechte begründeten ausschließlichen Stellung entgegentreten müsste, stellte jedoch unter Ziff. 7 zu § 15 des Entwurfes klar, dass Warenzeichen nicht in den Anwendungsbereich der Norm fallen sollen, weil die Veräußerung eines solchen nur zusammen mit dem Geschäftsbetrieb möglich war[123]. Soweit es um Verträge ging, die den Gebrauch eines Warenzeichens gestatteten, sollte § 10 gelten[124]. Der Gesetzesentwurf wurde im Hinblick auf diese Regelung stark kritisiert. Trotz der Kritik wurde der Schutzbereich des § 15

---

119 Jestaedt in: Langen/Bunte, Kartellrecht, Bd. 2, 12. Aufl. 2014, nach Art. 101 AEUV, Rn. 1234.

120 In Bezug auf den kartellrechtlichen Einwand der Zwangslizenz im Patentrecht vgl. Müller, GRUR 2012, S. 687; BGH v. 06.05.2009 - KZR 39/06 - Orange-Book-Standard, GRUR 2009, S. 694. Hier geht es um den Ausgleich zwischen dem Interesse des Patentinhabers und seiner machtbeherrschenden Stellung und dem Interesse eines Patentnutzers, der auf die Nutzung angewiesen ist. Da es sich um eine patentrechtliche Besonderheit handelt, ist die Thematik für den weiteren Verlauf dieser Arbeit jedoch nicht relevant.

121 Müller, Abgrenzungsvereinbarungen im Markenrecht, 2011, S. 121, Kellermann, WuW 1958, S. 644; Buxbaum, WuW 1966, 193; Loewenheim, Warenzeichen und Wettbewerbsbeschränkungen, 1970, S. 193.

122 Bundestagsdrucksache II/1158, http://dipbt.bundestag.de/doc/btd/02/011/0201158.pdf, 11.09.2014, 15:05 Uhr.

123 Bundestagsdrucksache II/1158, http://dipbt.bundestag.de/doc/btd/02/011/0201158.pdf, 11.09.2014, 15:17 Uhr.

124 Bundestagsdrucksache II/1158, http://dipbt.bundestag.de/doc/btd/02/011/0201158.pdf, 11.09.2014, 15:19 Uhr.

GWB a.F. nicht auf Warenzeichen und Geschmacksmuster erweitert[125]. Der Vorrang des Kartellrechts war bereits aus der damaligen Sicht nicht haltbar. Er höhlt das Wesen des Markenrechts ohne ausreichende Begründung aus und übersieht, dass der Gesetzgeber den Wettbewerb bewusst durch die Schaffung von Immaterialgüterrechten nach der erforderlichen Schutzgüterabwägung eingeschränkt hat, um den damit verfolgten und oben bereits erläuterten Zweck zu verwirklichen[126]. Es findet sich nirgends der Hinweis darauf, dass der Gesetzgeber mit der Schaffung des GWB das Wesen oder den Bestand von Immaterialgüterrechten einschränken wollte[127]. Zudem lässt sich der Begründung des Gesetzesentwurfes zwar entnehmen, dass § 15 nicht auf Warenzeichenveräußerungsverträge anwendbar sein sollte, aber auch nur, weil es nach der damaligen Rechtslage ohne die Veräußerung des zugehörigen Geschäftsbetriebes schlicht nicht möglich war. In Bezug auf Verträge über die Gebrauchsüberlassung an Warenzeichen sollte § 10 GWB a.F. Anwendung finden[128], Vereinbarungen über Warenzeichen sollten somit nicht gänzlich aus dem Anwendungsbereich des Kartellrechts fallen. Außerdem fanden sich unter Ziff. 1 zu § 15 des Gesetzesentwurfes allgemeine Ausführungen zu gewerblichen Schutzrechten, die überwiegend auch auf Warenzeichen zutreffen. Eingangs sind zwar wieder Patente und Gebrauchsmuster explizit erwähnt. Es handelt sich dabei aber um Beispiele[129], was darauf deutet, dass die Aufzählung nicht abschließend war. Anhand der nicht abschließenden Aufzählung und des Verweises auf die Anwendbarkeit des § 10 GWB a.F. liegt der Schluss nahe, dass Warenzeichen und auch Verträge über solche nicht komplett aus dem Anwendungsbereich des Kartellrechts fallen sollten. Letztendlich kann auch aus heutiger Sicht kein Vorrang des GWB vor dem MarkenG bejaht werden, weil es sich bei beiden Regelwerken um einfache Gesetze nach dem Grundgesetz handelt und keine Spezialität ersichtlich ist[130]. Im europäischen Recht finden sich ebenfalls keine Vorschriften, die den grundsätzlichen Vorrang des Kartellrechts kodifizieren. Im Gegenteil sprechen Regelwerke wie die Verordnung (EU) 1217/2010 der Kommission vom 14. Dezember 2010 über die Anwendung des

125 Loewenheim, Warenzeichen und Wettbewerbsbeschränkungen, 1970, S. 189–193.

126 Müller, Abgrenzungsvereinbarungen im Markenrecht, 2011, S. 121; Kartte in: FS für Quack, S. 616; Sack in: FS für Ritter, S. 754, 755.

127 Kartte in: FS für Quack, S. 616.

128 Bundestagsdrucksache II/1158, Ziff. 7 zu § 15, http://dipbt.bundestag.de/doc/btd/02/011/0201158.pdf, 11.09.2014, 15:44 Uhr.

129 Bundestagsdrucksache II/1158, Ziff. 1 zu § 15, http://dipbt.bundestag.de/doc/btd/02/011/0201158.pdf, 11.09.2014, 15:17 Uhr.

130 Müller, Abgrenzungsvereinbarungen im Markenrecht, 2011, S. 121, 122.

Art. 101 Abs. 3 AEUV auf bestimmte Gruppen von Vereinbarungen über Forschung und Entwicklung sowie die Haltung des EuGH[131] für die grundsätzliche Anwendbarkeit der kartellrechtlichen Normen auf gewerbliche Schutzrechte.

II. Wettbewerbseröffnungstheorie

Den absolut gegensätzlichen Punkt vertraten die Verfechter der Wettbewerbseröffnungstheorie. Diese Theorie schafft eine absolute Bereichsausnahme vom Kartellverbot für lizenzvertragliche Wettbewerbsbeschränkungen[132]. Die Wettbewerbseröffnungstheorie entstand ursprünglich im Zusammenhang mit Lizenzverträgen[133]. Die Ausnahme vom Kartellverbot wurde mit der Tatsache begründet, dass wettbewerbsbeschränkende Abreden in Lizenzvereinbarungen auch wettbewerbsfördernd seien, weil sie beispielsweise die Anzahl der Teilnehmer am Wettbewerb in Form von Lizenznehmern erhöhen, denn der Lizenzgeber ist zur Vergabe der Lizenzen nicht verpflichtet und belebt somit den Wettbewerb, indem er es freiwillig macht[134]. Auch weitere wettbewerbsfördernde Wirkungen von Lizenzverträgen, so beispielsweise die Markteinführung eines neuen Produkts und somit die Schaffung oder Erweiterung von Wettbewerb sollen ihre Nichterfassung durch das Kartellverbot rechtfertigen[135]. Die Grundsätze der Wettbewerbseröffnungstheorie können aber durchaus auf Abgrenzungsvereinbarungen übertragen werden. Im Rahmen dieser Verträge getroffene Abreden zur Schutzbereichsabgrenzung zweier Marken können nämlich ebenfalls der Wettbewerbseröffnung oder der Wettbewerbserweiterung dienen. Eine Einigung im Rahmen einer Abgrenzungsvereinbarung entscheidet oft über den Marktzutritt oder die fortdauernde Benutzung von Marken, bei denen die Gefahr der Verwechslung vorliegt[136]. Insbesondere wenn es für den Abgrenzungswilligen, beispielsweise aufgrund einer bereits vorhandenen Markenbekanntheit, nicht möglich ist, auf eine andere Marke zur Kennzeichnung seines Produkts auszuweichen, ist seine Situation mit der Lage eines Lizenznehmers vergleichbar

---

131 EuGH v. 13.07.1966 – 56/64 58/64 – Grundig/Consten, GRUR Ausl. 1966, 583.

132 Sack, WRP 1999, 594; Rißmann, Die kartellrechtliche Beurteilung der Markenabgrenzung, 2008, S. 114; Christoph, Wettbewerbsbeschränkungen in Lizenzverträgen, 1998, S. 160.

133 Müller, Abgrenzungsvereinbarungen im Markenrecht, 2011, S. 122; Sack, WRP 1999, 594; Rißmann, Die kartellrechtliche Beurteilung der Markenabgrenzung, 2008, S. 114.

134 Sack, WRP 1999, S. 594.

135 Rißmann, Die kartellrechtliche Beurteilung der Markenabgrenzung, 2008, S. 114.

136 Rißmann, Die kartellrechtliche Beurteilung der Markenabgrenzung, 2008, S. 115.

und die Anwendung der Wettbewerbseröffnungstheorie auf solche Konstellationen denkbar, weil der Markteintritt durch den Abschluss einer Abgrenzungsvereinbarung ermöglicht oder erleichtert wird[137].

Im Ergebnis ist die Wettbewerbseröffnungstheorie jedoch abzulehnen, denn einerseits kann nicht verallgemeinernd angenommen werden, dass durch jede Vereinbarung über ein Immaterialgüterrecht die Schaffung von Wettbewerb stattfindet[138]. Zudem kann die Förderung des Wettbewerbs nicht als Rechtfertigung für jede Art wettbewerbsbeschränkender Abreden gelten[139]. Spätestens nach der sog. „Grundig/Consten"-Entscheidung des EuGH wird die Wettbewerbseröffnungstheorie nicht mehr vertreten[140]. In dem der Entscheidung zugrunde liegenden Sachverhalt ging es u.a. um die Beurteilung einer Vereinbarung, die die Nutzung eines Warenzeichens so regelte, dass daraus eine Gebietsaufteilung hervorging[141]. Daraus lässt sich eindeutig entnehmen, dass die Ausübung nationaler gewerblicher Schutzrechte nicht ohne Einfluss des Gemeinschaftsrechts erfolgen kann. Dieses kann nämlich ihre Ausübung zur Verwirklichung des Art. 85 Abs. 1 EWGV (später Art. 81 EGV, heute Art. 101 AEUV) einschränken und lediglich der Bestand der Immaterialgüterrechte bleibt davon unangetastet[142]. Der Gerichtshof stellte in seinem Urteil eindeutig klar, dass es mit dem Sinn der europäischen Wettbewerbsordnung nicht vereinbar ist, wenn aus dem Zeichenrecht der Mitgliedstaaten sich für die Schutzrechtsinhaber Ansprüche ergeben, die den gemeinschaftlichen Kartellrechtsgrundsätzen entgegenstehen[143]. Somit lässt sich aus diesem Urteil sehr deutlich herauslesen, dass der EuGH der Wettbewerbseröffnungstheorie und somit einer Nichterfassung der gewerblichen Schutzrechte durch das Kartellverbot eine Absage erteilt.

III. Lehre vom spezifischen Gegenstand

In der „Grundig/Consten"-Entscheidung legte der EuGH fest, dass Art. 85 EWGV auf Verträge über Warenzeichen Anwendung findet, das Immaterialgüterrecht also nicht gänzlich außerhalb des Einflusses des Kartellrechts steht. Der

---

137 Rißmann, Die kartellrechtliche Beurteilung der Markenabgrenzung, 2008, S. 115; Christoph, Wettbewerbsbeschränkungen in Lizenzverträgen, 1998, S. 160.
138 Müller, Abgrenzungsvereinbarungen im Markenrecht, 2011, S. 122.
139 Christoph, Wettbewerbsbeschränkungen in Lizenzverträgen, 1998, S. 165; Sack in FS für Ritter, S. 756.
140 Müller, Abgrenzungsvereinbarungen im Markenrecht, 2011, S. 123.
141 EuGH v. 13.07.1966 – 56/64 58/64 – Grundig/Consten, GRUR Ausl. 1966, 583.
142 EuGH v. 13.07.1966 – 56/64 58/64 – Grundig/Consten, GRUR Ausl. 1966, 583.
143 EuGH v. 13.07.1966 – 56/64 58/64 – Grundig/Consten, GRUR Ausl. 1966, 583.

Gerichtshof definierte aber gleichzeitig Bereiche, in denen das europäische Kartellrecht seinen Einfluss auf nationale Schutzrechte ausüben darf und solche, in denen das nicht der Fall ist, indem er zwischen dem Bestand und der Ausübung der gewerblichen Schutzrechte unterschied[144]. Zur Differenzierung zwischen den beiden Bereichen wurde die ursprünglich zum Verhältnis zwischen der Warenverkehrsfreiheit und den Immaterialgüterrechten entwickelte Lehre vom spezifischen Gegenstand der gewerblichen Schutzrechte herangezogen[145]. Diese besagt, dass Einschränkungen des freien Wettbewerbs durch Immaterialgüterrechte als zulässig erachtet werden, wenn sie den *„spezifischen Gegenstand"*[146] der gewerblichen Schutzrechte treffen. Und nur innerhalb dieses Bereiches lässt der EuGH Ausnahmen von dem immens wichtigen Grundsatz der Warenverkehrsfreiheit zu, den er in der sog. „HAG II"-Entscheidung als *„fundamental"*[147] betrachtet. Der spezifische Gegenstand muss dabei für jedes gewerbliche Schutzrecht unter Berücksichtigung der jeweiligen Funktion gesondert definiert werden[148]. Nach der Rechtsprechung des Europäischen Gerichtshofes umfasst der spezifische Gegenstand des Markenrechts in erster Linie das Recht des Markeninhabers, die Marke zur Kennzeichnung seiner Ware zu nutzen, wenn sie erstmalig in Verkehr gebracht wird. Zudem soll die Marke ihrem Inhaber den Schutz vor solchen Konkurrenten gewährleisten, die ihren Ruf gefährden, indem sie sie widerrechtlich, in gewissen Konstellationen auch rechtmäßig[149], zur Kennzeichnung ihrer Ware verwenden[150]. Der Umfang des ausschließlichen Rechts des Markeninhabers und somit die Reichweite des spezifischen Gegenstandes des Markenrechts wird anhand der Markenfunktionen bestimmt. Dabei ist insbesondere die Herkunftsfunktion zu berücksichtigen, denn diese informiert den Verbraucher über

144 EuGH v. 13.07.1966 – 56/64 58/64 – Grundig/Consten, GRUR Ausl. 1966, 583.

145 Müller, Abgrenzungsvereinbarungen im Markenrecht, 2011, S. 129; Rißmann, Die kartellrechtliche Beurteilung der Markenabgrenzung, 2008, S. 78.

146 Kreutzmann, WRP 2006, 453, 454; EuGH v. 17.10.1990 – C-10/89 – HAG II, zitiert nach juris; EuGH v. 22.06.1994 – C-9/93 – Ideal Standard II, GRUR Int. 1994, S. 616.

147 EuGH v. 17.10.1990 – C-10/89 – HAG II, zitiert nach juris.

148 Jestaedt in: Langen/Bunte, Kartellrecht, Bd. 2, 12. Aufl. 2014, nach Art. 101 AEUV, Rn. 1241.

149 EuGH v. 22.06.1994 – C-9/93 – Ideal Standard II, GRUR Int. 1994, S. 618.

150 EuGH v. 10.10.1978 – 3/78 – Centrafarm, zitiert nach juris; EuGH v. 23.05.1978 – 102/77 – Hoffmann La Roche/Centrafarm II, zitiert nach juris; EuGH v. 17.10.1990 – C-10/89 – HAG II, zitiert nach juris; EuGH v. 22.06.1994 – C-9/93– Ideal Standard II, GRUR Int. 1994, S. 616.

die Herkunft der Ware und klärt ihn somit auch über ihre Qualität auf[151]. Die Einschränkung des freien Warenverkehrs ist somit dann zulässig, wenn er ohne sie die Herkunftsfunktion der Marke, die als die wichtigste betrachtet wird, gefährden würde, was zur Folge hätte, dass der Verbraucher die Herkunft der Ware und die damit verbundene Qualität nicht identifizieren könnte[152]. Demnach erscheinen solche Konstellationen als problematisch, in denen der Markeninhaber sich in das außerhalb des spezifischen Gegenstandes des Markenrechts befindliche Terrain begibt und seine bevorzugte Stellung ausnutzt, um den Wettbewerb zu behindern bzw. zu beschränken[153], eine Gefährdungssituation gegenüber seiner Marke bzw. ihrer Herkunftsfunktion also nicht vorliegt. Nach dem EuGH fällt die Ausübung eines gewerblichen Schutzrechtes dann in den Anwendungsbereich des Kartellrechts, wenn *„sie Gegenstand, Mittel oder Folge einer Kartellabsprache ist, die eine Aufteilung des gemeinsamen Marktes bewirkt, indem sie Einfuhren von in anderen Mitgliedstaaten ordnungsgemäß in Verkehr gebrachten Waren aus diesen Staaten untersagt"*[154].

Auch wenn die Vorgehensweise nach der Lehre vom spezifischen Gegenstand gewerblicher Schutzrechte auf den ersten Blick als eine anwenderfreundliche Lösung zur zwischen dem Kartellrecht und geistigem Eigentum bestehenden Diskrepanz erscheint, so ist sie im Ergebnis trotzdem abzulehnen, weil es bei näherer Betrachtung nicht so ist, denn eine genau Abgrenzung ist einerseits schwierig durchzuführen und andererseits wird dadurch nicht allen kritischen Verhaltensweisen angemessen begegnet. Zudem tendiert die Lehre vom spezifischen Gegenstand dazu, Immaterialgüterrechte komplett von der Anwendbarkeit des Kartellrechts herauszunehmen, sofern ihr Bestand tangiert ist. Die Wirksamkeit einer Verhaltensweise würde lediglich von der Frage abhängen, ob der Bestand oder die Ausübung eines Schutzrechtes betroffen ist. Der Zusammenhang, in dem die Vereinbarung steht, wäre dabei unbeachtlich[155]. Die Anknüpfung an diese eine Voraussetzung genügt jedoch nicht, um die Vielfalt möglicher Verhaltensabstimmungen abzudecken und sie anhand dieses Merkmals als zulässig

151 EuGH v. 10.10.1978 – 3/78– Centrafarm, zitiert nach juris; EuGH v. 17.10.1990 – C-10/89, HAG II, zitiert nach juris; EuGH v. 22.06.1994 – C-9/93 – Ideal Standard II, GRUR Int. 1994, S. 617.

152 EuGH v. 22.06.1994 – C-9/93 – Ideal Standard II, GRUR Int. 1994, S. 617.

153 Dobler/Sattler, in: FS Canenbley, 2012, S. 143.

154 EuGH v. 08.06.1971 – 78/70 – Deutsche Grammophon/Metro, Polydor, zitiert nach juris.

155 Heinemann, Immaterialgüterschutz in der Wettbewerbsordnung, 2002, S. 331, 332.

oder unzulässig zu qualifizieren[156]. Insbesondere wenn man den Bezug zwischen der Lehre vom spezifischen Gegenstand und der Fallgruppe der Abgrenzungsvereinbarungen über gewerbliche Schutzrechte herstellt, wird dies deutlich. Die Hauptfunktion und gleichzeitig das durch die abschließenden Parteien verfolgte Ziel besteht darin, alle durch die Kollisionslage verursachten Unsicherheiten durch ein Vertragswerk zu beseitigen. Dies gelingt jedoch oft nur, wenn man die materiellrechtlichen Grenzen des jeweiligen Schutzrechts und somit auch seines durch die Rechtsprechung definierten spezifischen Gegenstandes, aber auch Modalitäten für seine Ausübung festlegt[157]. Wie im weiteren Verlauf dieser Arbeit noch detailliert dargestellt wird, greift selbst der EuGH bei der Würdigung von Abgrenzungsvereinbarungen nach den Grundsätzen des Kartellrechts nicht konsequent auf die Lehre vom spezifischen Gegenstand zurück[158].

IV. Funktionale Ergänzung von Kartellrecht und gewerblichen Schutzrechten

Zusammenfassend kann festgestellt werden, dass die kompromisslosen Theorien, wie die Wettbewerbseröffnungstheorie und der kartellrechtliche Ansatz die Problematik zu einseitig sehen und die Lehre vom spezifischen Gegenstand auch einige Schwachpunkte aufweist. Doch was die „Grundig/Consten"-Entscheidung andeutete, indem darin festgehalten wurde, dass Kartellrecht auf Sachverhalte mit Bezug zum geistigen Eigentum Anwendung findet, kann mittlerweile als allgemein anerkannt bezeichnet werden. Zum heutigen Zeitpunkt stehen sich das Kartellrecht und die gewerblichen Schutzrechte nicht mehr gegenüber, sondern ergänzen sich gegenseitig[159]. Aus Immaterialgüterrechten abgeleitete exklusive Rechte können nach wie vor den Wettbewerb beschränken. Sie bedürfen jedoch des rechtlichen Schutzes, denn die geistige Leistung wird erst durch das Schutzrecht zu einem handels- und wettbewerbsfähigen Wirtschaftsgut[160]. Der Umgang mit diesem Wirtschaftsgut muss jedoch durch das Kartellrecht reglementiert werden, um die Existenz des unverfälschten Wettbewerbs weiterhin

156 Rißmann, Die kartellrechtliche Beurteilung der Markenabgrenzung, 2008, S. 100.
157 Heinemann, Immaterialgüterschutz in der Wettbewerbsordnung, 2002, S. 311.
158 Heinemann, Immaterialgüterschutz in der Wettbewerbsordnung, 2002, S. 311.
159 Kartte in: FS für Quack, S. 624; Heinemann, Immaterialgüterschutz in der Wettbewerbsordnung, 2002, S. 1.
160 Jestaedt in: Langen/Bunte, Kartellrecht, Bd. 2, 12. Aufl., 2014, nach Art. 101 AEUV, Rn. 1234.

zu gewährleisten[161]. Auf diese Weise ergänzen sich die auf den ersten Blick so gegensätzlichen Rechtsgebiete und erfüllen ihre jeweilige wirtschaftspolitische Funktion[162].

B. Anwendbarkeit auf Abgrenzungsvereinbarungen

Nachdem geklärt wurde, dass Kartellrecht grundsätzlich Anwendung auf Immaterialgüterrechte findet, stellt sich die Frage, in welchem Umfang dies auf die in dieser Arbeit beleuchteten Abgrenzungsvereinbarungen zutrifft. Sind die kartellrechtlichen Vorschriften auf den zu untersuchenden Vertragstypus uneingeschränkt anwendbar? Oder werden sie als Ausnahme behandelt? Oder sind sie gar aufgrund ihres vergleichenden Charakters privilegiert?

Oben wurde bereits festgestellt, dass es sich bei Abgrenzungsvereinbarungen in der Regel um Vergleiche handelt und solche Verträge durchaus wettbewerbsbeschränkende Wirkung haben können. Damit erscheint die Frage nach der Behandlung von Vergleichen mit ggf. wettbewerbsbeschränkendem Inhalt im kartellrechtlichen Kontext naheliegend.

Vereinbarungen mit vergleichendem Inhalt unterliegen der Kontrolle des Kartellrechts und fallen aufgrund ihres Charakters nicht aus dem Anwendungskreis dieses Rechtsgebietes[163]. In Bezug auf das Kartellverbot wird nicht unterschieden in welchen Vertragstyp die abgestimmte Verhaltensweise eingebettet wird[164]. Damit sind allerdings nicht nur Vergleiche im Sinne des § 779 BGB gemeint, sondern auch Verträge, in denen sich nur eine Partei zu einem Nachgeben verpflichtet[165]. Vergleiche sind kartellrechtlich unbedenklich, wenn sie solchen Wettbewerb beschränken, der ohnehin unzulässig ist[166]. Dies bedeutet, dass solche Verträge unproblematisch sind, in deren Rahmen Vereinbarungen getroffen werden, die bereits von § 14 Abs. 2 MarkenG gedeckt wären[167] bzw. „*nicht über den Inhalt des gewerblichen Schutzrechtes hinausgehen*“[168]. In Bezug

161 Ullrich, GRUR Int. 1996, 556; Jestaedt in: Langen/Bunte, Kartellrecht, Bd. 2, 12. Aufl., 2014, nach Art. 101 AEUV, Rn. 1234.

162 Ullrich, GRUR Int. 1996, 556; Jestaedt in: Langen/Bunte, Kartellrecht, Bd. 2, 12. Aufl., 2014, nach Art. 101 AEUV, Rn. 1234.

163 Müller, Abgrenzungsvereinbarungen im Markenrecht, 2011, S. 120.

164 Müller, Abgrenzungsvereinbarungen im Markenrecht, 2011, S. 120.

165 Beater, WuW 2000, S. 585.

166 Beater, WuW 2000, S. 585; Müller, Abgrenzungsvereinbarungen im Markenrecht, 2011, S. 117, 118.

167 Müller, Abgrenzungsvereinbarungen im Markenrecht, 2011, S. 118.

168 Beater, WuW 2000, S. 585.

auf Abgrenzungsvereinbarungen ist die Feststellung von eben diesem Kriterium problematisch, denn in den meisten Fällen sind sich die Parteien nicht sicher, ob ein Anspruch aus § 14 Abs. 2 MarkenG greifen würde. Um sich den zeitraubenden und kostspieligen Streit über diese Frage zu ersparen, erfolgt ja gerade eine Einigung in Gestalt einer Abgrenzungsvereinbarung. Die Frage nach den tatsächlich bestehenden Abwehransprüchen bleibt aber ungeklärt. Wie mit dieser „Unsicherheit" umzugehen ist bzw. wie die Qualifikation der Abgrenzungsvereinbarungen in zulässige und unzulässige vorgenommen wird, wird im weiteren Verlauf dieser Arbeit dargestellt. An dieser Stelle bleibt festzuhalten, dass der untersuchte Vertragstypus nicht aufgrund seines vergleichenden Charakters privilegiert und von der Anwendbarkeit des Kartellrechts ausgenommen ist.

C. Zulässigkeit von Abgrenzungsvereinbarungen

Einleitend kann hier festgestellt werden, dass Abgrenzungsvereinbarungen im Ergebnis sowohl nach deutschem als auch nach europäischem Recht in den meisten Fällen als zulässig erachtet werden[169]. Sie sollen den betroffenen Unternehmen die Möglichkeit bieten, im Falle einer unklaren Markensituation eine Abrede zu treffen, um künftig eine sichere Nutzung der Marke zu gewährleisten[170]. An dieser Stelle darf angemerkt werden, dass im weiteren Verlauf dieses Abschnitts aufgrund der vollständigen Harmonisierung größtenteils auf das Recht der Europäischen Union Bezug genommen wird, denn mit der 7. GWB-Novelle, die am 01. Juli 2007 in Kraft trat, fand eine Angleichung des deutschen Kartellrechts an das europäische statt[171]. Danach sind u.a. die Regelungen der §§ 1, 2 GWB entsprechend den korrespondierenden europäischen Normen anzuwenden und auszulegen. Durch die dynamische Verweisung des § 2 Abs. 2 GWB finden die Gruppenfreistellungsverordnungen auch auf nationale Fallkonstellationen Anwendung[172]. Somit sind auch Abgrenzungsvereinbarungen, die ungeeignet sind, den zwischenstaatlichen Handel nicht spürbar zu beeinträchtigen, im Lichte des

---

169 Beater, Wuw 2000, S. 589; EuGH v. 30.01.1985 – 35/83 – Toltecs/Dorcet, zitiert nach juris; Schwanhäusser, GRUR Int. 1985, 819; Beier, GRUR Int. 1976, S. 371; BGH v. 12.06.1951 – I ZR 75/50 – Tauchpumpe, zitiert nach juris; Kirchhoff in: FS für Canenbley, 2012, S. 276; BGH v. 22.05.1975 – KZR 9/74 – Thermalquelle, zitiert nach juris.

170 Kirchhoff in: FS für Canenbley, 2012, S. 276.

171 Kreutzmann, WRP 2006, 453; Althaus, Markenrechtliche Abgrenzungsvereinbarungen, 2010, S. 134.

172 Müller, Abgrenzungsvereinbarungen im Markenrecht, 2011, S. 116.

Art. 101 AEUV zu beurteilen[173]. Auf die für die Untersuchung relevanten Unterschiede, insbesondere in Bezug auf die Rechtsprechung, wird, sollten solche vorhanden sein, gesondert eingegangen.

D. Dogmatische Begründung der Zulässigkeit von Abgrenzungsvereinbarungen

Obwohl es also mittlerweile unumstritten ist, dass es nicht grundsätzlich unzulässig ist, Abgrenzungsvereinbarungen bei unklarer Markenlage abzuschließen, kann die Sachlage in Bezug auf die dogmatische Begründung der Zulässigkeit dieses Vertragstypus nicht als klar bezeichnet werden[174]. Um etwas Licht in das Dunkel dieser Problematik zu bringen, werden im folgenden Verlauf zunächst die wichtigsten Ansichten, die dazu vertreten werden und danach die entsprechende deutsche sowie europäische Spruchpraxis dargestellt. Schließlich erfolgt die Analyse, ob ein einheitlicher dogmatischer Ansatz erkennbar ist.

I. Rule of reason

Die „Rule of reason" entstammt dem amerikanischen und britischen Kartellrecht. Sie findet in den USA bereits seit der Verabschiedung des Sherman Act aus dem Jahre 1890 Anwendung[175]. Sie wurde zur Begründung der teleologischen Reduktion bzw. Restriktion eines zu weiten Kartelltatbestandes entwickelt und wird auch zu diesem Zweck in Bezug auf das Kartellverbot im deutschen bzw. europäischen Kartellrecht herangezogen[176]. Bei der „Rule of reason" findet eine Abwägung zwischen den durch die Vereinbarung bedingten Nachteilen und den dadurch dem Wettbewerb entstehenden Vorteilen statt. Im Ergebnis wird die Wettbewerbsbeschränkung hingenommen, also nicht vom Kartellverbot erfasst, sollten die durch den Vertrag verursachten Vorteile überwiegen[177]. Dies bedeutet, dass die „Rule of reason" bewirkt, dass eine durch Markenabgrenzung hervorgerufene Beschränkung des Wettbewerbs durch seine Stärkung an anderer, gewichtigerer Stelle kompensiert werden kann[178]. Ursprünglich wurde u.a. von *Harte* behauptet, dass der BGH sich bei der Begründung der Zulässigkeit von

173 Rißmann, Die kartellrechtliche Beurteilung der Markenabgrenzung, 2008, S. 46, 48.

174 Dück/Maschemer, WRP 2013, S. 168, Rn. 3; Kirchhoff in: FS für Canenbley, 2012, S. 276.

175 Schmitz, WuW 2002, S. 6.

176 Dück/Maschemer, WRP 2013, S. 169; Ulmer, RIW 1985, S. 520.

177 Dück/Maschemer, WRP 2013, S. 169; Schmitz, WuW 2002, S. 6.

178 Dück/Maschemer, WRP 2013, S. 169.

Abgrenzungsvereinbarungen der „Rule of reason" bediente, im europäischen Recht dagegen kein Rückgriff auf diese Rechtsfigur stattfand[179]. *Schluep* ist dagegen der Ansicht, dass die Kommission im Fall „Bayer/Tanabe" durchaus davon Gebrauch machte[180]. Auch *Schmitz* vertritt die Sichtweise, dass der EuGH in mehr als nur einem Fall eine Beschränkung des Wettbewerbs gestattete, weil er ihre Vorteile gegenüber den Nachteilen als gewichtiger einordnete[181]. Nun besteht zwischen der amerikanischen und der europäischen Rechtslage aber ein Unterschied. Dieser besteht darin, dass Art. 101 Abs. 3 AEUV Ausnahmen definiert, bei denen Art. 101 Abs. 1 AEUV nicht anwendbar ist. Ein solcher Ausnahmetatbestand findet sich im amerikanischen Kartellrecht nicht[182]. Aus diesem Unterschied wird teilweise geschlossen, dass die Notwendigkeit für die Anwendung der „Rule of reason" im europäischen Kartellrecht nicht vorhanden ist, weil der Gesetzgeber bereits Ausnahmen vom Kartellverbot definiert hat[183]. *Schmitz* ist hier jedoch der Ansicht, dass trotz der im europäischen Recht bestehenden Freistellungsmöglichkeit Raum für die „Rule of reason" bleibt, denn diese führt dazu, dass das Vorliegen der Wettbewerbsbeschränkung schon auf der Tatbestandsebene verneint wird und nicht wie bei Art. 101 Abs. 3 AEUV erst bejaht und anschließend festgestellt werden muss, dass die Rechtsfolgen in der entsprechenden Konstellation nicht anzuwenden sind. Aus diesem Grund fügt er auf Tatbestandsebene das Merkmal „Verhältnismäßigkeit" hinzu[184].

II. Immanenztheorie

Ein anderer Ansatz zur Begründung der grundsätzlichen Zulässigkeit von Abgrenzungsvereinbarungen findet sich in der Immanenztheorie. Im amerikanischen Recht als „inherency doctrine" bekannt, hat sie im deutschen Recht ihren Ursprung in Verbindung mit der Problematik nachvertraglicher Wettbewerbsverbote in Unternehmenskaufverträgen[185]. Im Zusammenhang mit dieser Fragestellung und anderen Fallgruppen ist sie nach Ansicht von *Rißmann*, zwar

---

179 Harte, GRUR 1978, S. 507.

180 Schluep, GRUR Int 1985, S. 549.

181 Schmitz, WuW 2002, S. 7.

182 Schmitz, WuW 2002, S. 9.

183 Schmitz, WuW 2002, S. 9; Müller, Abgrenzungsvereinbarungen im Markenrecht, 2011, S. 136; Rißmann, Die kartellrechtliche Beurteilung der Markenabgrenzung, 2008, S. 112.

184 Schmitz, WuW 2002, S. 9, 10.

185 Schwintowski, WuW 1997, S. 769; Rißmann, Die kartellrechtliche Beurteilung der Markenabgrenzung, 2008, S. 118.

ohne wörtliche Erwähnung, aber auch in der Rechtsprechung europäischer Gerichte anerkannt[186]. Danach sind die zur Erreichung des Vertragserfolges notwendigen Wettbewerbsbeschränkungen zulässig, wenn diese sich in den Nebenbestimmungen des Vertragswerkes finden und die Vereinbarung sonst keine kartellrechtlichen Beanstandungen enthält[187]. Es werden also solche Beschränkungen des Wettbewerbs hingenommen, die der Vereinbarung vor dem Hintergrund des ihr innewohnenden und allgemein anerkannten Zwecks immanent sind und ohne die die Durchführung einiger Rechtsgeschäfte gefährdet sein könnte[188]. Eine Abwägung zwischen den Vor- und Nachteilen der Vereinbarung findet hierbei nicht statt[189]. Bei der Anwendung der Immanenztheorie wird eine Tatbestandsrestriktion des § 1 GWB bzw. Art. 101 Abs. 1 AEUV vorgenommen. Das Kartellverbot erhält dabei eine Immanenzschranke, die vertragsimmanente Beschränkungen des Wettbewerbs zulässt[190]. *Beater* ist in Bezug auf die Immanenztheorie anderer Ansicht und hält diese inhaltlich für eine *„leere Hülle"*, die weder bestimmt, was der Hauptzweck der betroffenen Vergleichsvereinbarungen ist, noch regelt, wann die Einschränkung der Anwendbarkeit des Kartellverbots vonnöten ist[191]. Er ist zudem der Ansicht, dass mit der grundsätzlichen Zulässigkeit von Vergleichs- bzw. Abgrenzungsvereinbarungen über Schutzrechte das kartellrechtliche Verbotsprinzip umgangen wird und der Prozessökonomie ein größeres Gewicht beigemessen wird als der Wettbewerbsfreiheit[192]. Er plädiert dafür, die zu untersuchende Vertragsart als kartellrechtlich unzulässig zu betrachten und sie nur in solchen Fällen zuzulassen, in denen die Spürbarkeitsschwelle nicht erreicht wird[193].

III. Freistellungslösung

Rißmann lehnt die teleologische Reduktion des Kartellverbotes gänzlich ab und tendiert dagegen dazu, Abgrenzungsvereinbarungen dem allgemeinen Prüfungsmaßstab von Art. 101 Abs. 1 AEUV zu unterziehen und sollten die Tatbestandsvoraussetzungen vorliegen, eine Freistellung in Betracht zu ziehen[194]. Die

186 Rißmann, Die kartellrechtliche Beurteilung der Markenabgrenzung, 2008, S. 120.
187 Dück/Maschemer, WRP 2013, S. 170.
188 Fuchs, BB 1993, S. 1894.
189 Dück/Maschemer, WRP 2013, S. 170, 171.
190 Fuchs, BB 1993, S. 1894, Schwintowski, WuW 1997, S. 771.
191 Beater, WuW 2000, S. 592.
192 Beater, WuW 2000, S. 596.
193 Beater, WuW 2000, S. 596.
194 Rißmann, Die kartellrechtliche Beurteilung der Markenabgrenzung, 2008, S. 144.

zentrale Frage der Prüfung ist dann, ob die formale Wettbewerbsbeschränkung den Wettbewerb spürbar beeinträchtigt und ob diese Beeinträchtigung ggf. gerechtfertigt werden kann. Auf diese Weise können sowohl die Umstände des Einzelfalls als auch die markenrechtlichen Eigenheiten und ihre besondere Stellung in der Rechtsordnung umfassend berücksichtigt werden[195].

IV. Stellungnahme unter Berücksichtigung der Rechtsprechung

1. „Rule of reason"

Es gibt eine Vielzahl von Argumenten, die gegen die „Rule of reason" sprechen. Zuerst ist da die Gesetzessystematik zu erwähnen. In Form von Art. 101 Abs. 3 AEUV existiert ein Freistellungstatbestand, der auch die wettbewerblichen Vorteile berücksichtigt. Werden diese Erwägungen bereits im Rahmen der Prüfung von Art. 101 Abs. 1 AEUV berücksichtigt, droht der Freistellungstatbestand obsolet zu werden[196]. Auch die Behauptung, die Anwendung der „Rule of reason" sei durch die europäische Rechtsprechung bereits in mehreren Entscheidungen vorgenommen worden, sind mehr als kritisch zu betrachten. *Schmitz* führt beispielsweise an, eine Abwägung im Sinne der „Rule of reason" habe bereits in der sog. „Société technique minière"-Entscheidung des EuGH stattgefunden[197]. Darin hatte der Gerichtshof über die Vereinbarkeit einer Alleinvertriebsvereinbarung mit Art. 85 Abs. 1 EWGV zu entscheiden und betrachtete auch tatsächlich die Auswirkungen der Vereinbarung auf den Wettbewerb. Dies geschah im „Société technique minière"–Fall aber durch das Abstellen auf den Wettbewerb, wie er sich ohne die streitgegenständliche Vereinbarung darstellen würde[198]. Dabei handelte es sich nicht um eine Abwägung zwischen den wettbewerbsfördernden und wettbewerbsbeschränkenden Aspekten der Vereinbarung, wie sie das Rechtsinstitut „Rule of reason" vorsieht, sondern um die Prüfung des Tatbestandsmerkmals bzw. der Frage, ob die fragliche Vereinbarung eine Verhinderung, Einschränkung oder Verfälschung des Wettbewerbs innerhalb des Binnenmarkts bezweckt oder bewirkt (vgl. Wortlaut Art. 85 Abs. 1 EWGV). Durch die Betrachtung der Auswirkungen der Vereinbarung sollte ihr Zweck ermittelt werden, um festzustellen, ob die in Art. 85 Abs. 1 EWGV aufgeführten

---

195 Rißmann, Die kartellrechtliche Beurteilung der Markenabgrenzung, 2008, S. 145.

196 Müller, Abgrenzungsvereinbarungen im Markenrecht, 2011,S. 136, 137; Rißmann, Dieb kartellrechtliche Beurteilung der Markenabgrenzung, 2008, S. 112.

197 Schmitz, WuW 2002, S. 9.

198 EuGH v. 30.06.1966 – 56/65 – Société technique minière, GRUR Ausl. 1966, S. 588.

Störungen des Wettbewerbs sich aus ihr ergeben[199]. Dies sollte nach dem EuGH grundsätzlich *„aus der Gesamtheit oder einem Teil der Bestimmungen der Vereinbarung selbst ergeben"*[200]. Dabei seien auch die wirtschaftlichen Aspekte ihrer Durchführung zu berücksichtigen. Erst wenn die Untersuchung der Regelungen der fraglichen Vereinbarung keinen Schluss darüber zulässt, ob eine Verhinderung, Einschränkung oder Verfälschung des Wettbewerbs bezweckt oder bewirkt wird, sollen ihre Auswirkungen ermittelt werden[201].

Die Nichtanwendung der „Rule of reason" im „Société technique minière"-Fall entspricht zudem der Haltung, die der EuGH in der sog. „Grundig/Consten"-Entscheidung gegenüber dieser Rechtsregel eingenommen hat. Hier ging es hauptsächlich um eine Alleinvertriebsvereinbarung und eine Zusatzvereinbarung über die Verwendung des Warenzeichens „GINT"[202]. In Bezug auf die Anwendung der „Rule of reason", die die klägerische Seite sowie die deutsche Regierung gefordert hatten, weil die streitige Vereinbarung ihrer Ansicht nach zur Verstärkung des Wettbewerbs auf Herstellerebene beigetragen habe, verdeutlichte der EuGH seine ablehnende Haltung. Der Gerichtshof führte im Rahmen der Prüfung des Tatbestandsmerkmals „Wettbewerbsbeschränkung" aus, dass eine Vereinbarung auch dann in den Anwendungsbereich des Art. 85 Abs. 1 EWGV fällt, wenn er neben der Beschränkung des Wettbewerbs auf vertrieblicher Ebene solchen unter Herstellern fördert[203]. Eine Abwägung zwischen den Vor- und Nachteilen der betreffenden Vereinbarung und somit die Anwendung der „Rule of reason" kann den Entscheidungsgründen nicht entnommen werden. Hinsichtlich der Vereinbarung über die Verwendung des Warenzeichens „GINT" stellte der EuGH fest, dass die gewerblichen Schutzrechte nicht außerhalb jeglicher gemeinschaftsrechtlicher, insbesondere kartellrechtlicher Wirkung stehen[204]. Zur allgemeinen Zulässigkeit von Abgrenzungsvereinbarungen trifft er jedoch keine Aussage.

Es lassen sich noch weitere Entscheidungen aufzählen, in denen die Befürworter der „Rule of reason" die durch die Rechtsprechung erfolgte Anwendung dieses Rechtssatzes herauszulesen glauben, was sich jedoch bei näherer Betrachtung

---

199 EuGH v. 30.06.1966 – 56/65 – Société technique minière, GRUR Ausl. 1966, S. 588.
200 EuGH v. 30.06.1966 – 56/65 – Société technique minière, GRUR Ausl. 1966, S. 588.
201 EuGH v. 30.06.1966 – 56/65 – Société technique minière, GRUR Ausl. 1966, S. 588.
202 EuGH v. 13.07.1966 – 56/64,58/64 – Grundig/Consten, GRUR Ausl. 1966, 582.
203 EuGH v. 13.07.1966 – 56/64,58/64 – Grundig/Consten, GRUR Ausl. 1966, 582.
204 EuGH v. 13.07.1966 – 56/64,58/64 – Grundig/Consten, GRUR Ausl. 1966, 583.

nur schwer bestätigen lässt[205]. Letztendlich kann auch die Entscheidung des EuG vom 18. September 2001 nicht ignoriert werden, in der sich das Gericht ausdrücklich zur Existenz einer „Rule of reason“ im gemeinschaftlichen Wettbewerbsrecht äußerte. Es führte aus, dass *„eine solche Regel als solche von der Gemeinschaftsrechtsprechung nicht anerkannt worden“* sei[206]. Zur Begründung zieht das EuG das bereits oben ausgeführte Argument der Gesetzessystematik heran und erläutert, dass die Abwägung zwischen wettbewerbsfördernden und wettbewerbsbeschränkenden Gesichtspunkten im Rahmen des Art. 85 Abs. 1 EGV den Freistellungstatbestand des Art. 85 Abs. 3 EGV entbehrlich machen würde, weil die Berücksichtigung dieser Aspekte da zu erfolgen habe[207]. Das Gericht geht in seiner Entscheidung sogar auf solche Urteile ein, die die Verfechter der „Rule of reason“ zur Begründung ihrer Thesen hinzuziehen, wie beispielsweise die „Société technique minière“-Entscheidung und erklärt in Bezug darauf, dass es sich hierbei um *„eine flexiblere Auslegung“* des Kartellverbotes handelt und nicht um die Anwendung oder gar Anerkennung der „Rule of reason“[208]. Vielmehr sei dadurch erkennbar, dass die europäische Rechtsprechung breitflächig den Standpunkt vertritt, dass jede Vereinbarung, die die Handlungsfreiheit der daran beteiligten Parteien beschränkt, dem Kartellverbot des Art. 85 Abs. 1 EGV unterfallen soll[209]. Bei der Prüfung dieser Norm sollen vielmehr die Wirkungen der betreffenden Vereinbarung im *„wirtschaftlichen und rechtlichen Kontext“* Berücksichtigung finden. Dazu gehören insbesondere der Betätigungsbereich der Parteien, die Eigenheiten des betroffenen Marktes sowie die Waren- und Dienstleistungsart[210]. Das Gericht erster Instanz macht zwar keine Aussage darüber, im Rahmen von welchem Tatbestandsmerkmal des Art. 85 Abs. 1 EGV die aufgezählten Kriterien zu prüfen sind, erteilt der Anerkennung der „Rule of reason“ im europäischen Kartellrecht jedoch eine eindeutige Absage und hält am gesetzlich vorgegebenen Verbot-Ausnahme-System fest.

---

205 Ulmer, RIW 1985, S. 521; Müller, Abgrenzungsvereinbarungen im Markenrecht, 2011, S. 136; Schmitz, WuW 2002, S. 9, 11, 12; Christoph, Wettbewerbsbeschränkungen in Lizenzverträgen, 1998, S. 156.

206 EuG v. 18.09.2001 – T-112/99, Rn. 72; zitiert nach juris.

207 EuG v. 18.09.2001 – T-112/99, Rn. 73, 74; zitiert nach juris.

208 EuG v. 18.09.2001 – T-112/99, Rn. 75; zitiert nach juris.

209 EuG v. 18.09.2001 – T-112/99, Rn. 76; zitiert nach juris.

210 EuG v. 18.09.2001 – T-112/99, Rn. 76, 77; zitiert nach juris.

2. *Immanenztheorie*

Auch der Tatbestandsrestriktion des Kartellverbots nach der Immanenztheorie für die Beurteilung der Zulässigkeit von Abgrenzungsvereinbarungen muss eine Absage erteilt werden[211]. Zunächst erscheint es problematisch zu bestimmen, wann in welchen Konstellationen eine Wettbewerbsbeschränkung notwendig ist, um die Durchführung eines Vertragsverhältnisses zu gewährleisten und was der Hauptzweck bestimmter Vereinbarungen ist[212]. Es müsste vielmehr darum gehen, ob die Vereinbarung der in den entsprechenden Vorschriften niedergelegten Zielsetzung widerspricht[213]. Bisher wurde angenommen, dass der BGH die Grundsätze der Immanenztheorie zur Beurteilung der kartellrechtlichen Zulässigkeit von Vergleichsvereinbarungen hinzuzieht[214]. Als Beispiel hierfür wurde u.a. die „Thermalquelle"-Entscheidung des BGH angeführt. Hier waren nicht mehr die Dekartellierungsvorschriften, sondern § 1 GWB einschlägig. Der Bundesgerichtshof stellte fest, dass § 1 GWB nicht schon deshalb unanwendbar ist, weil eine Vereinbarung neben ihrem wettbewerbsbeschränkenden Charakter auch einen Vergleich im Sinne des § 779 BGB darstellt[215]. Gleichzeitig wird jedoch betont, dass dadurch den Beteiligten nicht die Möglichkeit einer gütlichen Einigung genommen werden soll, wenn ein „*ernsthafter, objektiv begründeter Anlass zu der Annahme besteht, der begünstigte Vertragspartner habe einen Anspruch auf Unterlassung der durch den Vergleich untersagten Handlung*"[216]. Deshalb sei bei der Prüfung der Wirksamkeit einer Vergleichsvereinbarung zu untersuchen, ob „*bei objektiver Betrachtung ernst zu nehmende Bedenken*" am Bestehen eines Unterlassungsanspruchs der begünstigten Partei bestehen und ob Wettbewerbsbeschränkungen vereinbart werden, die über das erforderliche Maß hinausgehen[217]. Auf dieselben Grundsätze berief sich der BGH in seiner „Vertragsstraferückzahlung"-Entscheidung, in der es u.a. um die Beurteilung einer Vereinbarung über die Unterlassung bestimmter Werbemaßnahmen ging[218]. Auch bei der Bewertung der Wirksamkeit eines Vergleichs über die Lizenz an einem Patent und die entsprechenden Lizenzgebühren im Rahmen der

---

211 a.A. Fammler in: Fezer (Hrsg.), Handbuch der Markenpraxis, 2012, II1A Rn. 11.

212 Schwintowski, WuW 1997, S. 771; ebenso Beater, WuW 2000, S. 592.

213 Schwintowski, WuW 1997, S. 771.

214 Streicher, WuW 2011, S. 956; Beater, WuW 2000, S. 584.

215 BGH v. 22.05.1975 – KZR 9/74, Rn. 17 – Thermalquelle; zitiert nach juris.

216 BGH v. 22.05.1975 – KZR 9/74, Rn. 19 – Thermalquelle; zitiert nach juris.

217 BGH v. 22.05.1975 – KZR 9/74, Rn. 22, 28 – Thermalquelle; zitiert nach juris.

218 BGH v. 21.04.1983 – I ZR 201/80, Rn. 24 – Vertragsstraferückzahlung; zitiert nach juris.

„Abgasreinigungsvorrichtung"-Entscheidung erfolgte ein Rückgriff auf diese Rechtsprechung[219]. Vor dem Hintergrund dieser Rechtsprechung, die andeutet, dass Wettbewerbsbeschränkungen tolerabel seien, solange sie auf berechtigten Zweifeln fußen und nicht über die Grenzen dessen, was für eine vergleichsweise Einigung erforderlich ist, hinausgehen, sind durchaus Züge der Immanenztheorie erkennbar. Hierbei darf jedoch keinesfalls außer Acht gelassen werden, dass die Vereinbarungen aus den dargestellten Rechtsprechungsbeispielen Regelungen über Nutzungsrechte an einem Grundstück bzw. Durchführung von Bohrungen nach einer Thermalquelle, die Unterlassung einer bestimmten Werbeart sowie den Umfang der Zahlung von Lizenzgebühren betrafen. Diese Regelungen betrafen jedoch nicht den Hauptzweck der jeweiligen Vereinbarung. Das Bestehen der Lizenzvereinbarung war zwischen den Parteien nicht streitig und auch kartellrechtlich nicht zu beanstanden. Lediglich die Auslegung der Lizenzvereinbarung mit dem Ergebnis, dass die Lizenznehmerin Lizenzgebühren auch bei Lieferung der Abgasreinigungsvorrichtungen in solche Länder leisten muss, in denen die Lizenzgeberin keinen patentrechtlichen Schutz besaß, war in diesem Fall kritisch[220]. Auch das Bestehen des Unterlassungsanspruchs war in der „Vertragsstraferückzahlung"-Entscheidung zunächst kartellrechtlich unproblematisch. Es ging vielmehr darum, ob die Sachlage aufgrund einer Rechtsprechungsänderung in Bezug auf die betroffene Werbeart anders beurteilt werden muss[221]. In Bezug auf Abgrenzungsvereinbarungen gestaltet sich die Sachlage jedoch auf eine andere Art und Weise. Auch wenn man unter der Berücksichtigung des Hauptzwecks der Abgrenzungsvereinbarung, nämlich der Abgrenzung der Schutzbereiche zweier Marken, diese Vertragsart als grundsätzlich kartellrechtsneutral qualifiziert[222], können die anderen, üblicherweise darin enthaltenen Klauseln, nicht als Nebenabreden angesehen werden. Ganz im Gegenteil bilden Vorrechts- und Duldungsverpflichtungen sowie Nichtangriffsabreden in Verbindung mit der Festlegung der Abgrenzungsmodalitäten den Kern solcher

---

219 BGH v. 05.07.2005 – X ZR 14/03, Rn. 32 – Abgasreinigungsvorrichtung; zitiert nach juris.

220 BGH v. 05.07.2005 – X ZR 14/03, Rn. 8 – Abgasreinigungsvorrichtung; zitiert nach juris.

221 BGH v. 21.04.1983 – I ZR 201/80, Rn. 13 – Vertragsstraferückzahlung; zitiert nach juris.

222 Müller, Abgrenzungsvereinbarungen im Markenrecht, 2011, S. 125; Rißmann, Die kartellrechtliche Beurteilung der Markenabgrenzung, 2008, S. 119.

Vereinbarungen[223]. Sie dienen vor allem dazu, die Schutzbereichsabgrenzung dauerhaft aufrecht zu erhalten, künftige Konflikte auch in Bezug auf ähnliche Zeichen zu lösen und somit die jeweiligen Marken natürlich mit dem geringsten Risiko seitens des Vertragspartners verwertbar zu machen. Notwendig und erforderlich, um den Zweck einer Abgrenzungsvereinbarung zu erfüllen sind sie allerdings nicht[224]. Im Recht der BRD kann im Wegfall der §§ 17, 18 GWB im Zuge der 7. GWB-Novelle als eine Abkehr von der Immanenztheorie gesehen werden[225]. Zudem entspricht die die Immanenztheorie ablehnende Haltung der Vorgehensweise der Kommission. In den Leitlinien zur Anwendung von Art. 101 Abs. 3 AEUV bringt diese zum Ausdruck, dass wettbewerbsbeschränkende Abreden den Hauptanwendungsfall zur Reduktion des Art. 101 Abs. 1 AEUV bilden[226]. Horizontale Vereinbarungen, zu denen auch Abgrenzungsvereinbarungen zählen, sind jedoch fast immer an Art. 101 Abs. 1 AEUV zu messen, auch wenn der Abschluss bestimmter horizontaler Vereinbarungen von staatlicher Seite in gewissen Fällen begrüßt wird[227].

3. *Freistellungslösung*

In Anbetracht der Diskussion um die Immanenztheorie und die damit verbundene Reduktion des Kartellverbotes kann an dieser Stelle nur *Rißmanns* Ansicht beigepflichtet werden, dass ein Bedarf nach einer solchen hinsichtlich der Beurteilung von Abgrenzungsvereinbarungen nicht besteht. Über ihre Zulässigkeit und auch Wirksamkeit kann sehr gut anhand des Art. 101 AEUV befunden werden, ohne dabei das spezielle Wesen gewerblicher Schutzrechte unbeachtet zu lassen[228]. Dies entspricht auch der Gesetzessystematik[229].

Zu bedenken ist an dieser Stelle, dass ein Hauptgrund für die eingeschränkte Anwendbarkeit des Kartellverbots die ursprünglich restriktive und unzulängliche

---

223 Müller, Abgrenzungsvereinbarungen im Markenrecht, 2011, S. 126; Fammler in: Fezer (Hrsg.), Handbuch der Markenpraxis, 2. Aufl., 2012, II1A Rn. 4.

224 Müller, Abgrenzungsvereinbarungen im Markenrecht, 2011, S. 127; ähnlich auch Heinemann, Immaterialgüterschutz in der Wettbewerbsordnung, 2002,3S. 422.

225 Rißmann, Die kartellrechtliche Beurteilung der Markenabgrenzung, 2008, S. 121.

226 Müller, Abgrenzungsvereinbarungen im Markenrecht, 2011, S. 127.

227 Müller, Abgrenzungsvereinbarungen im Markenrecht, 2011, S. 127; Leitlinien zur Anwendbarkeit von Artikel 101 des Vertrages über die Arbeitsweise der Europäischen Union auf Vereinbarungen über horizontale Zusammenarbeit, ABlEU. 2011 C 11/1, S. 7, 8.

228 Rißmann, Die kartellrechtliche Beurteilung der Markenabgrenzung, 2008, S. 137.

229 Müller, Abgrenzungsvereinbarungen im Markenrecht, 2011, S. 140.

Praxis der Kommission in Bezug auf die Freistellung war[230]. Vor dem Hintergrund des Einzelfreistellungsvorgehens und des Freistellungsmonopols der Kommission kritisierte man die reine Freistellungslösung und befürchtete, sie würde eine Vielzahl von Anmeldungen und daraufhin ergehenden Einzelfallentscheidungen bewirken. Die heutige unmittelbare Anwendbarkeit des Kartellverbots lässt keinen Raum für einen Reduktionsbedarf. Die für die Beurteilung von Abgrenzungsvereinbarungen notwendigen Parameter und damit auch alle „*Elemente einer Vernunftregel*[231]" können effektiv im Rahmen der Verbot und Ausnahme Struktur des Art. 101 Abs. 1, 3 AEUV berücksichtigt werden[232]. Eine Gesetzeslücke, wie sie für eine teleologische Reduktion erforderlich ist, ist nicht vorhanden[233]. Die Beurteilung einzelner Klauseln des untersuchten Vertragstypus anhand der Tatbestandsvoraussetzungen dieser Norm wird aufgrund der Einzelfallbetrachtung dem wirtschaftlichen Hintergrund von Abgrenzungsvereinbarungen viel eher gerecht, als eine generelle Ausnahme vom Kartellverbot evtl. für einzelne Klauseln. Zudem spiegelt diese Vorgehensweise auch das oben festgestellte grundsätzliche Verhältnis zwischen dem Kartellrecht und den Immaterialgüterrechten wieder[234]. Keines der Institute wird bevorzugt behandelt, sondern durch eine Betrachtung im jeweiligen Kontext und unter Berücksichtigung der Besonderheiten des jeweiligen Rechtsgebietes festgestellt, ob durch die Abgrenzung der Wettbewerb spürbar beeinträchtigt wird und ob ggf. eine Rechtfertigung angenommen werden kann. Schon die gesetzliche Beschaffenheit der Warenverkehrsfreiheit belegt außerdem, dass das Bestehen von Immaterialgüterschutzrechten effektiv durch die Statuierung einer Ausnahmevorschrift gewährleistet werden kann. Nicht unerwähnt bleiben darf hier auch, dass die Vorgehensweise nach dem Regel-Ausnahme Grundsatz der gesetzlichen Regelung auch für den Rechtsanwender einfacher ist[235].

Müller befürwortet in Bezug auf Abgrenzungsvereinbarungen im Grunde dasselbe Vorgehen, wie von *Rißmann* vorgeschlagen. Das heißt also, erst erfolgt die Prüfung des Vorliegens einer Wettbewerbsbeschränkung. Die Einbeziehung der wirtschaftlichen Hintergründe des Vertragsschlusses sowie der Wertungen

230 Ulmer, RIW 1985, S. 517, 518; Rißmann, Die kartellrechtliche Beurteilung der Markenabgrenzung, 2008, S. 138.

231 Reymann, Immanente Schranken des europäischen Kartellverbots, 2004, S. 332; Rißmann, Die kartellrechtliche Beurteilung der Markenabgrenzung, 2008, S. 144.

232 Rißmann, Die kartellrechtliche Beurteilung der Markenabgrenzung, 2008, S. 142.

233 Reymann, Immanente Schranken des europäischen Kartellverbots, 2004, S. 332.

234 Rißmann, Die kartellrechtliche Beurteilung der Markenabgrenzung, 2008, S. 144.

235 Rißmann, Die kartellrechtliche Beurteilung der Markenabgrenzung, 2008, S. 145.

des Markenrechts folgt bei der Untersuchung der Freistellung. Er ist jedoch der Ansicht, dass es sich hierbei dogmatisch um eine „teleologische Auslegung insbesondere des Tatbestandsmerkmals der Wettbewerbsbeschränkung" handelt. Eine generelle Möglichkeit zur Tatbestandsrestriktion des Art. 101 Abs. 1 AEUV lehnt er jedoch ab[236].

4. *Rechtsprechung zu Abgrenzungsvereinbarungen*

Die bisher erläuterten Theorien zeigen, dass in Bezug auf die dogmatische Begründung der Zulässigkeit von Abgrenzungsvereinbarungen weder in der Literatur noch in der hier vereinzelt zitierten Rechtsprechung Einigkeit herrscht. Insbesondere die erwähnten Gerichtsentscheidungen beschäftigten sich jedoch überwiegend mit Franchise-, Lizenzverträgen und solchen zur Festlegung selektiver Vertriebssysteme[237]. An dieser Stelle soll nun ausschließlich die Betrachtung von Rechtsprechungsbeispielen erfolgen, deren Mittelpunkt Abgrenzungsvereinbarungen darstellten. Anschließend soll festgestellt werden, ob in Bezug auf den zu untersuchenden Vertragstypus dieselbe Tendenz festgestellt werden kann oder ob es einer Sonderbehandlung durch die Rechtsprechung unterliegt.

a) Europäische Rechtsprechung

Zunächst wäre in diesem Kontext die sog. „Sirdar-Phildar"-Entscheidung der Kommission vom 5. März 1975 zu erwähnen. In dem der Entscheidung zugrunde liegenden Sachverhalt haben sich ein Strickwolle herstellendes Unternehmen aus Frankreich und ein Produzent derselben Waren aus Großbritannien über die Verwechslungsfähigkeit der Warenzeichen SIRDAR und PHILDAR gestritten. Der Streit wurde durch den Abschluss einer Abgrenzungsvereinbarung beigelegt. Darin verpflichtete sich das französische Unternehmen, ihr Warenzeichen nicht zur Kennzeichnung von Strickwolle im Vereinigten Königreich zu benutzen. Das britische Unternehmen versprach dasselbe in Bezug auf die Nutzung seines Kennzeichens für Strickwolle in Frankreich[238]. Nachdem der Beitritt des Vereinigten Königreichs zur Europäischen Wirtschaftsgemeinschaft erfolgt war, nahm der französische Strickwollehersteller an, die getroffene Vereinbarung sei nichtig, weil sie gegen Art. 85 EWGV verstößt und begann daraufhin mit dem Vertrieb seiner Waren in UK[239]. Die Kommission hat den durch das französische

---

236 Müller, Abgrenzungsvereinbarungen im Markenrecht, 2011, S. 141, 142.
237 Schmitz, WuW 2002, S. 9; Ulmer, RIW 1985, S. 517.
238 GRUR Int. 1975, S. 320.
239 GRUR Int. 1975, S. 321.

Unternehmen gerügten Verstoß nach einer Prüfung der Tatbestandvoraussetzungen des Art. 85 Abs. 1 EWGV bejaht und eine Freistellung gemäß Art. 85 Abs. 3 EWGV verneint. Sie befand, die Vereinbarung führe zu einer territorialen Aufteilung der Märkte[240]. Im Rahmen der Bejahung des Merkmals der Wettbewerbseinschränkung machte sie Ausführungen zur Funktion und „*Werbewirkung*" des Warenzeichens[241].

In Bezug auf die Streitigkeit zwischen der Henkel KGaA und dem Unilever-Konzern über die gegenseitige Verhinderung der Einfuhr von mit dem Warenzeichen „PERSIL" versehenen Waschmittel in Staaten, in denen die jeweilige Gegenseite nicht Inhaberin des Schutzrechtes war, befand die Kommission dieses Verhalten ebenfalls als territoriale Aufteilung der Märkte[242]. Sie stellte aber auch in aller Deutlichkeit klar, dass eine Absprache über die visuelle Gestaltung eines Warenzeichens nicht dem Verbot des Art. 85 Abs. 1 EWGV unterliegt, obwohl es sich dabei um eine abgestimmte Verhaltensweise im Sinne dieser Norm handelt. Zur Begründung führt die Kommission an, dass dadurch die Täuschung der Verbraucher über die Herkunft und Andersartigkeit der Waren vermieden wird. Zudem können die Waren ungehindert innerhalb des gemeinsamen Marktes zirkulieren[243]. In der Stellungnahme der Kommission erfolgt zwar keine ausdrückliche Prüfung des Art. 85 EWGV. Es wird aber angedeutet, dass eine solche stattgefunden hat, denn das Vorliegen einer abgestimmten Verhaltensweise wird bejaht, ein Verstoß gegen Art. 85 Abs. 1 EWGV letztendlich aufgrund des Nichtvorliegens einer Wettbewerbsbeschränkung verneint[244].

Am 23. Dezember 1977 hat sich die Kommission zu einer weiteren bei ihr angemeldeten Abgrenzungsvereinbarung geäußert. Hierbei ging es um ein Vertragswerk, das vorrangig die Benutzung des Zeichens „PENNEYS" zwischen Penney America und der ABF-Gruppe, zu der u.a. Penneys Irland gehört, regeln sollte[245]. Die Kommission befand, dass insbesondere in Irland ein Wettbewerbsverhältnis zwischen den Parteien vorliegt und die zwischen ihnen abgeschlossene Vereinbarung auch eine Wettbewerbsbeschränkung enthält, diese jedoch nicht spürbar sei[246]. Argumentiert wurde hier wieder mit der Herkunftsfunktion der Marke. Penneys Irland durfte die Bezeichnung „PENNEYS", unter der das

---

240 GRUR Int. 1975, S. 321.
241 GRUR Int. 1975, S. 321.
242 GRUR Int. 1978, S. 209.
243 GRUR Int. 1978, S. 209.
244 GRUR Int. 1978, S. 209.
245 GRUR Int. 1978, S. 376.
246 GRUR Int. 1978, S. 377.

Unternehmen in Irland bekannt ist, da weiterhin nutzen. In den anderen Ländern, in denen Penneys Irland geschäftlich aktiv ist, sei die Nutzung des Namens zwar untersagt. Dies spiele aber keine Rolle, denn dort wird seit 1974 erfolgreich das Zeichen „PRIMARK" verwendet, weshalb für die Partei kein Anlass bestünde, in diesen Ländern den Namen „PENNEYS" zu nutzen, weshalb die darüber getroffene Vereinbarung die wirtschaftliche Betätigung von Penneys Irland nicht negativ beeinflusst sei[247]. Ebenso verhält es sich nach Ansicht der Kommission mit dem gegenüber Penney America festgelegten Verbot das Warenzeichen nicht in Irland zu nutzen. Bis zum Zeitpunkt der Entscheidung hat eine solche Nutzung nicht stattgefunden. Penney America steht es frei, unter einem anderen Namen auch in Irland Handel zu betreiben. An der Benutzung des Namens „PENNEYS" kann nur schwer ein Interesse bestehen, weil die angesprochenen Verkehrskreise damit das Konkurrenzunternehmen in Verbindung bringen[248]. Zusammenfassend kann festgestellt werden, dass auch in dieser Fallkonstellation eine Prüfung des Art. 85 Abs. 1 EWGV stattfindet, um anschließend ggf. eine Freistellung zu prüfen[249]. Dazu kommt es hier nur nicht, weil die Voraussetzungen des Art. 85 Abs. 1 EWGV nicht vorliegen, weil das Tatbestandsmerkmal der Spürbarkeit verneint wurde.

Als die Bayer AG mit seinem japanischen Wettbewerber Tanabe Seiyaku Co. einen Vergleich über die Koexistenz des Bayer-Kreuzes und der diesem ähnelnden Fünf-Ring-Marke von Tanabe schloss, hielt die Kommission ein Einschreiten für nicht erforderlich, weil durch die Vergleichsvereinbarung keine Wettbewerbsbeschränkung bewirkt wurde[250]. Allerdings führten sie entgegen der bisherigen Vorgehensweise aus, dass die Verpflichtung, sein Warenzeichen in nächster Zukunft nur noch mit einem Zusatz zu verwenden, die Tanabe Seiyaku Co. im Rahmen des Vergleichs einging, die wirtschaftliche Handlungsfähigkeit des Unternehmens einschränkt. Gerechtfertigt werde dies mit der friedlichen Beilegung des warenzeichenrechtlichen Konflikts und mit dem „*Bestand des Warenzeichens*"[251].

---

247 GRUR Int. 1978, S. 378.

248 GRUR Int. 1978, S. 378.

249 GRUR Int. 1978, S. 379.

250 Anwendung von Artikel 85 auf Vereinbarungen über gewerbliche Schutzrechte und auf Urheberrechte, Auszug aus dem 8. Bericht über die Wettbewerbspolitik, GRUR Int. 1979, S. 468.

251 Anwendung von Artikel 85 auf Vereinbarungen über gewerbliche Schutzrechte und auf Urheberrechte, Auszug aus dem 8. Bericht über die Wettbewerbspolitik, GRUR Int. 1979, S. 468.

In der „Toltecs/Dorcet"-Entscheidung der Kommission vom 16. Dezember 1982 hatte sie wieder eine Abgrenzungsvereinbarung, und zwar zwischen der BAT Zigaretten-Fabriken GmbH und P. L. Segers & Zonen, zwei Tabakwarenherstellern, zu beurteilen[252]. Auch in diesem Fall wurde zuerst geprüft, ob die Voraussetzungen des Art. 85 Abs. 1 EGWV vorliegen und nach der Feststellung, dass das streitige Regelwerk u.a. wegen der fehlenden Verwechslungsgefahr zwischen den Zeichen „TOLTECS" und „DORCET" eine Wettbewerbsbeschränkung zwischen den Parteien und gegenüber Dritten bezweckt, eine Freistellung nach Art. 85 Abs. 3 EGWV in Betracht gezogen, im Ergebnis jedoch verneint[253].

Aufgrund einer Klage von BAT musste sich nach der Kommission auch der EuGH mit der umstrittenen Abgrenzungsvereinbarung beschäftigen[254]. In Bezug auf den zu untersuchenden Vertragstypus stellte der Gerichtshof fest, dass sie dann „*zulässig und zweckmäßig sind*", wenn darin „*im beiderseitigem Interesse der Parteien der jeweilige Benutzungsumfang ihrer Zeichen festgelegt wird, um Verwechslungen oder Konflikte zu vermeiden*"[255]. Er sagte aber auch, dass Art. 85 Abs. 1 EWGV auf solche Abgrenzungsvereinbarungen Anwendung findet, die die Beschränkung des Wettbewerbs, beispielsweise Marktaufteilungen bezwecken[256]. Damit wird keine grundsätzliche Ausnahme für zweckmäßige Abgrenzungsvereinbarungen formuliert, sondern ausgedrückt, dass es sich bei Sachverhalten, in denen die Benutzung kollidierender Marken vertraglich geregelt wird, in der Regel nicht um Wettbewerbsbeschränkungen handelt. So erläutert der EuGH nämlich im weiteren Verlauf der Entscheidungsgründe, dass im vorliegenden Fall überwiegend einseitige Verpflichtungen festgelegt wurden, die nicht einmal ansatzweise auf ein Benutzungsproblem der unterschiedlichen Zeichen schließen lassen[257].

b) *Rechtsprechung der BRD*

Die deutschen Gerichte haben sich in der Vergangenheit ebenfalls mit Abgrenzungsvereinbarungen befasst.

Als eine der Grundsatzentscheidungen gilt dabei die sog. „Tauchpumpe II"-Entscheidung des BGH vom 5. Oktober 1951. Darin hatte der Bundesgerichtshof unter Anwendbarkeit der dem nordamerikanischen Recht entstammenden

---

252 GRUR Int. 1983, S. 295, 296.
253 GRUR Int. 1983, S. 297, 298, 299.
254 EuGH v. 30.01.1985 – 35/82 – Toltecs/Dorcet II, zitiert nach juris.
255 EuGH v. 30.01.1985 – 35/82, Rn. 33 – Toltecs/Dorcet II, zitiert nach juris.
256 EuGH v. 30.01.1985 – 35/82, Rn. 33 – Toltecs/Dorcet II, zitiert nach juris.
257 EuGH v. 30.01.1985 – 35/82, Rn. 34 – Toltecs/Dorcet II, zitiert nach juris.

Dekartellierungsvorschriften über eine Vereinbarung zu entscheiden, in der u.a. Regelungen über den Schutzbereich eines Patentes getroffen wurden. Darin nimmt das Gericht zunächst zur „Rule of reason" Stellung, indem es anmerkt, dass der Supreme Court sie für anwendbar erklärt hat und *„die Frage, ob eine Vereinbarung „reasonable" ist oder nicht, zum allgemeinen Gedankengut der Antitrust-Rechtsprechung gehört"*[258]. Trotzdem lässt der BGH es an dieser Stelle aber offen, ob die „Rule of reason" in der zu entscheidenden Konstellation zur Auslegung der zum damaligen Zeitpunkt anwendbaren Verordnung Nr. 78 herangezogen werden sollte oder nicht. Zu Vereinbarungen, die der Abgrenzung von Schutzbereichen von Patenten im Kollisionsfall dienen, führt der Bundesgerichtshof allerdings in aller Deutlichkeit aus, dass es nicht sein kann, dass man der friedlichen Beilegung von Streitigkeiten über den Schutzbereich eines Patents eine Absage erteilt, zumal die hier anzuwendenden Dekartellierungsvorschriften des Antitrustrechts auch nicht in der Lage waren, die in diesem Kontext bestehenden Besonderheiten des deutschen Patentrechts zu berücksichtigen[259]. Der BGH war also in Bezug auf die zu entscheidende Problematik der Ansicht, dass Vereinbarungen dieser Art zulässig sein müssen, wenn tatsächlich zweifelhafte Fragen über die Schutzbereichsabgrenzung eines Patents gegeben sind. Zusätzlich müssen die Parteien beim Abschluss der Vereinbarung die Vorstellung haben, dem Schutzrecht durch die vertragliche Regelung keinen weiteren Schutzbereich zu verleihen, als es bei richtiger Auslegung von Gesetzes wegen erhalten würde[260].

In einer Entscheidung vom 20. Mai 1953 erklärte der BGH ebenfalls unter der Anwendung der Dekartellierungsvorschriften eine Vereinbarung für wirksam, in der die Parteien festhielten, dass der Angriff des streitgegenständlichen Patents mit einer Nichtigkeitsklage nicht möglich sein sollte. Zur Begründung führte es aus, dass solche Verträge nützlich und wirtschaftlich berechtigt seien und dem Interesse der Allgemeinheit in solchen Konstellationen kein Vorzug einzuräumen sei, denn dieses reiche nicht so weit, dass es die gütliche Einigung zweier streitenden Parteien verhindern könne[261].

Im sog. „Herzwandvase"-Urteil vom 15. Februar 1955 äußerte sich der BGH zu Abgrenzungsvereinbarungen über Urheberrechte und Ausstattungsschutz bei Warenzeichen. Auch hier erfolgte die Entscheidung auf der Grundlage von Dekartellierungsvorschriften. Das Gericht hielt an den bereits aus der „Tauchpumpen II"-Entscheidung bekannten Ausführungen fest. Es fügte jedoch hinzu,

---

258 BGH v. 5.10.1951 – I ZR 74/50 – Tauchpumpe II, GRUR 1952, S. 145.
259 BGH v. 5.10.1951 – I ZR 74/50 – Tauchpumpe II, GRUR 1952, S. 145.
260 BGH v. 5.10.1951 – I ZR 74/50 – Tauchpumpe II, GRUR 1952, S. 145.
261 BGH v. 20.05.1953 – I ZR 52/52, Rn. 36, zitiert nach juris.

dass es bei Schutzrechten, wie dem Urheberrecht, bei denen keine Erteilung nach neutraler Prüfung erfolgt, ein besonders strenger Maßstab sowohl an die Zweifel über den Bestand des Rechts als auch an die Gutgläubigkeit der Parteien anzulegen ist[262]. Zur Begründung wurde auch hier die Tatsache, dass den Parteien die Möglichkeit, sich gütlich zu einigen zur Verfügung stehen muss, angeführt[263].

In der „Grohe"-Entscheidung vom 22. Januar 1991 beschäftigte eine Abgrenzungsvereinbarung das OLG Hamm. Darin ging es lediglich um die Frage der wirksamen Kündigung der streitigen Vereinbarung. Die Klage auf Feststellung der Wirksamkeit und Vereinbarkeit des Vertragswerkes mit Art. 85 EWGV bzw. § 1 GWB wurde durch das zuständige LG abgewiesen, weil der Eintritt einer auflösenden Bedingung bzw. eine wirksame Kündigung erfolgt war und die Abgrenzungsvereinbarung zumindest aus diesen Gründen nicht mehr wirksam sei[264].

Auf den 7. Dezember 2010 ist die letzte Entscheidung des Bundesgerichtshofs zu Abgrenzungsvereinbarungen datiert. Darin wurde im Jahre 1995 die Benutzung der Marke „JETTE JOOP" zwischen der vom Designer Wolfgang Joop gegründeten Klägerin und der Tochter von Wolfgang Joop, der Beklagten Henriette Joop, geregelt. Die Beklagte verpflichtete sich, die ihr zustehende streitgegenständliche Marke lediglich für Schmuck bzw. Modeschmuck und in Verbindung mit einem geografischen Zusatz zu benutzen[265]. Als eine Strick- und Shirtkollektion der Beklagten unter dem Namen „JETTE JOOP EUROPE KNITWEAR" erschien, machte die Klägerin einen Unterlassungsanspruch geltend. Der Bundesgerichtshof hat die Abgrenzungsvereinbarung im Gegensatz zur Vorinstanz als kartellrechtlich wirksam erachtet[266]. Der BGH führte aus, dass Abgrenzungsvereinbarungen nach dem Kartellrecht als unzulässig betrachtet werden, wenn damit entweder eine Wettbewerbsbeschränkung bezweckt wird oder die Parteien zum Zeitpunkt ihres Abschlusses nicht *„ernsthaft für möglich halten"* konnten, dass ein „ernsthafter, objektiv begründeter Anlass zu der Annahme besteht", dass einer von ihnen ein markenrechtlicher Unterlassungsanspruch zusteht. Allerdings merkte das Gericht auch an, dass diese Betrachtung der Rechtslage im Jahre 1995 entspricht, weil die markenrechtliche Konformität der untersuchten Verträge nach der Rechtslage beurteilt werden muss, die zum Zeitpunkt ihres Abschlusses galt[267]. Entsprechend der Rechtsprechung von 1995 konnten die

262 BGH v. 15.02.1955 – I ZR 86/53 – Herzwandvase, GRUR 1955, S. 420.
263 BGH v. 15.02.1955 – I ZR 86/53 – Herzwandvase, GRUR 1955, S. 420.
264 OLG Hamm v. 29.01.1991 – 4 U 105/90 – Grohe, GRUR 1991, S. 700.
265 BGH v. 07.12.2010 – KZR 71/08 – Jette Joop, Rn. 4,5, zitiert nach juris.
266 BGH v. 07.12.2010 – KZR 71/08 – Jette Joop, Rn. 18, zitiert nach juris.
267 BGH v. 07.12.2010 – KZR 71/08 – Jette Joop, Rn. 19, zitiert nach juris.

Parteien von den Grundsätzen des Rechts der Gleichnamigen keine Kenntnis haben und mussten somit davon ausgehen, dass zwischen den Marken „JOOP!" und „JETTE JOOP" eine Verwechslungsgefahr bestand, was die Ausräumung dieser Gefahr durch eine Abgrenzungsvereinbarung rechtfertigte[268]. Der BGH prüfte zudem, ob die zwischen den Parteien geschlossene Abrede aufgrund *„später eingetretener Umstände"* unwirksam geworden ist[269]. Dabei warfen die Richter die Frage auf, ob sich denn eine später eintretende Verschärfung von § 1 GWB und Art. 101 AEUV auf die Wirksamkeit von Abgrenzungsvereinbarungen auswirken muss. Als Grund für ihre Zweifel benannten sie die Tatsache, dass eine ursprünglich markenrechtskonform abgeschlossene Vereinbarung bewirkt, dass eine der Parteien nicht mehr die Möglichkeit hat, mit einer bestimmten Marke zu werben[270]. Investitionen, die aufgrund der durch die Abgrenzungsvereinbarung geschaffenen Lage getätigt werden, würden durch die nachträgliche Unwirksamkeit wertlos[271]. Leider ließ der BGH diese Frage offen, denn die kartellrechtlichen Änderungen, die seit 1995 in Kraft getreten sind, haben keine Auswirkung auf die Beurteilung von Abgrenzungsvereinbarungen[272].

An dieser Entscheidung orientierte sich auch das LG Braunschweig in der sog. „Kräuterspirituosen"-Entscheidung vom 28. August 2013. Das Gericht machte deutlich, dass Abgrenzungsvereinbarungen als grundsätzlich zulässig zu betrachten sind und führte aus, dass eine Unzulässigkeit u.a. dann vorliegt, wenn mit der Vereinbarung eine Wettbewerbsbeschränkung bezweckt wird. Eine Prüfung der Tatbestandsmerkmale von Art. 101 Abs. 1 AEUV bzw. § 1 GWB fand hier nicht statt[273]. Lediglich die Begriffe „Wettbewerbsbeschränkung" und „Spürbarkeit" wurden erwähnt, jedoch ohne näher darauf einzugehen[274].

Das OLG Hamburg stellte erstmalig in der Entscheidung vom 30. April 2014 in aller Deutlichkeit fest, dass es sich bei Abgrenzungsvereinbarungen um tendenziell wettbewerbsbeschränkende Vereinbarungen handelt, weil sie die Freiheit

268 BGH v. 07.12.2010 – KZR 71/08 – Jette Joop, Rn. 17, 22, 23, 60, zitiert nach juris
269 BGH v. 07.12.2010 – KZR 71/08 – Jette Joop, Rn. 56, zitiert nach juris.
270 BGH v. 07.12.2010 – KZR 71/08 – Jette Joop, Rn. 57, zitiert nach juris.
271 BGH v. 07.12.2010 – KZR 71/08 – Jette Joop, Rn. 57, 60, zitiert nach juris.
272 BGH v. 07.12.2010 – KZR 71/08 – Jette Joop, Rn. 57, 58, 59, zitiert nach juris.
273 LG Braunschweig v. 28.08.2013 – 9 O 2637/12 – Kräuterspirituosen, Rn. 122, 133, 143 zitiert nach juris.
274 LG Braunschweig v. 28.08.2013 – 9 O 2637/12 – Kräuterspirituosen, Rn. 122, 144, zitiert nach juris.

der Parteien ihr jeweiliges Zeichen im Wettbewerb zu nutzen beschränken[275]. Weiterhin führten die Richter aus, dass das Kartellrecht solchen Wettbewerb nicht schützt, der aufgrund anderer Vorschriften untersagt ist. Sie stellen aber auch auf die sog. „Jette Joop"-Entscheidung sowie die vorhergehenden Entscheidungen zu Abgrenzungsvereinbarungen ab, indem sie darlegen, dass solche Verträge gegen § 1 GWB verstoßen, wenn damit eine Wettbewerbsbeschränkung bezweckt wird oder „*bei ihrem Abschluss kein ernsthafter, objektiv begründeter Anlass zu der Annahme bestand, dass dem begünstigten Vertragspartner ein entsprechender Unterlassungsanspruch zustehen würde*"[276]. Zudem geht das Gericht auf die wettbewerbsfördernden Aspekte von Abgrenzungsvereinbarungen ein[277].

Das OLG Düsseldorf stellte in seiner Entscheidung vom 15. Oktober 2014 eindeutig fest, dass markenrechtliche Abgrenzungsvereinbarungen am Art. 101 Abs.1 AEUV bzw. § 1 GWB zu messen sind und die *kartellrechtliche Überprüfung an den in der Abgrenzungsvereinbarung getroffenen Regelungen anzusetzen hat*"[278].

E. Ergebnis

Nach einer eingehenden Betrachtung der nationalen und europäischen Rechtsprechung kann abschließend festgehalten werden, dass lediglich in Bezug auf die Tatsache, dass Abgrenzungsvereinbarungen am Kartellverbot zu messen sind, Einigkeit herrscht. Zur Beurteilung der Zulässigkeit sind jedoch deutlich verschiedene dogmatische Ansätze erkennbar. Dabei prüfen die Kommission, das EuG sowie der EuGH in der Regel zunächst ob die Tatbestandsvoraussetzungen des Kartellverbots vorliegen. Ist dies der Fall, wird untersucht, ob eine ausnahmsweise Freistellung in Betracht kommt. Im Rahmen der Prüfung des Tatbestandsmerkmals „Wettbewerbsbeschränkung" wird bei markenrechtlichen Sachverhalten auf die Besonderheit der Marke eingegangen und geprüft, ob eine

---

275 OLG Hamburg v. 30.04.2014 – 3 U 139/10 – Rn. 36, zitiert nach juris; das LG Köln als vorhergehende Instanz führte dagegen aus, dass „*markenrechtliche Abgrenzungsvereinbarungen kartellrechtlich grundsätzlich zulässig sind. Sie beschränken nicht den Marktzugang an sich, sondern nur die Möglichkeit, mit einer bestimmten Marke zu werben.*", LG Köln vom 21.03.2013 – 84 O 174/12, nicht veröffentlicht.

276 OLG Hamburg v. 30.04.2014 – 3 U 139/10 – Rn. 36, zitiert nach juris.

277 OLG Hamburg v. 30.04.2014 – 3 U 139/10 – Rn. 36, zitiert nach juris.

278 OLG Düsseldorf v. 15.10.2014 – VI-U (Kart) 42/13, U (Kart) 42/13, Rn. 39, zitiert nach juris.

Kollisionslage zwischen den betroffenen Schutzrechten besteht bzw. bestand, die die Herkunftsfunktion der Marke tangiert.

Weder ein Vorgehen nach der „Rule of reason" noch nach der Immanenztheorie kann in der europäischen Spruchpraxis festgestellt werden. Die im „Grundig/Consten"-Urteil konstituierte Lehre vom spezifischen Gegenstand gewerblicher Schutzrechte kann dabei als Beginn der europäischen Rechtsprechung zum Schnittpunkt zwischen dem Kartellrecht und den Immaterialgüterrechten gesehen werden. Auf die aus dem nordamerikanischen Recht stammende Abwägungsregel hat das Gericht hierbei jedoch nicht zurückgegriffen, sondern ihr ganz im Gegenteil ausdrücklich eine Absage erteilt. Die „Bayer/Tanabe"-Entscheidung mag zwar darauf hindeuten, muss aber in diesem Zusammenhang als Ausnahme gesehen werden. Die übrigen Entscheidungen, in denen Verträge zur Abgrenzung gewerblicher Schutzrechte zu beurteilen waren, folgen strikt dem in Art. 101 AEUV gesetzlich vorgegeben Regel-Ausnahme-Prinzip. Diese Vorgehensweise ist auch zu begrüßen, denn sie bietet dem Rechtsanwender ein hohes Maß an Rechtssicherheit.

In der „Bayer/Süllhöfer"-Entscheidung hat der EuGH schließlich explizit gesagt, dass der Tatbestand des Art. 85 Abs. 1 EWGV nicht zwischen Vereinbarungen mit vergleichendem Charakter und solchen mit anderer Zielsetzung unterscheide[279]. Eine grundsätzliche Ausnahme vom Kartellverbot besteht für diesen Vertragstyp also nicht. Dies wird auch in den Leitlinien der Kommission bestätigt. Sie müssen vielmehr an den Tatbestandsmerkmalen des Art. 101 Abs. 1 AEUV gemessen werden[280].

Die Rechtsprechung des Bundesgerichtshofs sowie der Instanzgerichte kann dagegen nicht als übersichtlich bezeichnet werden. Nicht unerwähnt sollte dabei bleiben, dass die ersten Sachverhalte unter der historisch bedingten Geltung der Dekartellierungsvorschriften des nordamerikanischen Rechts entschieden wurden. Im Antitrust Recht der USA ist die Anwendbarkeit der „Rule of reason" allgemein anerkannt und auch der BGH konnte sich ihrem Einfluss nicht ganz entziehen. Es wird zwar meistens nicht ausdrücklich darauf verwiesen, aber es bleibt nicht unerkannt, dass in den meisten oben untersuchten Fällen eine Abwägung zwischen den betroffenen Interessen stattfindet. In der Regel handelt es sich dabei um das Interesse an einem unbeschränkten Wettbewerb und dem entgegenstehenden wirtschaftlichen Interesse der Parteien, die mit dem Abschluss

279 EuGH v. 27.09.1988 – 65/85 – Bayer/Süllhöfer, GRUR Int. 1989, S. 57.

280 Leitlinien zur Anwendbarkeit von Artikel 101 des Vertrages über die Arbeitsweise der Europäischen Union auf Vereinbarungen über horizontale Zusammenarbeit, ABlEU. 2011 C 11/1, S. 8.

der Abgrenzungsvereinbarung eine Rechtssicherheit herbeiführen, die sie für die meist hohen Investitionen in ihr Schutzrecht benötigen. Zu begründen ist dies mit der historischen Entwicklung des deutschen Kartellrechts, insbesondere der Tatsache, dass die Grundsätze des amerikanischen Antitrustrechts gerade in Bezug auf das geistige Eigentum über die Havanna-Charta und die Dekartellierungsvorschriften in das GWB von 1958 Einzug gehalten haben[281]. Auch in der jüngsten Entscheidung des BGH zu der untersuchten Thematik, der „Jette Joop"-Entscheidung, ist keine Abkehr von dieser Herangehensweise erkennbar. Es wird mehrfach auf das Begehren der Parteien nach Schaffung von sicheren und verlässlichen Verhältnissen, die es ermöglichen mithilfe von künftigen Investitionen die Marke weiter auszubauen, Bezug genommen. Zudem werden die in der „Thermalquelle"-Entscheidung sowie im „Vertragsstraferückzahlung"-Urteil aufgestellten Grundsätze zitiert. Lediglich das Tatbestandsmerkmal der Wettbewerbsbeschränkung rückt etwas mehr in den Vordergrund, als dies in den vorhergehenden Entscheidungen der Fall ist[282]. Zusammen mit den Erwägungen zu den wirtschaftlichen Verhältnissen und der spätestens seit dem „Interflora"-Urteil des EuGH[283] anerkannten Investitionsfunktion der Marke kann die Vorgehensweise, allerdings nur mit sehr viel Wohlwollen, als eine Annäherung an die der europäischen Rechtsprechungsorgane gesehen werden. Keinesfalls kann hier *Streicher* zugestimmt werden, der in der Argumentation des BGH „*Züge einer rule of reason*" erkennt[284]. Begrüßenswert ist, dass in der Entscheidung des OLG Hamburg festgestellt wird, dass Abgrenzungsvereinbarungen grundsätzlich am Kartellrecht zu messen sind[285]. Und auch das OLG Düsseldorf weist keine Tendenz zur „Rule of reason" auf, sondern stellt klar, dass Abgrenzungsvereinbarungen keine Ausnahme vom Kartellverbot darstellen und ihr Inhalt an Art. 101 Abs. 1 AEUV bzw. § 1 GWB gemessen werden muss[286]. Eine geordnete rechtliche Prüfung, wie sie aus den Entscheidungen der europäischen Gerichte und der Kommission ersichtlich sind, findet jedoch weder durch den BGH noch durch das OLG Hamburg oder OLG Düsseldorf statt, wobei das letztere zunächst dazu ansetzt. Dabei wäre es aus den oben beschriebenen Gründen wünschenswert, wenn der Bundesgerichtshof und die deutschen Instanzgerichte sich bei der

---

281 Heinemann, Immaterialgüterschutz in der Wettbewerbsordnung, 2002, S. 132, 133.
282 BGH v. 07.12.2010 – KZR 71/08, Rn. 19 – Jette Joop, zitiert nach juris.
283 EuGH v. 22.09.2011 – C-323/09 – Interflora, zitiert nach juris.
284 Streicher, WuW 2011, S. 960.
285 OLG Hamburg v. 30.04.2014 – 3 U 139/10 – Rn. 36, zitiert nach juris.
286 OLG Düsseldorf v. 15.10.2014 – VI-U (Kart) 42/13, U (Kart) 42/13, Rn. 39, zitiert nach juris.

Beurteilung der Zulässigkeit und Wirksamkeit von Abgrenzungsvereinbarungen der Vorgehensweise des EuGH annähern würden.

Überhaupt stellt eine Orientierung an den Tatbestandsmerkmalen von Art. 101 Abs. 1, 3 AEUV eine geeignete Vorgehensweise dar, um sehr viele Probleme, die sich aus der Überschneidung des Kartellrechts mit dem geistigen Eigentum ergeben, zu lösen[287]. Bei der Beantwortung der zentralen Frage nach dem Vorliegen einer Wettbewerbsbeschränkung sowie der anschließenden Prüfung, ob eine Ausnahme nach Art. 101 Abs. 3 AEUV gegeben ist, können die wirtschaftlichen und rechtlichen Aspekte der Vereinbarung ausreichend berücksichtigt werden[288].

287 Heinemann, Immaterialgüterschutz in der Wettbewerbsordnung, 2002, S. 333.
288 Heinemann, Immaterialgüterschutz in der Wettbewerbsordnung, 2002, S. 312, 333.

Kapitel 3: Die europäischen Wettbewerbsregeln

A. Art. 101 AEUV

Aus diesem Grund sollen nachfolgend die Tatbestandsmerkmale sowie die Rechtsfolgen des Art. 101 AEUV etwas genauer untersucht werden. Dieser bestimmt, dass alle Vereinbarungen zwischen Unternehmen, Beschlüsse von Unternehmensvereinigungen und aufeinander abgestimmte Verhaltensweisen, die dazu geeignet sind, den Handel zwischen Mitgliedstaaten zu beeinträchtigen und eine Verhinderung, Einschränkung oder Verfälschung des Wettbewerbs innerhalb der Binnenmarktes bezwecken oder bewirken, als mit dem Binnenmarkt unvereinbar zu betrachten oder verboten sind.

I. Vereinbarung

Dabei sind die Abgrenzungsvereinbarungen am ehesten den Vereinbarungen zwischen Unternehmen zuzuordnen. Der Vertrag über die Arbeitsweise der Europäischen Union enthält zwar keine Definition des Begriffes „Vereinbarung". Betrachtet man jedoch seinen Wortlaut in den anderen Sprachen (z.B.: agreements[289], accords[290]) ist es naheliegend, anzunehmen, dass es sich hierbei um einen dem Vertragsbegriff des BGB verwandten Terminus handelt[291]. Nach der Rechtsprechung des EuGH ist eine Vereinbarung dann gegeben, wenn die beteiligten Unternehmen den gemeinsamen Willen artikulieren, dass sie künftig ein bestimmtes Verhalten auf dem Markt praktizieren möchten. Eine Willensübereinstimmung zwischen den Unternehmen ist also erforderlich[292]. Dieses Verständnis der Vereinbarung im Sinne des Art. 101 Abs. 1 AEUV kommt auch in den Leitlinien der Kommission für vertikale Beschränkungen zum Ausdruck. Danach ist eine Vereinbarung zu bejahen, wenn die beteiligten Unternehmen *„ihrer gemeinsamen Absicht Ausdruck verliehen haben, sich auf dem Markt in*

---

289 http://www.eudemocrats.org/fileadmin/user_upload/Documents/D-Reader_friendly_latest%20version.pdf, 16.01.2015, 11:17 Uhr

290 http://eur-lex.europa.eu/legal-content/FR/TXT/PDF/?uri=CELEX:12012E/TXT&from=FR, 16.01.2015, 11:20 Uhr.

291 Emmerich, Kartellrecht, 13. Aufl., 2014, S. 44, Rn. 3; Weck/Camesasca, WuW 2013, S. 17.

292 EuGH v. 24.10.1991 – Rs. T-1/89, WuW 1992, S. 120.

einer bestimmten Weise zu verhalten“[293]. Dabei ist es unerheblich, in welcher Form der Wille zum Ausdruck gebracht wird. Entscheidend ist, dass der gemeinsame Wille der betroffenen Unternehmen erkennbar wird[294]. Es ist ebenfalls nicht von Belang, welcher Zweck von den Parteien der Vereinbarung verfolgt wird. Auch in Abgrenzungsvereinbarungen manifestieren die Parteien einen gemeinsamen Willen, in der Regel etwa den, eine Marke auf eine bestimmte Art und Weise zu nutzen. Damit erfüllt sie die zwei Hauptkriterien, nämlich das Vorliegen und den Ausdruck eines gemeinsamen Willens der Parteien[295]. Somit stellen sie Vereinbarungen im Sinne des Art. 101 Abs. 1 AEUV dar und führen zur Anwendung der Rechtsfolgen der Norm, sollte die vereinbarte Nutzung des Schutzrechtes zu einer Regulierung der Märkte führen.

II. Wettbewerbsbeschränkung

Mit dem Binnenmarkt unvereinbar und daher verboten sind aber nur solche Vereinbarungen, die zu einer Verhinderung, Einschränkung oder Verfälschung des Wettbewerbs führen. Dabei handelt es sich jedoch nur um unterschiedliche Faktoren einer Wettbewerbsbeschränkung, die wiederum den zentralen und gleichzeitig am schwierigsten zu definierenden Begriff des Tatbestandes des Art. 101 Abs. 1 AEUV darstellt[296]. Den Grund für Letzteres stellt die Tatsache dar, dass die Wettbewerbstheorie keine von der Allgemeinheit anerkannte Bestimmung des Wettbewerbsbegriffes liefert, so dass die Frage nach der richtigen Konzeption des Tatbestandsmerkmals der Wettbewerbsbeschränkung umstritten ist[297].

1. Wettbewerb

In der Wirtschaftswissenschaft wurden im Laufe der Zeit unterschiedlichste Theorien entwickelt, um den Wettbewerb und die damit verbundenen Prozesse und Funktionen zu charakterisieren[298]. Entsprechend der Vielfalt der Theorien

---

293 Kommission, Leitlinien für vertikale Beschränkungen v. 19.05.2010, ABlEU.C 130/1, Rn. 25, http://eurlex.europa.eu/LexUriServ/LexUriServ.do?uri=OJ:C:2010:130:0001:0046:DE:PDF, 13.02.2015, 10:01 Uhr.

294 Kommission, Leitlinien für vertikale Beschränkungen v. 19.05.2010, ABlEU.C 130/1, Rn. 25, http://eurlex.europa.eu/LexUriServ/LexUriServ.do?uri=OJ:C:2010:130:0001:0046:DE:PDF, 13.02.2015, 10:30 Uhr.

295 Weck/Camesasca, WuW 2013, S. 18.

296 Emmerich, Kartellrecht, 13. Aufl., 2014, S. 54, Rn. 28.

297 Everling, WuW 1990, S. 996, Emmerich, Kartellrecht, 13. Aufl., 2014, S. 54, Rn. 28, 29.

298 Kerber/Schwalbe in: MünchKomm-EuWettbR, Band 1, 2. Aufl., 2015, Einl., Rn. 67.

hat jede davon eine eigene Vorstellung, was unter einer Wettbewerbsbeschränkung zu verstehen ist[299]. Da sind beispielsweise die klassische Ökonomik, die Perfect Competition, die Workable Competition sowie die in Verbindung mit den technischen Innovationen stehenden Wettbewerbsansätze zu erwähnen. Dabei betrachtete die klassische Ökonomik des endenden 18. und beginnenden 19. Jahrhunderts den Wettbewerb als Organisationsgrundlage der Gesellschaft. Indem diese Grundlage dafür sorgt, dass jeder sein eigenes Interesse verfolgt, bewirkt sie dadurch die Förderung des Interesses der Gemeinschaft[300]. *Smith* war bereits zu dieser Zeit die Möglichkeit privater Wettbewerbsbeschränkungen bewusst. Ein effektives Vorgehen, um diese zu verhindern, hielt er allerdings für unmöglich und außerdem mit der Freiheit und Gerechtigkeit nicht vereinbar[301]. Am Anfang des 20. Jahrhunderts bildete sich ein Modell heraus, das die Perfect Competition bzw. den vollkommenen Wettbewerb zur Zentralfigur hatte. Unter Wettbewerb versteht man hier eine durch Gleichgewicht und nicht durch Konkurrenz gekennzeichnete Sachlage[302]. Ein Zustand des vollkommenen Wettbewerbs liegt dann vor, wenn die beteiligten Unternehmen keinen Einfluss auf die Gestaltung bzw. Entwicklung des Preises haben und aus diesem Grund machtlos sind. Das Monopol bildet dabei den der Perfect Competition gegenüberstehenden Gegensatz[303]. Ende der 1930er Jahre formulierte *J.M. Clark* jedoch die Forderung, nur noch die Aspekte des Wettbewerbs zu berücksichtigen, die ein funktionsfähiger Wettbewerb aufweist. Es entstand das Modell der Workable Competition. Als wesentlich bzw. funktionsfähig bezeichnete man dabei solche Aspekte, von denen man erwartete, dass sie vom Wettbewerb auf den realen und unvollkommenen Märkten verwirklicht werden sollen[304]. Die zentrale Frage, wie sie von J.M. Clark in einem seiner Aufsätze aufgeworfen wurde, lautete: „*What do we want competition to do for us?*“[305]. Mit der Schwierigkeit der Einordnung der Innovationen sowie der damit verbundenen Aktivitäten in die Wettbewerbstheorie hat sich vor allem *Schumpeter* beschäftigt. Bei den Überlegungen zur Integration der Innovationen und des technischen Fortschritts in den Wettbewerb

299 Schmidtchen, Wettbewerbspolitik als Aufgabe, 1978, S. 57.
300 Kerber/Schwalbe in: MünchKomm-EuWettbR, Band 1, 2. Aufl., 2015, Einl., Rn. 68.
301 Smith, An Inquiry into the Nature and Causes of the Wealth of Nations, 1976, S. 145, Rn. 27.
302 Kerber/Schwalbe in: MünchKomm-EuWettbR, Band 1, 2. Aufl., 2015, Einl., Rn. 70.
303 Kerber/Schwalbe in: MünchKomm-EuWettbR, Band 1, 2. Aufl., 2015, Einl., Rn. 70.
304 Kerber/Schwalbe in: MünchKomm-EuWettbR, Band 1, 2. Aufl., 2015, Einl., Rn. 78.
305 Clark, Competition as a Dynamic Process, 1961, S. 63; Kerber/Schwalbe in: MünchKomm-EuWettbR, Band 1, 2. Aufl., 2015, Einl., Rn. 78.

ist auch die Schnittstelle des Wettbewerbsrechts mit den gewerblichen Schutzrechten zu verorten[306]. Die Lösungsansätze für diese Kollision wurden in dieser Arbeit bereits in Kapitel 2 A dargestellt[307]. Der technische Fortschritt stellte für *Schumpeter* die wichtigste treibende Kraft des wirtschaftlichen Fortschrittes dar. Der wichtigste Effekt des Wettbewerbs sei dabei die Entwicklung und der Vertrieb neuer Produkte sowie die Einführung neuer Produktionsverfahren[308]. Auf der Grundlage dieser Erwägungen entstand Mitte des 20. Jahrhunderts eine Abkehr von dem bisherigen Verständnis des statischen Wettbewerbs. Man verstand den Wettbewerb von nun an vielmehr als einen dynamischen Prozess[309]. Auch *Hayek* hat die Innovationen in sein Verständnis von ebenfalls dynamischem Wettbewerb einbezogen. Er berücksichtigte jedoch zusätzlich die Tatsache, dass die Gesellschaft und die Wettbewerbsteilnehmer nicht wissen, wie die Einführung neuer Produkte auf dem Markt ankommt und wie die Produktion solcher am effizientesten gestaltet werden kann und diese Erkenntnisse durch Ausprobieren gewonnen werden müssen. Aus diesem Grund sah er den Wettbewerb als einen Experimentierungsprozess bzw. als ein Entdeckungsverfahren an[310].

Unter Berücksichtigung der unterschiedlichen wirtschaftswissenschaftlichen Ansätze entstanden Versuche eine dem Wettbewerbsrecht gerechte Definition des Wettbewerbsbegriffs zu entwickeln. So verstehen *Kerber/Schwalbe* unter dem Wettbewerb einen *„vor allem vom Gewinninteresse motivierten Rivalitätsprozess"*, der darin besteht, dass Unternehmen ständig bestrebt sind, ihre Waren weiterzuentwickeln, um sich von der Konkurrenz abzusetzen und den Kunden zu bewegen eine Kaufentscheidung nicht zu Gunsten des Wettbewerbers zu treffen[311]. Die Mittel, derer die Unternehmen sich dabei bedienen sind Werbemaßnahmen, Produktdesign und ihre Qualität sowie Preise. Aufgrund dieser Parameter entscheiden die Käufer, welches Produkt bzw. welche Dienstleistung ihren Vorstellungen am ehesten entsprechen. Diese Entscheidung zeigt wiederum den Unternehmen anhand ihrer Gewinne und Verluste, welche Position sie im Wettbewerb innehaben[312]. Unter dem Einfluss der oben dargestellten, unterschiedlichen Ansätze

---

306 Kerber/Schwalbe in: MünchKomm-EuWettbR, Band 1, 2. Aufl., 2015, Einl., Rn. 101.

307 Vgl. S. 20ff.

308 Schumpeter, Theorie der wirtschaftlichen Entwicklung, 1952, S. 12ff.

309 Hoppmann, Marktmacht und Wettbewerb in: Recht und Staat, 1977, S. 9, 10.

310 Hayek, Individualismus und wirtschaftliche Ordnung, 1952, S. 120; von Hayek, Der Wettbewerb als Entdeckungsverfahren, 1968, S. 3, 14 Kerber/Schwalbe in: MünchKomm-EuWettbR, Band 1, 2. Aufl., 2015, Einl., Rn. 108.

311 Kerber/Schwalbe in: MünchKomm-EuWettbR, Band 1, 2. Aufl., 2015, Einl., Rn. 37.

312 Kerber/Schwalbe in: MünchKomm-EuWettbR, Band 1,2. Aufl., 2015, Einl., Rn. 37.

definiert *Meessen* den Wettbewerb als *„ergebnisoffenes, durch rechtliche und/oder außerrechtliche Regeln geregeltes Verfahren, bei dem zwei oder mehr voneinander unabhängige Akteure unter besonderer, wie auch immer motivierter Einsatzbereitschaft für die Ziele des jeweiligen Wettbewerbers untereinander vergleichbare Leistungen erbringen“*[313]. *Hoppmann* vertritt dagegen die Ansicht, dass es nicht möglich ist, sich anhand der Wettbewerbstheorie auf eine für die Normierung bestimmter wirtschaftspolitischer Ziele ausreichende Definition des Wettbewerbs festzulegen. Vielmehr könne man die Prozesse des Wettbewerbs nur an der Wettbewerbsfreiheit messen. Diese lasse sich jedoch ebenfalls nicht direkt, sondern lediglich indirekt definieren, indem man festlegt, in welchen Konstellationen *„ungebührliche Marktmacht“* gegeben und wann die Wettbewerbsfreiheit über die notwendigen Maße beschränkt ist[314]. Die Maßnahmen zur Verhinderung und vor allem zur Erkennung privater Wettbewerbsbeschränkungen sollte ihren Anknüpfungspunkt entweder an der wettbewerblichen Freiheit oder an der Funktionsfähigkeit des Wettbewerbs haben[315].

Da die Ansichten auch hierbei ziemlich unterschiedlich sind, erscheint es zielführender, zu fragen, welche Art bzw. welches Verständnis des Wettbewerbs im Rahmen des § 1 GWB und Art. 101 AEUV geschützt werden soll, um anschließend festzustellen, wann dieses Schutzgut beeinträchtigt ist, also eine Wettbewerbsbeschränkung im Sinne der zitierten Norm vorliegt. Beide Gesetzeswerke enthalten keine Legaldefinition des Wettbewerbsbegriffes. In der Gesetzesbegründung zum GWB heißt es jedoch unter C, zu § 1, 3 d): *„Der Begriff des Wettbewerbs wird vorausgesetzt. ...., ist als Wettbewerb das Streben zu betrachten, durch eigene Leistung, die nach Qualität oder Preis besser ist als die Leistung anderer Unternehmen, den Verbraucher zum Abschluss eines Vertrages zu veranlassen. Dieses Streben, Geschäftsabschlüsse zustande zu bringen, muss sich allerdings der Formen des lauteren Wettbewerbs bedienen“*[316]. Diese Formulierung deutet bereits darauf hin, worin das hauptsächliche Agieren der Wettbewerbsteilnehmer besteht und dass es ohne ungerechtfertigte Einflussnahme erfolgen soll. Wie oben bereits erwähnt, schützt das Kartellrecht den Wettbewerb als Institution und soll seine Freiheit und Unverfälschtheit gewährleisten[317]. Das Bestehen eines unverfälschten Wettbewerbs ist zudem notwendig, um das Ziel der Errichtung eines gemeinsamen Binnenmarktes weiterhin zu verwirklichen. Diese Zielsetzung

313 Meessen, Prinzip Wettbewerb, JZ 2009, S. 701.

314 Hoppmann, Wirtschaftsordnung und Wettbewerb, 1988, S. 256, 257.

315 Hoppmann, Marktmacht und Wettbewerb in: Recht und Staat, 1977, S. 19.

316 http://dipbt.bundestag.de/doc/btd/02/011/0201158.pdf, 12.02.2015, 10:32 Uhr.

317 s. Fn. 111, 112.

war bereits in Art. 3 Abs. 1 lit. g EGV kodifiziert und findet sich heute in Art. 3 Abs. 3 EUV, Art. 3 Abs. 1 lit. b AEUV sowie Protokoll 27 über den Binnenmarkt und den Wettbewerb. Der EuGH hat sogar ausdrücklich betont, dass die Regelungen der Art. 101, 102 AEUV einen wesentlichen Teil zum Funktionieren des Binnenmarktes beitragen. Wie auch schon aus dem Wortlaut des Art. 101 Abs. 1 AEUV ersichtlich dienen sie nämlich der Verhinderung der Wettbewerbsverfälschungen und somit der Abwendung von Schäden, die den Unternehmen oder Verbrauchern dadurch entstehen können[318]. Außerdem ist das System des Wettbewerbs und des Binnenmarktes (Art. 26 Abs. 2 AEUV) eng mit der Einhaltung der Grundfreiheiten und des Nichtdiskriminierungsprinzips verknüpft[319]. Folglich kann also festgestellt werden, dass der freie und unverfälschte Wettbewerb gemeinsam mit dem freien Verkehr von Waren, Personen, Dienstleistungen und Kapital sowie der Nichtdiskriminierung bestimmter Marktteilnehmer allesamt gleichwertige Faktoren darstellen, die unabkömmlich für einen gemeinsamen europäischen Markt bzw. einen Binnenmarkt sind. Die in Art. 101, 102 AEUV enthaltenen Regeln spielen dabei eine besondere Rolle. Sie schützen die Freiheit des Wettbewerbs vor Verfälschungen. Denn ein Wirtschaftsraum innerhalb der Europäischen Union könnte nicht ent- bzw. fortbestehen, wenn es den Marktteilnehmern nicht möglich wäre, auf dem Markt frei und unabhängig wettbewerbsaktiv zu sein[320].

2. Konzeption der Wettbewerbsbeschränkung

Ausgehend davon, dass der freie und unverfälschte Wettbewerb das Schutzgut des Art. 101 Abs. 1 AEUV darstellt, kommt die Frage auf, wann denn eine Wettbewerbsbeschränkung anzunehmen und wie ihr Vorliegen festzustellen ist. Derzeit lässt sich festhalten, dass der EuGH und die Kommission zwei leicht unterschiedliche Standpunkte in Bezug darauf, was unter einer Wettbewerbsbeschränkung zu verstehen ist, vertreten. Die Betrachtungsweise des EuGH geht dabei von seinem Selbständigkeitspostulat aus. Damit ist gemeint, dass jedes Unternehmen frei und selbständig entscheiden soll, wie es sich auf dem Markt verhält und auf welche Weise es seine Marktpolitik durchsetzen möchte[321]. Verboten sind dagegen

---

318 EuGH v. 22.10.2002 – C-94/00, Rn. 42, zitiert nach juris; EuGH v. 17.02.2011 – C-52/09 , Rn. 20–22, zitiert nach juris.

319 EuGH v. 19.03.1991 – C-202/88, Rn. 41, 42, zitiert nach juris.

320 Frenz, Handbuch Europarecht, 2. Aufl., 2015, S. 4, Rn. 2ff.

321 Emmerich, Kartellrecht, 13. Aufl., 2014, S. 50, Rn. 18; Hengst in Langen/Bunde, Kartellrecht, Bd. 2, 12. Aufl., 2014, Art. 101, Rn. 175.

Verhaltensweisen, die das Ziel haben durch Absprachen, Abstimmungen und Informationsaustausch die unternehmerischen Risiken, die der autonome Wettbewerb mit sich bringt, zu beseitigen[322]. Danach ist der wettbewerbsbeschränkende Charakter einer Abrede zu bejahen, wenn sie die den Marktteilnehmern zur Verfügung stehenden Handlungsmöglichkeiten einschränkt. Unter der Beschränkung des Wettbewerbs ist danach die Beschränkung der wirtschaftlichen Handlungsfreiheit der betroffenen Parteien zu verstehen[323]. Zudem muss sich die wettbewerbsbeschränkende Abrede dazu eignen, die Verhältnisse auf dem Markt zu ändern. Um das festzustellen nimmt der EuGH einen Vergleich zwischen der gegebenen Marktsituation und derjenigen, wie sie ohne die fragliche Abrede bestehen würde[324]. Außerdem untersucht er regelmäßig die Auswirkungen der im jeweiligen Fall betreffenden Vereinbarung auf den Binnenmarkt[325].

Die andere Betrachtungsweise, welcher die Haltung der Kommission zugeordnet werden kann, charakterisiert die Wettbewerbsbeschränkung, sobald diese nicht eine Kernbeschränkung betrifft, anhand ihrer Außenwirkung. Fällt diese schädlich aus, d.h. beeinträchtigt sie die wettbewerbliche Handlungsfreiheit oder andere Rechtspositionen Dritter, so ist das Vorliegen einer Wettbewerbsbeschränkung anzunehmen[326]. Unter Dritten sind dabei neben den anderen Marktteilnehmern vor allem die Verbraucher und ihre „Konsumentenwohlfahrt" zu verstehen[327].

---

322 EuGH v. 14.07.1981 – Rs. 172/80, Rn. 12–14, zitiert nach juris; EuGH v. 14.07.1972 – Rs. 48/69, Rn. 120ff., http://eur-lex.europa.eu/legalcontent/DE/TXT/PDF/?uri=CELEX:61969CJ0048&from=DE, 06.02.20015, 12:08 Uhr; Emmerich, Kartellrecht, 13. Aufl., 2014, S. 50, Rn. 18; Hengst in Langen/Bunde, Kartellrecht, Bd. 2, 12. Aufl., 2014, Art. 101, Rn. 175.

323 Emmerich, Kartellrecht, 13. Aufl., 2014, S. 54, Rn. 29; Zimmer/Paul, JZ 2008, S. 615.

324 EuGH v. 10.07.1980 – Rs. 99/97, Lancôme, Rn. 24, zitiert nach juris; EuGH v. 11.07.1985 – Rs. 42/84, Rn. 18, Nutricia, zitiert nach juris.

325 Fuchs, ZWeR 2007, 376, 377.

326 Horizontalleitlinien der Kommission v. 14.01.2011, ABlEU. C 11/1 Tz. 27,http://eur lex.europa.eu/LexUriServ/LexUriServ.do?uri=OJ:C:2011:011:0001:0072:DE:PDF, 13.02.2015, 10:09 Uhr; Leitlinien zur Anwendung v. Art. 81 Abs. 3 EGV v. 27.04.2004, ABEUl. C 101/97, Rn. 16, http://files.vogel.de/vogelonline/vogelonline/files/3500.pdf, 13.02.2015, 10:21 Uhr; Hengst in: Langen/Bunte, Kartellrecht, Bd. 2, 12. Aufl., 2014, Art. 101 AEUV, Rn. 183; Emmerich, Kartellrecht, 13. Aufl., 2014, S. 54, Rn. 29, S. 57, Rn. 35; Zimmer/Paul, JZ 2008, S. 615.

327 Zimmer/Paul, JZ 2008, S. 615.

3. Vorgehen in der Praxis

Aufgrund der divergierenden Auffassungen und Vorgehensweisen soll an dieser Stelle untersucht werden, anhand von welchen Kriterien die Praxis in Sachverhalten, die sich explizit auf Abgrenzungsvereinbarungen beziehen, das Vorliegen einer Wettbewerbsbeschränkung bejaht oder verneint.

In der sog. „Sirdar/Phildar"-Entscheidung, deren Sachverhalt bereits oben dargestellt wurde[328], sah die Kommission im Verbot des Imports von Strickwolle mit der Bezeichnung „SIRDAR" nach Frankreich sowie der Bezeichnung „PHILDAR" nach Großbritannien durch die Parteien sowie andere Händler eine Wettbewerbsbeschränkung[329]. Dieses Verhalten qualifizierte sie eindeutig als Handelsschranke und Behinderung der Warenverteilung. Zudem erwähnte sie, dass es sich hierbei auch um schädigendes Verhalten gegenüber den Verbrauchern handelt, weil diesen dadurch jeweils die Ware aus dem anderen Staat vorenthalten wird[330]. Offen ließ die Kommission an dieser Stelle dagegen, ob die in der streitigen Vereinbarung enthaltene Verpflichtung, *„keinem Dritten die Benutzung oder die Registrierung von Warenzeichen in der ganzen Welt ohne die schriftliche Zustimmung der jeweils anderen Partei zu gestatten, wenn diese Warenzeichen den beiden Warenzeichen SIRDAR und PHILDAR ähneln*"[331] ebenfalls eine Wettbewerbsbeschränkung darstellt.

Im Rahmen der Streitigkeit um die Benutzung des Warenzeichens „PERSIL" hat die Kommission die Beschränkung des Wettbewerbs durch eine Absprache über die optische Gestaltung des Warenzeichens dagegen verneint[332]. Sie begründete ihre Entscheidung damit, dass in diesem Fall den Verbrauchern durch die Abrede kein Nachteil, sondern sogar ein Vorteil entsteht. Sie werden durch die unterschiedliche optische Aufmachung der verwechslungsfähigen Warenzeichen nämlich über die Warenherkunft aufgeklärt und Täuschungen über ebendiese entstehen nicht. Zudem haben solche Vereinbarungen keinen Einfluss auf die freie Zirkulation der Waren innerhalb der Gemeinschaft[333].

In der sog. „Penneys"-Entscheidung wurde eine im Ergebnis aufgrund mangelnder Spürbarkeit verneinte Wettbewerbsbeschränkung im ersten Schritt jedoch bejaht, weil einer Partei durch die Abgrenzungsvereinbarung die Freiheit

---

328 Vgl. S. 43.
329 GRUR Int. 1975, S. 321.
330 GRUR Int. 1975, S. 321.
331 GRUR Int. 1975, S. 320.
332 GRUR Int. 1978, S. 209.
333 GRUR Int. 1978, S. 209.

genommen wurde, ihr Warenzeichen in Verbindung mit ihren Produkten und Geschäften zu benutzen[334]. Die in der Abrede enthaltene Nichtangriffsklausel qualifizierte die Kommission ebenfalls als grundsätzlich wettbewerbsbeschränkend. Sie führte jedoch aus, dass die Beschränkung des Wettbewerbs in diesem Fall nicht spürbar sei[335]. Die Handlungsfreiheit der betroffenen Unternehmen sei in der vorliegenden Konstellation nämlich nicht tangiert, weil die Parteien sich für die Zeichen, die sie künftig nicht benutzen dürfen, bisher in den jeweils betroffenen Staaten keinen „*Goodwill*" erarbeitet haben und deshalb ohne Einbußen unter einer anderen Bezeichnung tätig sein können[336].

Die Abgrenzungsvereinbarung, die die Bayer AG mit dem konkurrierenden Unternehmen Tanabe Seiyaku Co. schloss und welche den zuletzt genannten Hersteller pharmazeutischer Produkte verpflichtete, das von ihm zur Kennzeichnung seiner Waren genutzte Zeichen mit einem Zusatz zu versehen, betrachtete die Kommission nicht als Anlass nach Art. 85 EWGV einzuschreiten[337]. Sie merkte an, dass die wirtschaftliche Handlungsfreiheit von Tanabe dadurch zwar eingeschränkt sei. Die Konkurrenten unterscheiden sich nun aber durch die Aufnahme ihrer Firma in die bereits zuvor verwendeten Zeichen. Zudem bliebe der Verkehr der Waren auf dem gemeinsamen Markt unbeeinträchtigt[338].

In der sog. „Toltecs/Dorcet"-Entscheidung bejahte die Kommission das Vorliegen einer Wettbewerbsbeschränkung. Hier sah sie in der Vereinbarung, dass Segers ohne die Zustimmung von BAT keinen Feinschnitttabak unter der Bezeichnung „Toltecs" in die BRD importieren durfte und falls doch, es nur durch von BAT genehmigte Händler zu erfolgen hat, eine immense Einschränkung seiner Wettbewerbsfreiheit. Dadurch sah die Kommission zudem die wirtschaftliche Handlungsfreiheit Dritter, nämlich potentieller Händler und Importeure, tangiert[339]. Die Kommission stellte heraus, dass Abgrenzungsvereinbarungen *„dem vorrangigen Ziel der Einheit des gemeinsamen Marktes"* genügen müssen[340].

334 GRUR Int. 1978, S. 377.
335 GRUR Int. 1978, S. 378.
336 GRUR Int. 1978, S. 378.
337 Anwendung von Artikel 85 auf Vereinbarungen über gewerbliche Schutzrechte und auf Urheberrechte, Auszug aus dem 8. Bericht über die Wettbewerbspolitik, GRUR Int. 1979, S. 468.
338 Anwendung von Artikel 85 auf Vereinbarungen über gewerbliche Schutzrechte und auf Urheberrechte, Auszug aus dem 8. Bericht über die Wettbewerbspolitik, GRUR Int. 1979, S. 468.
339 GRUR Int. 1983, S. 297.
340 GRUR Int. 1983, S. 298.

Auch die Nichtangriffsklausel, die hier auf unbestimmte Zeit und auch bei Nichtbenutzung nach Ablauf der Benutzungsschonfrist gelten sollte, hielt die Kommission für wettbewerbsbeschränkend. Im Fall „Penneys", wo die Nichtangriffsverpflichtung eine Geltungsdauer von fünf Jahren haben sollte, verneinte die Kommission die Spürbarkeit der Wettbewerbsbeschränkung. Die Geltungsdauer entsprach der mit Art. 5 C Abs. 1 PVÜ korrespondierender Benutzungsschonfrist, deren Dauer in den meisten Mitgliedstaaten ebenfalls fünf Jahre beträgt[341]. Abschließend betonte die Kommission, dass die streitigen Abreden sich negativ auf den zwischenstaatlichen Warenverkehr auswirken[342]. Diese Feststellungen der Kommission wurden anschließend durch den EuGH bestätigt[343].

Wie oben bereits erläutert setzte sich der BGH in den ersten veröffentlichten Entscheidungen zu Abgrenzungsvereinbarungen mit den Regelungen des Antitrustrechts der USA auseinander[344]. Eine den Tatbestandsmerkmalen des Art. 101 Abs. 1 AEUV entsprechende Prüfung fand nicht statt. In der sog. „Herzwandvase"-Entscheidung finden sich Ausführungen über den Zweck der Dekartellierungsvorschriften, nämlich die Erhaltung des freien Wettbewerbs sowie die Verhinderung seiner Einschränkungen. Zudem widmete sich der BGH bei der Untersuchung der Wirksamkeit der streitigen Vereinbarung insbesondere der Frage nach ihrem marktregelnden Charakter[345]. Im bereits geschilderten sog. „Jette Joop"- Urteil sprach der BGH erstmalig an, ob in der streitigen Abgrenzungsvereinbarung eine Wettbewerbsbeschränkung gegeben ist oder nicht. Leider findet keine ausführliche Prüfung des Tatbestandsmerkmals statt. Es erfolgt auch kein Vergleich zwischen der Marktsituation mit und derjenigen ohne die Vereinbarung. Die Richter merken an, dass die Beklagte Jette Joop durch die Abrede zwar in ihrer Wettbewerbsfreiheit eingeschränkt werde. Da sie dadurch aber auch Rechtssicherheit für die Verwendung der Marke „JETTE JOOP" für Modeschmuck und Schmuck gewinne, sei darin eine Wettbewerbsstärkung zu sehen[346].

---

341 GRUR Int. 1978, S. 378.

342 GRUR Int. 1983, S. 299.

343 EuGH v. 30.01.1985 – 35/82, Rn. 37, 38 – Toltecs/Dorcet II, zitiert nach juris.

344 Vgl. S. 47ff.

345 BGH v. 15.02.1955 – I ZR 86/53, GRUR 1955, S. 420, 421.

346 BGH v. 07.12.2010 – KZR 71/08 – Jette Joop, Rn. 30, zitiert nach juris.

4. Ergebnis

Obwohl weder eine Legaldefinition noch eine in der Wirtschaftswissenschaft oder Rechtswissenschaft allgemein anerkannte Definition des Wettbewerbsbegriffes existiert, haben alle Versuche eine solche zu finden doch eine Gemeinsamkeit. Diese besteht darin, dass sich mit ihrer Hilfe feststellen lässt, welche Aktionsparameter den Wettbewerb ausmachen und wer maßgeblich daran beteiligt ist. Der Wettbewerb besteht also darin, dass verschiedene Unternehmen ihre Waren und Dienstleistungen anbieten und mit ihrer Betätigung Geschäftsbeziehungen zu Abnehmern, Händlern, Lieferanten und sonstigen Geschäftspartnern knüpfen und ausbauen möchten. Überwiegende Einigkeit besteht darin, dass es den Wettbewerbsteilnehmern möglich sein muss, die Parameter dieser Betätigung frei festzulegen[347]. Folglich ist es nicht einheitlich geklärt und vielleicht auch nicht möglich zu klären, was genau unter dem Terminus Wettbewerb zu verstehen ist. Es herrscht jedoch Konsens darüber, was man von einem freien und wirksamen Wettbewerb erwartet, *„nämlich einen maßgeblichen Beitrag zur Realisierung von Freiheit, Wohlstand und Gerechtigkeit“*[348].

In Bezug auf die Konzeption der Wettbewerbsbeschränkung liegt demnach der Schluss nahe, dass vor allem der Wettbewerbsprozess, der sich daraus ergibt, dass Wettbewerbsteilnehmer ihre Entscheidungen über u.a. Preise, Qualität der Produkte, Werbemaßnahmen und Modalitäten der Geschäftsbeziehungen frei treffen, nicht eingeschränkt werden darf. Dieser Wettbewerbsprozess dient nämlich bei freier Entfaltung der Verwirklichung des Binnenmarktziels, der freien Warenzirkulation, daneben aber auch erfahrungsgemäß der Etablierung hochqualitativer Produkte zu niedrigeren Preisen auf dem Markt[349]. Die unterschiedlichen Betrachtungsweisen spielen in der Praxis insoweit eine nur untergeordnete Rolle, als man feststellen kann, dass bei einer Beeinträchtigung des Wettbewerbsprozesses meistens auch eine negative Außenwirkung verzeichnet werden kann, also auch das Marktergebnis und die Verbraucherwohlfahrt eine Schädigung erleiden. Sollte es mal nicht so sein, können die Umstände eines solchen Einzelfalles im Rahmen der Freistellung Berücksichtigung finden[350].

Es wird teilweise vereinfacht vertreten, dass die in einer Abgrenzungsvereinbarung enthaltenen Abreden stets dann kartellrechtlich zulässig sind, wenn sie

---

347 Bunte in: Langen/Bunte, Kartellrecht, Bd. 1, 12. Aufl., 2014, Einl., Rn. 95, 96.

348 Bunte in: Langen/Bunte, Kartellrecht, Bd. 1, 12. Aufl., 2014, Einl., Rn. 96; Herdzina, Wettbewerbspolitik, 1984, S. 31.

349 Krauß in: Langen/Bunte, Kartellrecht, Bd. 1, 12. Aufl., 2014, § 1, Rn. 17.

350 Krauß in: Langen/Bunte, Kartellrecht, Bd. 1, 12. Aufl., 2014, § 1, Rn. 18.

dem jeweiligen Vertragspartner solche Handlungen untersagen, die der jeweilige Markeninhaber im Rahmen eines Unterlassungsanspruchs mit seiner Marke untersagen könnte[351]. In solchen Fällen würde die Abgrenzungsvereinbarung nichts erlauben, was nicht ohnehin bereits durch das Schutzrecht möglich sei[352]. Auch in der Rechtsprechung der deutschen Gerichte wird diese Formel meistens bei der rechtlichen Beurteilung des Sachverhalts herangezogen[353]. In der Entscheidung des OLG Hamburg vom 30. April 2014 wird diese Vorgehensweise besonders deutlich. Es wird darin zwar § 1 GWB a.F. geprüft und angemerkt, dass markenrechtliche Abgrenzungsvereinbarungen eine tendenziell wettbewerbsbeschränkende Wirkung haben, weil sie die Parteien in ihrer Freiheit, ihr Zeichen im Wettbewerb frei zu nutzen beschränken[354]. Obwohl es sich bei der streitgegenständlichen Vereinbarung um eine Wettbewerbsbeschränkung handelt, wird dies jedoch nicht ausdrücklich festgestellt, sondern lediglich damit argumentiert, dass die darin geregelten Verbote der Zeichennutzung nicht von entsprechenden Unterlassungsansprüchen gedeckt waren[355]. Außerdem führt das OLG Hamburg hier aus, dass markenrechtliche Abgrenzungsvereinbarungen dann gegen § 1 GWB verstoßen, *„wenn sie entweder eine Wettbewerbsbeschränkung bezwecken oder bei ihrem Abschluss kein ernsthafter, objektiv begründeter Anlass zu der Annahme bestand, dass dem begünstigten Vertragspartner ein entsprechender Unterlassungsanspruch zustehen würde"*[356].

Ähnlich geht auch das Landgericht Braunschweig in der sog. „Kräuterspirituosen"-Entscheidung vor, geht jedoch bei der Frage nach der kartellrechtlichen Zulässigkeit etwas detaillierter auf die Umstände des Einzelfalles, beispielsweise dem Umfang der Einschränkungen der wirtschaftlichen Handlungsfreiheit der Parteien, ein[357].

---

351 Janoschek, Abgrenzungsvereinbarungen über Warenzeichen, 1975, S. 82; Kraft, GRUR 1977, S. 761; Kraft, MittPat 1986, S. 22; Harte, GRUR 1978, S. 506; Harte-Bavendamm/von Bomhard, GRUR 1998, S. 532.

352 Neubauer, Markenrechtliche Vereinbarungen aus rechtsvergleichender Sicht, 1983, S. 149.

353 BGH v. 07.12.2010 – KZR 71/08 – Jette Joop, Rn. 55, zitiert nach juris LG Braunschweig v. 28.08.2013 – 9 O 2637/12 – Kräuterspirituosen, Rn. 124, zitiert nach juris; OLG Hamburg v. 30.04.2014 – 3 U 139/10, Rn. 36, zitiert nach juris.

354 OLG Hamburg v. 30.04.2014 – 3 U 139/10, Rn. 36, zitiert nach juris.

355 OLG Hamburg v. 30.04.2014 – 3 U 139/10, Rn. 42, zitiert nach juris

356 OLG Hamburg v. 30.04.2014 – 3 U 139/10 – Rn. 36, zitiert nach juris.

357 LG Braunschweig v. 28.08.2013 – 9 O 2637/12 – Kräuterspirituosen, Rn. 120ff., zitiert nach juris.

In der Entscheidung des OLG Düsseldorf vom 15. Oktober 2014 wird nach der Feststellung, dass markenrechtliche Abgrenzungsvereinbarungen am Kartellverbot zu messen sind, ausgeführt, dass sie dann kartellrechtswidrig sind, wenn mit ihnen Marktaufteilungen oder andere Wettbewerbsbeschränkungen bezweckt werden[358]. Das Gericht erläutert, dass die Kartellrechtsneutralität einer Abgrenzungsvereinbarung angenommen werden kann, wenn darin lediglich die bestehenden Schutzrechte konkretisiert werden, aber eine Wettbewerbsbeschränkung anzunehmen ist, wenn die Regelungen darüber hinaus gehen, weil es zur Beschränkung der Parteien in ihrer Freiheit, die Marken im Wettbewerb zu benutzen, führt. Diese Beschränkung sei für den Vertrieb der mit der betreffenden Marke gekennzeichneten Waren und Dienstleistungen von großer Bedeutung, wenn die Verwendung der Marke erhebliche Wettbewerbsvorteile oder das Ausweichen auf ein anderes Zeichen erhebliche Wettbewerbsnachteile mit sich bringt[359]. Sodann nennt das OLG Düsseldorf jedoch die bereits bekannten Kriterien als Bedingungen der Kartellrechtsneutralität der Abgrenzungsvereinbarung. Demnach „*hängt die Zulässigkeit der Abgrenzungsvereinbarung insoweit davon ab*", dass zum Zeitpunkt des Vertragsschlusses „*ein ernsthafter, objektiv begründeter Anlass bestanden haben muss, dem jeweils begünstigten Vertragspartner stehe ein markenrechtlicher Anspruch auf Unterlassung des durch die Vereinbarung dem jeweils anderen Vertragspartner untersagten Marktverhaltens zu, so dass ernstlich damit zu rechnen war, dass ihm dieses Marktverhalten gerichtlich untersagt worden wäre*"[360]. Zudem müssen sich die in der Abgrenzungsvereinbarung enthaltenen Regelungen in den „*Grenzen dessen halten, was bei objektiver Beurteilung ernsthaft zweifelhaft sein konnte*[361]".

Das OLG Düsseldorf steigt also umfassend in die Prüfung des Kartellverbotes ein und schränkt sie dann aber doch auf die zwei bekannten Kriterien ein. Allerdings ist das Vorliegen einer Wettbewerbsbeschränkung nach Ansicht des EuGH auch in Fällen, in denen die in der Abgrenzungsvereinbarung festgelegten Verbote von einem Unterlassungsanspruch gedeckt sind, nicht notwendigerweise ausgeschlossen. Der Gerichtshof wies in der sog. „Toltecs/Dorcet II"-Entscheidung

358 OLG Düsseldorf v. 15.10.2014 – VI-U (Kart) 42/13, U (Kart) 42/13, Rn. 39, 41, zitiert nach juris.

359 OLG Düsseldorf v. 15.10.2014 – VI-U (Kart) 42/13, U (Kart) 42/13, Rn. 40, zitiert nach juris.

360 OLG Düsseldorf v. 15.10.2014 – VI-U (Kart) 42/13, U (Kart) 42/13, Rn. 41, zitiert nach juris.

361 OLG Düsseldorf v. 15.10.2014 – VI-U (Kart) 42/13, U (Kart) 42/13, Rn. 42, zitiert nach juris.

trotz der Anerkennung der Territorialität der Ansprüche aus den nationalen Marken darauf hin, dass diese Ansprüche zu kartellrechtswidrigen Zwecken eingesetzt werden können[362]. Bereits bei der Erläuterung des Verhältnisses zwischen dem Kartellrecht und den gewerblichen Schutzrechten wurde festgestellt, dass aufgrund der unterschiedlichen Schutzgüter der Rechtsgebiete nicht alle Handlungsweisen des Schutzrechtsinhabers per se kartellrechtskonform sind, die dieser aus seinem Schutzrecht ableiten kann, weshalb es notwendig ist, einen Ausgleich zwischen den beiden Rechtsgebieten zu schaffen[363]. Außerdem ist die Tatsache, dass eine vertragliche Regelung von einem Unterlassungsanspruch gedeckt sein muss kein Tatbestandsmerkmal des Art. 101 AEUV bzw. § 1 GWB (wie es zum Teil in den dargestellten Entscheidungen suggeriert wird[364]) und somit nicht im Wortlaut der Vorschriften zu finden. Aus diesem Grund kann die Tatsache, dass die in der Abgrenzungsvereinbarung enthaltenen Pflichten von einem Unterlassungsanspruch gedeckt sind, zwar als Indiz für die Kartellrechtsfreiheit der Abrede dienen. Trotzdem muss die gesamte Vereinbarung, der Zusammenhang der darin enthaltenen Verpflichtungen, die damit verfolgten Absichten der Parteien am gesamten Art. 101 Abs. 1 AEUV gemessen werden, um das Restrisiko des Vertragswerkes so gering wie möglich zu halten[365].

In diesem Zusammenhang wird zudem diskutiert, ob den Parteien einer Abgrenzungsvereinbarung ein Beurteilungsspielraum in Bezug auf das Bestehen und den Umfang des Unterlassungsanspruchs, dabei insbesondere auf das Vorliegen einer Verwechslungsgefahr eingeräumt werden muss[366]. Der Entscheidung der Kommission im sog. „Toltecs/Dorcet"-Fall lässt sich entnehmen, dass eine objektive, ernste Verwechslungsgefahr vorliegen muss[367]. Dagegen spricht, dass Abgrenzungsvereinbarungen einer vollen, kartellrechtlichen Kontrolle unterliegen und das Kartellverbot nicht zur Disposition der Parteien gestellt werden kann[368]. Über das Vorliegen einer Wettbewerbsbeschränkung kann nur anhand

362 EuGH v. 16.12.1982 – C 30/128 – Toltecs/Dorcet II, GRUR Int. 1983, S. 298; ausführlich dazu Müller, Abgrenzungsvereinbarungen im Markenrecht, 2011, S. 148ff.

363 Vgl. S. 20ff.

364 OLG Hamburg v. 30.04.2014 – 3 U 139/10 – Rn. 36, zitiert nach juris; LG Braunschweig v. 28.08.2013 – 9 O 2637/12 – Kräuterspirituosen, Rn. 120ff., zitiert nach juris.

365 Lange, Marken- und Kennzeichenrecht, 2. Aufl. 2012, S. 1338,01339, Rn. 5369.

366 Müller, Abgrenzungsvereinbarungen im Markenrecht, 2011, S. 151.

367 GRUR Int. 1983, S. 298.

368 Fammler in: Fezer (Hrsg.), Handbuch der Markenpraxis, 2. Aufl., 2012, II 1 A, Rn. 14; Rißmann, Die kartellrechtliche Beurteilung der Markenabgrenzung, 2008, S. 166.

objektiver Anhaltspunkte befunden werden. Die subjektive Sicht der Parteien ist lediglich bei der Frage zu berücksichtigen, ob eine Wettbewerbsbeschränkung in der jeweiligen Konstellation bezweckt oder bewirkt wird[369]. In Bezug auf den Umfang des Unterlassungsanspruchs wird den Parteien sowohl durch die Kommission als auch durch den BGH und die deutschen Instanzgerichte ein Beurteilungsspielraum eingeräumt[370].

Die oben dargestellten Beispiele aus der Rechtsprechung zeigen, dass der EuGH sich bei Abgrenzungsvereinbarungen betreffenden Sachverhalten entsprechend dem oben Gesagten an der wirtschaftlichen Handlungsfreiheit der an der Abrede beteiligten sowie dritter Unternehmen und dem Grundsatz des freien Warenverkehrs orientiert, um zu ermitteln, ob der im jeweiligen Fall fragliche Vertrag eine Wettbewerbsbeschränkung darstellt oder nicht. Die Kommission bedient sich derselben Parameter und berücksichtigt zusätzlich, ob durch die betreffende Abrede auch ein die Verbraucher schädigendes bzw. täuschendes Verhalten zu sehen ist oder nicht. Zum Teil finden auch markenrechtliche Besonderheiten Einfluss auf die Erwägungen. Der BGH scheint seine klare Linie bei der Prüfung des Kartellverbots in Bezug auf Abgrenzungsvereinbarungen noch nicht gefunden zu haben. Der Grund dafür kann in der historisch bedingten Beeinflussung seiner Praxis durch das angloamerikanische Antitrustrecht liegen[371]. Der Vorgehensweise der europäischen Institutionen ist bei der Frage, ob eine Wettbewerbsbeschränkung in einer Abgrenzungsvereinbarung zu sehen ist, vor diesem Hintergrund beizupflichten. Damit sind folgende Aspekte von zentraler Bedeutung: Ist die wirtschaftliche Handlungsfreiheit einer der Parteien oder dritter Unternehmen eingeschränkt? Entzieht sich eine der Parteien durch die Abrede dem Wettbewerbsprozess, dem Wettbewerbsdruck oder dem Wettbewerbsrisiko[372]? Ist der zwischenstaatliche Warenverkehr beeinträchtigt? Ist die Warenverteilung auf dem gemeinsamen Markt dadurch gehindert? Dabei sind

---

369 Rißmann, Die kartellrechtliche Beurteilung der Markenabgrenzung, 2008, S. 116; Müller, Abgrenzungsvereinbarungen im Markenrecht, 2011, S. 153.

370 GRUR Int. 1983, S. 298; Müller, Abgrenzungsvereinbarungen im Markenrecht, 2011, S. 153; BGH v. 07.12.2010 – KZR 71/08 – Jette Joop, Rn. 19, zitiert nach juris; OLG HH v. 30.04.2014 – 3 U 139/10, Rn. 36, zitiert nach juris; OLG Düsseldorf v. 15.10.2014 – VI-U (Kart) 42/13, U (Kart) 42/13, Rn. 41, zitiert nach juris.

371 Vgl. S. 52.

372 Krauß in: Langen/Bunte, Kartellrecht, Bd. 1, 12. Aufl., 2014, § 1, Rn. 121.

nicht nur unmittelbare, sondern auch mittelbare Auswirkungen auf die Wettbewerbsfreiheit zu berücksichtigen[373].

III. Bezwecken oder bewirken

Gemäß Art. 101 Abs. 1 AEUV und § 1 GWB sind solche Vereinbarungen verboten, die eine Wettbewerbsbeschränkung bezwecken oder bewirken. Nach dem EuGH handelt es sich dabei um Alternativen. Zweck und Wirkung müssen nicht kumulativ gegeben sein[374]. Bei der Prüfung ist demnach zuerst der Zweck der Vereinbarung zu untersuchen. Dabei sind ihr Inhalt sowie der rechtliche Zusammenhang und die wirtschaftlichen Begleitumstände zu berücksichtigen[375]. Dabei ist es ausreichend, dass die Vereinbarung konkret geeignet ist, den Wettbewerb innerhalb des Binnenmarktes einzuschränken. Auf den subjektiven Willen der Parteien kommt es nicht an. Es ist ebenfalls unbeachtlich, dass mit der streitigen Vereinbarung eventuell auch legale Ziele verfolgt werden[376]. Der wettbewerbsbeschränkende Zweck ergibt sich aus der Art der Absprache oder aus ihrer Durchführung[377]. Ergibt die Prüfung, dass mit der streitigen Abrede tatsächlich eine Wettbewerbsbeschränkung bezweckt wurde, ist eine Prüfung ihrer tatsächlichen Auswirkungen nicht mehr erforderlich[378]. Kann der wettbewerbsbeschränkende Zweck jedoch nicht ermittelt werden, muss untersucht werden, wie sich die Vereinbarung auf die Markt- und Wettbewerbsverhältnisse innerhalb der EU auswirkt[379]. Hierbei sind die durch die beanstandete Vereinbarung verursachten Auswirkungen auf den jeweils relevanten Markt entscheidend. Dabei ist anhand

---

373 Horizontalleitlinien der Kommission v. 14.01.2011, ABlEU. C 11/1 Tz. 27,http://eurlex.europa.eu/LexUriServ/LexUriServ.do?uri=OJ:C:2011:011:0001:0072:DE:PDF, 13.02.2015, 12:22 Uhr.

374 EuGH v. 30.06.1966 – 56/65 – Société technique minière, GRUR Ausl. 1966, S. 588.

375 EuGH v. 30.06.1966 – 56/65 – Société technique minière, GRUR Ausl. 1966, S. 588.

376 EuGH v. 20.11.2008 – C-209/07 – BIDS – Rn. 21ff., zitiert nach juris

377 EuGH v. 04.06.2009 – C-8/08, Rn. 29, zitiert nach juris; Leitlinien zur Anwendung von Art. 81 Abs. 3 v. 27.04.2004, ABlEU C 101/97, Rn. 22,http://eurlex.europa.eu/legalcontent/DE/TXT/PDF/?uri=CELEX:52004XC0427%2807%29&from=DE, 20.02.2015, 11:08 Uhr.

378 EuGH v. 30.06.1966 – 56/65 – Société technique minière, GRUR Ausl. 1966, S. 588; EuGH v. 20.11.2008 – C-209/07 – BIDS – Rn. 15., zitiert nach juris.

379 EuGH v. 30.06.1966 – 56/65 – Société technique minière, GRUR Ausl. 1966, S. 588; EuGH v. 20.11.2008 – C-209/07 – BIDS – Rn. 15., zitiert nach juris; Leitlinien zur Anwendung von Art. 81 Abs. 3 v. 27.04.2004, ABlEU C 101/97, Rn. 20, http://eurlex.europa.eu/legalcontent/DE/TXT/PDF/?uri=CELEX:52004XC0427%2807%29&from=DE, 20.02.2015, 11:12 Uhr.

von Parameter wie beispielsweise Marktstellung der beteiligten Unternehmen, Wettbewerbersituation, sowie Auswirkungen auf Abnehmer zu untersuchen, wie die Marktsituation sich ohne die kritische Abrede gestalten würde[380].

IV. Spürbarkeit

Bei der Spürbarkeit handelt es sich um ein von der europäischen Rechtsprechung und Kommission entwickeltes ungeschriebenes Tatbestandsmerkmal des Art. 101 Abs. 1 AEUV. Dieses ist als eine De-minimis-Regel zu sehen, die verhindert, dass keine Bagatell-Kartelle von den Maßnahmen und Sanktionen des Kartellrechts erfasst werden[381]. Der EuGH und das EuG entscheiden über das Vorliegen der Spürbarkeit anhand einer Gesamtbetrachtung aller Umstände des Einzelfalles. Dabei nehmen sie die fragliche Wettbewerbsbeschränkung bzw. die tatsächliche Maßnahme nicht aus dem wirtschaftlichen Gesamtzusammenhang heraus und gehen folglich nach der sog. Bündeltheorie vor[382]. Entscheidend für die Bejahung oder Verneinung der Spürbarkeit ist nach der Rechtsprechung des Gerichtshofes, ob die betreffende Wettbewerbsbeschränkung sich qualitativ oder quantitativ auf das Binnenmarktprojekt auswirkt. Die Beurteilung erfolgt nach den vom EuGH entwickelten Kriterien. Unter diese Kriterien fallen u.a. die Struktur des Marktes, die Marktanteile und Bedeutung der beteiligten Unternehmen sowie der mit der Wettbewerbsbeschränkung verfolgte Zweck[383]. Aus der Rechtsprechung des BGH und anderer nationaler Gerichte ergeben sich dieselben Kriterien zur Beurteilung der Spürbarkeit einer Wettbewerbsbeschränkung. Auch hier geht es zentral um eine erhebliche Beeinflussung der Marktverhältnisse[384]. Der Bagatellbekanntmachung der Kommission kann man entnehmen, dass diese sich bei der Beurteilung der Spürbarkeit lediglich auf die quantitativen

---

380 Leitlinien zur Anwendung von Art. 81 Abs. 3 v. 27.04.2004, ABlEU C 101/97, Rn. 24ff., http://eurlex.europa.eu/legalcontent/DE/TXT/PDF/?uri=CELEX:52004XC0427%2807%29&from=DE, 20.02.2015, 11:14 Uhr.

381 Emmerich, Kartellrecht, 13. Aufl., 2014, S. 59, Rn. 42.

382 EuG v. 15.09.1998 – T-374/94 – European Night Services, Rn. 102ff., zitiert nach juris; EuGH v. 11.09.2008 – C-279/06 – CEPSA, EuZW 2008, S. 670, Rn. 43; EuGH v. 07.12.2000 – C-214/99 – Neste, Rn. 25, zitiert nach juris.

383 EuGH v. 01.02.1978 – Rs. 19/77 – Miller, Rn. 8ff., zitiert nach juris, EuGH v. 25.10.1983 – Rs. 107/82 – AEG, GRUR Int. 1984, S. 31.

384 BGH v. 14.10.1976 – KZR 36/75 – Fertigbeton I, Rn. 20ff., zitiert nach juris; BGH v. 09.03.1999 – KVR 20/97 – Lottospielgemeinschaft, Rn. 33, zitiert nach juris; OLG Düsseldorf v. 23.06.2004 – VI-U (Kart) 29/04 – Tschechisches Bier, Rn. 14ff., zitiert nach juris; Krauß in: Langen/Bunte, Kartellrecht, Bd. 1, 12. Aufl., 2014, § 1, Rn. 163ff.

Aspekte stützt[385]. Der EuGH hat die Bekanntmachung als Leitlinie für die mit der Materie befassten Gerichte und Behörden qualifiziert, ihr jedoch die Bindungswirkung abgesprochen[386]. Der neuesten Praxis des EuG lässt sich entnehmen, dass das Tatbestandsmerkmal der Spürbarkeit unbeachtlich ist, wenn die betreffende Wettbewerbsbeschränkung bezweckt war[387].

In Bezug auf Abgrenzungsvereinbarungen gehen die Kommission und der EuGH ebenfalls nach den dargestellten Kriterien vor. Zusätzlich berücksichtigen sie markenrechtliche Besonderheiten, beispielsweise ihre Funktionen. In der sog. „Penneys"-Entscheidung verneinte die Kommission die Spürbarkeit der zuvor festgestellten Wettbewerbsbeeinträchtigung. Zur Begründung führte sie aus, dass der zwischenstaatliche Wettbewerb dadurch nicht tangiert ist. Zuvor untersuchte die Kommission genau, auf welchen Märkten die Unternehmen unter welchen Namen auftreten bzw. wo sie sich für das jeweils verwendete Zeichen bereits einen „*goodwill*" erarbeitet haben und ob dessen Nutzung nun durch die Abgrenzungsvereinbarung verhindert wird. Im Ergebnis stellte die Kommission fest, dass die Parteien mir der Abrede vorrangig ihren Streit schlichten wollten und eine über diesen Zweck hinaus gehende gegenseitige Beschränkung nicht vorgenommen haben[388].

Bei der Beurteilung der Spürbarkeit in der sog. „Toltecs/Dorcet"-Entscheidung ging die Kommission ebenfalls darauf ein, für Ausfuhren in welche Staaten das betreffende Warenzeichen „Toltecs" benutzt wurde und wie die streitige Vereinbarung sich auf die Exporte der beteiligten Parteien auswirkt. Zudem machte die Kommission Ausführungen zur Beschaffenheit des Tabakmarktes und wie sich auf diesem die Beschränkungen gegenüber kleineren Anbietern auswirken[389]. Die Ansicht der Kommission wurde im Ergebnis auch durch den EuGH bestätigt, denn auch dieser sah in der streitigen Abrede eine spürbare Beeinträchtigung des innergemeinschaftlichen Handels[390].

---

385 De-minimis- Bekanntmachung der Kommission v. 22.12.2001, http://eurlex.europa.eu/LexUriServ/LexUriServ.do?uri=OJ:C:2001:368:0013:0015:DE:PDF, 18.02.2015, 12:29 Uhr.

386 EuGH v. 13.12.2012 – C-226/11 – Expedia, Rn. 28, 29, zitiert nach juris.

387 EuG v. 08.07.2004 – T-67/00 – Nahtlose Stahlrohre, Rn. 358ff., BeckEuRS2004, 388595; Hengst in: Langen/Bunte, Kartellrecht, Bd. 2, 12. Aufl., 2014, § 101, Rn. 237.

388 GRUR Int. 1978, S. 377, 378.

389 GRUR Int. 1983, S. 299.

390 EuGH v. 30.01.1985 – Rs. 35/83 – Toltecs/Dorcet, Rn. 37, zitiert nach juris.

V. Freistellung

Bei Vorliegen einer Vereinbarung, die von Art. 101 Abs. 1 AEUV erfasst ist, besteht die Möglichkeit einer Freistellung nach Art. 101 Abs. 3 AEUV, sofern die Voraussetzungen dieser Norm kumulativ vorliegen[391]. Diese teilen sich in zwei positive und zwei negative Voraussetzungen[392]. Die positiven bestehen dabei darin, dass die Vereinbarung unter der angemessenen Beteiligung der Verbraucher an dem entstehenden Gewinn zur Verbesserung der Warenerzeugung bzw. -verteilung beiträgt. Dagegen ist unter den negativen Voraussetzungen des Art. 101 Abs. 3 AEUV die Unerlässlichkeit der wettbewerbsbeschränkenden Vereinbarung sowie die Unmöglichkeit der Ausschaltung des Wettbewerbs für einen wesentlichen Teil der betreffenden Waren zu sehen. In den Leitlinien zur Anwendung von Art. 81 Abs. 3 sowie den Leitlinien über vertikale Beschränkungen und den Leitlinien über Vereinbarungen über horizontale Zusammenarbeit finden sich ausführliche Erläuterungen der Kommission zur Auslegung des Art. 101 Abs. 3 AEUV.

In der sog. „Sirdar/Phildar"- Entscheidung hat die Kommission geprüft, ob eine Freistellung gemäß Art. 85 Abs. 3 EWGV in Betracht kommt, dies im Ergebnis jedoch verneint. Zur Begründung führte sie aus, dass die streitige Vereinbarung nicht die Verbesserung der Warenverteilung bewirkt, sondern zu ihrer Behinderung beiträgt. Zudem schädige sie die Verbraucher, weil dadurch den französischen Abnehmern die Möglichkeit genommen werde, britische Strickwolle zu erwerben und die britischen Verbraucher wiederum keine französische Strickwolle erwerben können[393].

Auch in der Freistellungsentscheidung im sog. „Toltecs/Dorcet"-Fall hat die Kommission sich mit dem Vorliegen der Voraussetzungen des Art. 85 Abs. 3 EWGV beschäftigt. Auch in dieser Konstellation kam sie zum Entschluss, dass eine Verbesserung der Warenverteilung und -erzeugung nicht bejaht werden kann, weil die Einfuhr von Feinschnitttabak unter dem Warenzeichen „Toltecs" durch die streitige Vereinbarung ziemlich erschwert wird. Vorteile für die Verbraucher durch die Abrede seien ebenfalls nicht ersichtlich, denn diesen soll die Information vorenthalten werden, dass das Toltecs-Produkt zur Herstellung

---

391 Leitlinien zur Anwendung von Art. 81 Abs. 3 v. 27.04.2004, ABlEU C 101/97, Rn. 38, http://eurlex.europa.eu/legalcontent/DE/TXT/PDF/?uri=CELEX:52004XC0427%2807%29&from=DE, 20.02.2015, 11:16 Uhr; EuGH v. 25.03.1996 – C-137/95 P, Rn. 34, zitiert nach juris; EuG v. 23.10.2003 – T-65/98, Rn. 137, BeckEuRS 2003, 277455.

392 Dreher/Thomas, WuW 2004, S. 15.

393 GRUR Int. 1975, S. 321.

selbstgedrehter Zigaretten geeignet ist. Die Kommission merkte außerdem an, dass die Vereinbarung über die Grenzen des Unerlässlichen hinausginge. Insbesondere die Nichtangriffsklausel sei hier problematisch, weil sie das Unternehmen Segers dazu verpflichtet, von seinen Rechten selbst dann keinen Gebrauch zu machen, wenn eine Benutzung des Zeichens „Dorcet" länger als fünf Jahre nicht erfolgt[394]. In seiner Entscheidung vom 30. Januar 1985 bestätigte der EuGH die Sicht der Kommission indem er feststellte, dass die streitgegenständliche Abgrenzungsvereinbarung die Voraussetzungen des Art. 85 Abs. 3 EWGV *„ganz offensichtlich"* nicht erfüllt[395].

Wie aus den geschilderten älteren Entscheidungsbeispielen ersichtlich, hatte die Kommission das Freistellungsmonopol, weshalb ihr ein weiter Beurteilungsspielraum in Bezug auf die Freistellung zustand, der auch nur eingeschränkt gerichtlich überprüft werden konnte[396]. Seit dem Inkrafttreten der VO Nr. 1/2003 geschieht die Freistellung ex lege. Eine Freistellungsentscheidung der Kommission ist nicht mehr notwendig. Dies bedeutet jedoch nicht, dass den Unternehmen die selbständig einschätzen müssen, ob die Voraussetzungen des Art. 101 Abs. 3 AEUV vorliegen, nun ein ähnlicher, nur zum Teil von den Gerichten überprüfbarer Beurteilungsspielraum, zusteht. Diese haben die aus einer falschen Einschätzung ergebenden Risiken selbst zu tragen[397].

B. Beurteilungszeitpunkt

Nach der ausführlichen Darstellung des Verbot-und-Ausnahme-Systems des Art. 101 AEUV sowie der einzelnen Tatbestandsmerkmale der Norm stellt sich die Frage nach dem relevanten Beurteilungszeitpunkt. Sind Abgrenzungsvereinbarungen nach der marken- und kartellrechtlichen Lage zu beurteilen, wie sie zum Zeitpunkt ihres Abschlusses galt? Oder müssen Gesetzes- und Rechtsprechungsänderungen berücksichtigt werden und die streitige Abgrenzungsvereinbarung aus der ex-post Perspektive beurteilt werden? Kann in Bezug darauf aufgrund von sich nachträglich ereigneter Umstände ex nunc Unwirksamkeit eintreten?

394 GRUR Int. 1983, S. 299.

395 EuGH v. 30.01.1985 – Rs. 35/83 – Toltecs/Dorcet II, Rn. 40–42, zitiert nach juris.

396 Hengst in: Langen/Bunte, Kartellrecht, Bd. 2, 12. Aufl., 2014, Art. 101, Rn. 363ff.

397 Hengst in: Langen/Bunte, Kartellrecht, Bd. 2, 12. Aufl., 2014, Art. 101, Rn. 365, 366; Schweda, WuW 2004, S. 1138; a.A.: Bechtold, WuW 2003, S. 343; Dreher/Thomas, WuW 2004, S. 16.

I. Haltung der „Jette Joop"-Entscheidung

Mit dieser Frage explizit in Bezug auf Abgrenzungsvereinbarungen hat sich der Bundesgerichtshof in der bereits oben dargestellten sog. „Jette Joop"- Entscheidung befasst. Der BGH stellte darin fest, dass der relevante Zeitpunkt zur Beurteilung der Frage, ob eine Abgrenzungsvereinbarung wirksam geschlossen wurde, der Zeitpunkt des Vertragsschlusses ist. Sie ist demnach nach den zu dieser Zeit geltenden kartell- und markenrechtlichen Vorschriften zu messen[398]. Ob eine nachträgliche Unwirksamkeit ex nunc durch die Änderung kartellrechtlicher Vorschriften verursacht werden kann, ließ der Bundesgerichtshof offen, weil sich im konkreten Fall seit dem Abschluss der Abgrenzungsvereinbarung keine Verschärfung des Kartellrechts, insbesondere des Kartellverbots, ergeben hat. Eine nachträgliche Änderung der Markenrechtslage sowie der entsprechenden Rechtsprechung hielt der BGH für unbeachtlich. Begründet wurde diese Haltung mit dem Bedürfnis der beteiligten Parteien nach Rechtssicherheit sowie dem Schutz der in die Marke getätigten Investitionen[399]. In solchen Fällen kämen nur Möglichkeiten in Frage, die den Parteien aus den Grundsätzen der ergänzenden Vertragsauslegung, dem Wegfall der Geschäftsgrundlage und/oder der Kündigung aus wichtigem Grund zur Verfügung stehen[400].

Die Resonanz auf die Entscheidung war überwiegend positiv und wurde auch von den Instanzgerichten übernommen[401]. Die Tatsache, dass der BGH für eine Art Bestandsschutz bei Abgrenzungsvereinbarungen und damit mehr Rechtssicherheit gesorgt hat, wurde sehr begrüßt[402]. So geht die Beurteilung von *Douglas* in ebendiese Richtung. Er merkt lediglich an, dass bei grenzüberschreitenden Sachverhalten berücksichtigt werden muss, ob diese ähnlich liberal ausfällt. Zudem sei künftig bei der Gestaltung und Umsetzung der Vereinbarungen mehr auf die vertraglichen Beendigungsmöglichkeiten zu achten[403]. Auch *Kirchhoff*

---

398 BGH v. 07.12.2010 – KZR 71/08 – Jette Joop, Rn. 17, 22, 60, zitiert nach juris.

399 BGH v. 07.12.2010 – KZR 71/08 – Jette Joop, Rn. 56–60, zitiert nach juris.

400 BGH v. 07.12.2010 – KZR 71/08 – Jette Joop, Rn. 61, zitiert nach juris.

401 LG Braunschweig v. 28.08.2013 – 9 O 2637/12 – Kräuterspirituosen, Rn. 121, zitiert nach juris; OLG Hamburg v. 30.04.2014 – 3 U 139/10, Rn. 32, zitiert nach juris.

402 Douglas, Anm. z. BGH v. 07.12.2010 – KZR 71/08 – Jette Joop, GRUR-Prax 2011, S. 204; Streicher, WuW 2011, S. 960; Kirchhoff, in: FS Canenbley, 2012, S. 279ff; Bechtold, Anm. z. BGH v. 07.12.2010 – KZR 71/08 – Jette Joop GWR 2011, S. 219; Fammler/Niebel, Anm. z. BGH v. 07.12.2010 – KZR 71/08 – Jette Joop, GRUR 2011, S. 646, 647.

403 Douglas, Anm. z. BGH v. 07.12.2010 – KZR 71/08 – Jette Joop, GRUR-Prax 2011, S. 204.

schließt sich dieser Wertung an. Er führt aus, dass Henriette Joop durch die streitige Vereinbarung zwar in ihren Wettbewerbsmöglichkeiten beschränkt wurde, gleichzeitig aber auch rechtssicher die Benutzung ihrer Marke geregelt hat[404]. Eine Unwirksamkeit ex nunc infolge einer Rechtsprechungsänderung hält er für nicht sachgerecht und eine ständige Überprüfung einer einmal geschlossenen Vereinbarung durch die Parteien für unzumutbar. Dies sei mit ihrem Bedürfnis nach Rechtssicherheit nach dem Schutz der in die abgegrenzten Marken getätigter Investitionen nicht vereinbar[405]. Selbst bei einer nachträglichen Änderung eines Verbotsgesetzes, insbesondere des Kartellverbotes, spricht sich *Kirchhoff* für eine Weitergeltung und somit besondere Behandlung der Abgrenzungsvereinbarung aus[406]. *Streicher* vertritt dagegen eine etwas differenziertere Ansicht. Er begrüßt die Wertung der ursprünglichen Wirksamkeit einer Abgrenzungsvereinbarung aus der ex ante-Perspektive. Dadurch wird nämlich berücksichtigt, dass die Parteien zum Zeitpunkt des Abschlusses einer Vereinbarung eine Prognoseentscheidung treffen. Diese basiert auf Rechts- und Tatsachen, die ihnen zu diesem Zeitpunkt bekannt sind. Die weitere Entwicklung können sie dabei nicht absehen[407]. Der Ansicht des BGH in Bezug auf die nachträgliche Unwirksamkeit schließt sich der Autor jedoch nicht vollumfänglich an. Er ist zwar ebenfalls der Meinung, dass eine Änderung der Tatsachen oder der Rechtsprechung nicht mit der nachträglichen Einführung bzw. Verschärfung eines Verbotsgesetzes verglichen werden kann. Gleichzeitig findet er, der Bundesgerichtshof sei nicht ausführlich genug auf das Institut des Wegfalls der Geschäftsgrundlage und die damit verbundene Möglichkeit der Kündigung von Dauerschuldverhältnissen eingegangen. In der Verteidigungseinlassung der beklagten Partei hätte der entscheidende Senat nach *Streicher* die konkludente Erklärung einer Kündigung aufgrund der eingetretenen Rechtsprechungsänderungen zum Recht des Gleichnamigen sehen müssen[408].

II. Rechtslage bei Dauerschuldverhältnissen nach nationalem Recht

Fraglich ist an dieser Stelle, ob die Vorgehensweise des Bundesgerichtshofes sowie der Stimmen aus der Literatur der Gesetzeslage, die für Dauerschuldverhältnisse gilt, entspricht. Grundsätzlich ist ihre anfängliche Wirksamkeit nach der

---

404 Kirchhoff, in: FS Canenbley, 2012, S. 279.
405 Kirchhoff, in: FS Canenbley, 2012, S. 279, 280.
406 Kirchhoff, in: FS Canenbley, 2012, S. 281.
407 Streicher, WuW 2011, S. 959.
408 Streicher, WuW 2011, S. 959.

Rechtslage zu beurteilen, die zum Zeitpunkt des jeweiligen Abschlusses galt[409]. Aufgrund der meistens schwierigen Rückabwicklung eines Dauerschuldverhältnisses in der Praxis tritt auch die anfängliche Unwirksamkeit mit Wirkung ex nunc ein[410].

Die nachträgliche Unwirksamkeit kann aufgrund eines nachträglichen Verbotsgesetzes, einer Rechtsprechungs- oder eine Tatsachenänderung eintreten. Die Rechtsfolge von §134 BGB tritt dabei grundsätzlich nur dann ein, wenn das Verbotsgesetz bereits bei der Begründung des Dauerschuldverhältnisses bestand. Aus Sinn und Zweck der Norm kann sich ausnahmsweise ergeben, dass auch vor der Geltung der Verbotsnorm begründete Dauerschuldverhältnisse von deren Rechtsfolge mit Wirkung ex nunc erfasst werden sollen[411]. In Bezug auf das Kartellverbot des Art. 101 Abs. 1 AEUV ist ein Rückgriff auf § 134 BGB nicht nötig, weil die europarechtliche Vorschrift in Art. 101 Abs. 2 AEUV die Nichtigkeit einer verbotenen Vereinbarung als Rechtsfolge anordnet[412]. Bei § 1 GWB muss dagegen auf § 134 BGB zurückgegriffen werden, da eine Anordnung der Unwirksamkeit verbotener Abreden nicht stattfindet[413].

Rechtsprechungsänderungen können dagegen eine Rückwirkung auf bereits bestehende Schuldverhältnisse entfalten[414]. Dies ist jedoch insbesondere dann zu verneinen, wenn die beteiligten Parteien auf die Weitergeltung der Rechtsprechung vertrauen durften und es sich hierbei nicht um eine schon bereits in der Vergangenheit streitige Angelegenheit handelt[415]. Zudem besteht bei Änderungen der Rechtsprechung oder der dem Vertragsverhältnis zugrunde liegenden Tatsachen die Möglichkeit der, soweit vertraglich vereinbart, ordentlichen oder der außerordentlichen Kündigung gemäß § 314 BGB von auf unbestimmte Zeit geschlossenen Dauerschuldverhältnissen. Für die außerordentliche Kündigung ist insbesondere erforderlich, dass die Fortsetzung des Vertragsverhältnisses den Parteien bis zum Ablauf einer Kündigungsfrist nicht zugemutet werden kann

---

409 BGH v. 11.12.2001 – KZR 13/00, NJW-RR 2002, S. 1406; Grüneberg in: Palandt, 47. Aufl., 2015, Einl. v. § 241, Rn. 14.

410 Toussaint in: jurisPK-BGB, Band 2, 7. Aufl. 2014, § 241, Rn. 34.

411 Ellenberger in: Palandt, 47. Aufl., 2015, § 134, Rn.12a.

412 Armbrüster in MünchKomm-BGB, Band 1, 6. Aufl. 2012, § 134, Rn.37.

413 Armbrüster in MünchKomm-BGB, Band 1, 6. Aufl., 2012, § 134, Rn.64; Canaris, DB 2002, S. 930.

414 BGH v. 29.02.1996 – IX ZR 153/95, Rn. 24ff., zitiert nach juris; Grüneberg in: Palandt, 47. Aufl., 2015, Einl. v. § 241, Rn. 15.

415 Grüneberg in: Palandt, 47. Aufl., 2015, Einl. v. § 241, Rn.15; BGH v. 09.03.2010 – VI ZR 52/09, S. 1875.

(§ 314 Abs. 1 BGB). Die Änderung der gesetzlichen Lage oder der Rechtsprechung ist als ein wichtiger Grund anerkannt[416]. Für einige Arten von Dauerschuldverhältnissen gibt das Gesetz Regelbeispiele für einen wichtigen Grund an. So geschieht es zum Beispiel in den §§ 543 Abs. 2, 569 BGB für den Mietvertrag oder in § 723 BGB für den Gesellschaftsvertrag. Auch in Fällen einer Kündigung tritt die Unwirksamkeit des Vertrages ex nunc ein[417]. Zusätzlich dazu steht den Parteien beim Eintritt nachträglicher Änderungen der Tatsachen- und Rechtsgrundlage der Weg der Vertragsanpassung oder der Kündigung nach den Grundsätzen des Wegfalls der Geschäftsgrundlage gemäß § 313 BGB offen[418]. Das Verhältnis zwischen § 313 und §314 BGB ist umstritten. Die h.M. geht jedoch davon aus, dass die Vertragsanpassung nach § 313 Abs. 1 BGB die vorzugswürdige Lösung ist. Bei deren Unmöglichkeit oder Unzumutbarkeit ist § 314 BGB lex specialis für die Kündigung[419].

III. Ergebnis

Die dargestellten Grundsätze hat der Bundesgerichtshof in der sog. „Jette Joop“-Entscheidung auch konsequent umgesetzt. Er beurteilte die Wirksamkeit der Abgrenzungsvereinbarung nach dem zu ihrem Abschluss geltenden Recht[420]. Danach richtete sich der Blick der Richter auf die Frage, ob eine nachträgliche Unwirksamkeit eingetreten ist. Eine kartellrechtliche Gesetzesänderung als ihre Ursache kam hier nicht in Betracht, weil sie nicht erfolgt ist. Deshalb ließ es der BGH offen, wie sich eine solche auf die Beurteilung der Abgrenzungsvereinbarung auswirken würde[421]. Vor dem Hintergrund der sog. „Verbundnetz II“-Entscheidung erscheint dies jedoch etwas verwunderlich. Darin hat der BGH in Bezug auf einen Erdgasliefervertrag festgestellt, dass Dauerschuldverhältnisse aufgrund eines neuen Verbotsgesetzes nachträglich unwirksam werden können, wenn dieses es nach seinem Sinn und Zweck erfordert. Das Kartellverbot sei ohne Zweifel ein unter diese Beschreibung zu subsumierendes Verbotsgesetz[422].

---

416 Armbrüster/Wiese, DStR 2003, S. 341; BGH v. 26.09.1996 – I ZR 265/95, NJW 1997, S. 1703; Gottschalk GRUR 2004, 829; BGH v. 08.05.2014 – I ZR 210/12, ZIP 2014, 1383ff.

417 Weth in: jurisPK-BGB, Band 2, 7. Aufl. 2014, § 314, Rn. 47.

418 BGH v. 02.05.1972 – VI ZR 47/71, NJW 1972, S. 1579, 1580; BGH v. 21.04.1983 – I ZR 201/80, NJW 1983, S. 2144.

419 Finkenauer in: MünchKomm-BGB, Band 2, 6. Aufl. 2012, § 313, Rn.168.

420 BGH v. 07.12.2010 – KZR 71/08 – Jette Joop, Rn. 17, zitiert nach juris.

421 BGH v. 07.12.2010 – KZR 71/08 – Jette Joop, Rn. 57, zitiert nach juris.

422 BGH v. 18.02.2003 – KVR 24/01 – Verbundnetz II, WRP 2003, S. 1133.

Danach müsste dies für alle Arten von Dauerschuldverhältnissen gelten und somit auch für Abgrenzungsvereinbarungen.

Danach stellte der BGH fest, dass auch eine nachträgliche, nicht bei Vertragsschluss absehbare Rechtsprechungsänderung nicht die nachträgliche Unwirksamkeit der Abgrenzungsvereinbarung bewirkt[423]. Auch dies entspricht der in der BRD geltenden Rechtslage. Allerdings ist der Einwand von *Streicher* berechtigt. Der BGH hätte die Frage aufwerfen müssen, ob in dem Verteidigungsvorbringen der Beklagten eine Kündigung der Vereinbarung hätte gesehen werden müssen[424]. Je nachdem, wie die Antwort darauf ausgefallen wäre, hätten die Richter sich mit der Möglichkeit der Beendigung der Abgrenzungsvereinbarung durch außerordentliche Kündigung oder nach den Grundsätzen des Wegfalls der Geschäftsgrundlage beschäftigen müssen. Diese Problematik, die Beendigungsmöglichkeiten von Abgrenzungsvereinbarungen allgemein sowie die damit verbundenen Einzelheiten werden in Kapitel 3 B dieser Arbeit ausführlich behandelt.

In Bezug auf den Betrachtungszeitpunkt und vor allem das Ausmaß der Berücksichtigung nachträglicher Gesetzes-, Rechtsprechungs- und Tatsachenänderungen stellt sich die Frage, ob sich auch der EuGH der Haltung des BGH anschließen würde[425]. Aufgrund der vollständigen Harmonisierung muss die Beurteilung des deutschen Kartellrechts auch den europäischen Vorgaben genügen[426]. Daran bestehen erhebliche Zweifel. Den zentralen Punkt bei der Beurteilung der Wirksamkeit von Abgrenzungsvereinbarungen bildet für die europäische Rechtsprechung die Erhaltung und Weiterentwicklung des Binnenmarktprojekts sowie der freien Warenzirkulation auf dem gemeinsamen Markt und somit die Verhinderung von Verhaltensweisen, die zu Marktabschottung und Handelsschranken führen[427]. Die Tatsache, dass durch eine Änderung der Rechtsprechung eine Vereinbarung nachträglich anders beurteilt werden und u. U. eine Wettbewerbsbeschränkung, die bei Abschluss der Vereinbarung noch nicht vorlag, nun bejaht, aber unangetastet belassen werden muss, wird der EuGH wohl nicht unbedingt begrüßen. Vielmehr lässt sich aus seiner bisherigen Rechtsprechung entnehmen, dass die Ausräumung von Handelsschranken und die

423 BGH v. 07.12.2010 – KZR 71/08 – Jette Joop, Rn. 60, zitiert nach juris

424 Streicher, WuW 2011, S. 959.

425 Fammler/Niebel, Anm. z. BGH v. 07.12.2010 – KZR 71/08 – Jette Joop, GRUR 2011, S. 646.

426 Vgl. S. 30, 31.

427 GRUR Int. 1975, S. 321; EuGH v. 30.01.1985 – 35/82, Rn. 37, 38 – Toltecs/Dorcet II, zitiert nach juris.

Erhaltung des Binnenmarkts eine seiner obersten Prioritäten darstellt[428]. Auf die Problematik der Handelsschranken und der Marktabschottung ist der BGH in seiner Entscheidung dagegen nicht eingegangen, sondern hat immer wieder das Kriterium der Rechtssicherheit für die Begründung seiner Haltung bemüht[429]. Wie wäre ein Sachverhalt zu beurteilen, in welchem eine Abrede vorliegen würde, die anfänglich aufgrund der Verneinung der Spürbarkeit nicht unter Art. 101 Abs. 1 AEUV fallen würde, den Verbotstatbestand jedoch nachträglich erfüllen würde, weil die darin enthaltene Wettbewerbsbeschränkung beispielsweise aufgrund von Zugewinn an Marktmacht und Veränderung anderer entscheidender Faktoren nun doch spürbar wäre[430]? Es liegt die Annahme nahe, dass der BGH auch hier der Rechtssicherheit den Vorzug einräumen und die Veränderung unbeachtet lassen würde. Ob der EuGH jedoch eine These stützen würde, die das Bedürfnis der Parteien nach Rechtssicherheit und dem Schutz ihrer Investitionen über die Verwirklichung und Erhaltung des gemeinsamen Marktes stellt und dazu führt, dass dadurch aktuell vorliegende Wettbewerbsbeschränkungen geduldet werden, bleibt allerdings fraglich.

C. Möglichkeit der geltungserhaltenden Reduktion

Eine weitere Frage, die sich in Bezug auf die kartellrechtliche Beurteilung stellt und zu der der Bundesgerichtshof in der sog. „Jette Joop“-Entscheidung Stellung genommen hat, ist die nach der Möglichkeit einer geltungserhaltenden Reduktion bei überschießenden Klauseln. Darunter fallen solche, die Pflichten festlegen, die zeitlich, räumlich oder gegenständlich über das kartellrechtlich zulässige Maß gehen.

I. Haltung der „Jette Joop“-Entscheidung

In der streitigen Vereinbarung aus dem „Jette Joop“-Fall war die an Henriette Joop auferlegte Unterlassungspflicht weder territorial noch sachlich oder zeitlich begrenzt. Der BGH war der Ansicht, dass sich daraus mithilfe der ergänzenden Vertragsauslegung die Pflicht ableiten lässt, die Marke „JETTE JOOP“ jedenfalls in der Bundesrepublik Deutschland nicht für Bekleidung zu benutzen[431]. Die

---

428 Vgl. S. 52ff.

429 Fammler/Niebel, Anm. z. BGH v. 07.12.2010 – KZR 71/08 – Jette Joop, GRUR 2011, S. 646.

430 Fammler/Niebel, Anm. z. BGH v. 07.12.2010 – KZR 71/08 – Jette Joop, GRUR 2011, S. 646.

431 BGH v. 07.12.2010 – KZR 71/08 – Jette Joop, Rn. 45, 50, zitiert nach juris.

Richter führten aus, dass eine Erhaltungsklausel in der Abgrenzungsvereinbarung zwar nicht zu finden sei. In solchen Fällen sei aber die Anwendung der Grundsätze der ergänzenden Vertragsauslegung sowie des § 139 BGB möglich[432]. Ein solches Vorgehen stehe zwar nicht im Einklang mit dem Verbot der geltungserhaltenden Reduktion in Bezug auf Wettbewerbsverbote, weil eine rechtsgestaltende Einwirkung des Gerichts auf den Vertragsinhalt nicht gestattet ist. Eine solche Gefahr sei in der vorliegenden Konstellation jedoch nicht gegeben[433]. Als Argument für eine grundsätzliche Zulässigkeit der geltungserhaltenden Reduktion bei Abgrenzungsvereinbarungen führte der BGH die Tatsache an, dass der Vertragstypus generell als positiv im Sinne des Kartellrechts bewertet werden muss, weil dadurch nicht der Zugang zum Markt an sich, sondern die Möglichkeit, unter einer bestimmten Bezeichnung zu werben beschränkt wird. Daraufhin erfolgte die Aufzählung der Vorteile von Abgrenzungsvereinbarungen sowie der Verweis darauf, dass der Aufbau einer Marke aufgrund der in diese getätigten Investitionen Rechtssicherheit erfordert[434].

Im Schrifttum wurde die Entscheidung auch in Bezug auf die Anwendung der geltungserhaltenden Reduktion begrüßt. *Bechtold* merkte an, dass sie den Anwendungsbereich des Rechtsinstituts ausweitet. Er sprach sich gleichzeitig dafür aus, die darin entwickelten Grundsätze auf alle Vergleichsvereinbarungen anzuwenden. Fraglich blieb für ihn lediglich, ob denn auch für alle Vergleichsvereinbarungen die Voraussetzung der grundsätzlich positiven Beurteilung bestehen muss[435]. *Kirchhoff* begrüßt ebenfalls die Haltung des BGH in Bezug auf die Möglichkeit der geltungserhaltenden Reduktion der in einer Abgrenzungsvereinbarung enthaltenen Pflichten. Seine Ausführungen stützt er dabei auf dieselben Argumente wie die für den „Jette Joop"-Fall zuständigen Richter[436]. *Streicher* erwähnte dagegen kritisch, dass eine grundsätzliche Zulässigkeit der geltungserhaltenden Reduktion der Annahme widerspricht, dass eine Abgrenzungsvereinbarung der Ausräumung zeichenrechtlicher Konflikte dient und darin folglich nur das geregelt werden soll, worüber objektiv markenrechtliche Zweifel bestehen[437]. Die Möglichkeit der geltungserhaltenden Reduktion verleitet die Parteien

432 BGH v. 07.12.2010 – KZR 71/08 – Jette Joop, Rn. 51, zitiert nach juris.

433 BGH v. 07.12.2010 – KZR 71/08 – Jette Joop, Rn. 53, zitiert nach juris.

434 BGH v. 07.12.2010 – KZR 71/08 – Jette Joop, Rn. 55, zitiert nach juris; in diesem Sinne auch OLG Hamburg v. 30.04.2014 – 3 U 139/10, Rn. 46, zitiert nach juris.

435 Bechtold, Anm. z. BGH v. 07.12.2010 – KZR 71/08 – Jette Joop GWR 2011, S. 219.

436 Kirchhoff, in: FS Canenbley, 2012, S. 283.

437 Streicher, WuW 2011, S. 958; BGH v. 22.05.1975 – KZR 9/74 – Thermalquelle, Rn. 18, 20, 28, zitiert nach juris.

dazu, Pflichten zu vereinbaren, die über die Grenzen des Zweifelhaften gehen, aber auf das Maß des Zulässigen zurückgeführt werden können, sofern ein entsprechender Parteiwille irgendwie ermittelt werden kann[438].

II. Rechtslage in Bezug auf geltungserhaltende Reduktion nach nationalem Recht

Unter der geltungserhaltenden Reduktion versteht man die Rückführung einer vertraglichen Regelung auf das rechtlich, hier das kartellrechtlich, zulässige, aber in dieser Form nicht vereinbarte Maß[439]. Diese wird durchgeführt, indem im Lichte der Verbotsnorm ähnlich der Vorgehensweise nach § 139 BGB der Parteiwille durch ergänzende Vertragsauslegung ermittelt wird[440]. Die Vereinbarkeit der geltungserhaltenden Reduktion überschießender Regelungen mit Art. 101 Abs. 1 AEUV und dem effet utile wird überwiegend bejaht[441], obwohl es auch verneinende Stimmen in der Literatur und Rechtsprechung gibt[442]. Die Zulässigkeit der geltungserhaltenden Reduktion wird einerseits damit begründet, dass ihr Verbot sich nicht aus dem Wortlaut des Art. 101 Abs. 2 AEUV herleiten lässt. Zudem lässt sich der Rechtsprechung des EuGH entnehmen, dass die Rechtsfolge des Art. 101 Abs. 2 AEUV sich nur auf die vom Kartellverbot erfassten Teile der streitigen Vereinbarung erstreckt. Über das Schicksal der verbleibenden Regelungen des Vertrages muss dagegen nach dem einschlägigen nationalen Recht befunden werden. Die Nichtigkeit der gesamten Vereinbarung ist nur dann zu bejahen, wenn sie nicht teilbar ist[443]. Nach deutschem Recht ist die Vorschrift des § 139 BGB in solchen Konstellationen einschlägig[444].

---

438 Streicher, WuW 2011, S. 958.

439 Schmidt in: Immenga/Mestmäcker, EU-Wettbewerbsrecht, 5. Aufl., 2012, Art. 101 AEUV, Rn. 29; Streicher, WuW 2011, S. 957.

440 Schmidt in: Immenga/Mestmäcker, EU-Wettbewerbsrecht, 5. Aufl., 2012, Art. 101 AEUV, Rn. 29.

441 Säcker/Jaecks in: MünchKomm-EuWettbR, Band 1, 2. Aufl., 2015, Art. 101, Rn. 649ff; Nassall, BB 1988, S. 1266ff.; Lammel, AcP 189 (1989), S. 274, 275, 286; Traub, WRP 1994, S. 718; BGH v. 29.10.1990 - II ZR 241/89, NJW 1991, S. 700.

442 OLG Frankfurt v. 11. 12. 2007 - 11 U 44/07 (Kart), Rn. 38, zitiert nach juris; Jaeger in: Loewenheim/Meessen/Riesenkampff, Kartellrecht, 2. Aufl., 2009, Art. 81 Abs. 2 EG, Rn. 29; Eilmansberger in Streinz, EUV/AEUV, 2. Aufl.„ 2012, Art. 101, Rn. 118; Hengst in: Langen/Bunte, Kartellrecht, Bd. 2, 12. Aufl., 2014, Art. 101 AEUV, Rn. 468.

443 EuGH v. 30.06.1966 – Rs. 56/65 – Société technique minière, GRUR Ausl. 1966, S. 588, 589; EuGH v. 18.12.1986 – Rs. 10/86, Rn. 15, zitiert nach juris.

444 BGH v. 24.06.1980 – KZR 22/79 – Fertigbeton II, Rn. 29ff., zitiert nach juris; Canaris 2002, S. 935.

Einer Übertragung des im Bereich der Allgemeinen Geschäftsbedingungen geltenden Verbots der geltungserhaltenden Reduktion auf solche Fälle wird entgegengetreten[445]. In Bezug auf Allgemeine Geschäftsbedingungen wird das Verbot damit begründet, dass der Rechtsverkehr von nichtigen Klauseln geschützt werden muss und der Klauselverwender auch keinen Anreiz haben darf, risikofrei unwirksame Klauseln in seine AGB aufzunehmen[446]. *Schmidt* ist hier jedoch der Ansicht, das Verbot der geltungserhaltenden Reduktion dient der Durchsetzung der in §§ 305 ff. BGB enthaltenen Regelungen und sollte auch ausschließlich auf diese beschränkt werden[447].

III. Salvatorische Klauseln

In Verbindung mit dem Problem der Zulässigkeit der geltungserhaltenden Reduktion kartellrechtswidriger Klauseln drängt sich zudem die Frage auf, wie der übrige Vertragsinhalt zu behandeln ist, wenn die überschießende Klausel nicht auf das Maß des Legalen reduziert wird und die Parteien in ihrer Abgrenzungsvereinbarung eine salvatorische Klausel vereinbart haben.

Salvatorische Klauseln bestehen in der Regel aus einer Erhaltungs- oder Restgültigkeitsklausel und einer Ersetzungsklausel[448]. Die Erhaltungsklausel besagt üblicherweise, dass der übrige Vertrag im Falle der Unwirksamkeit oder der Undurchführbarkeit einer Klausel seine Gültigkeit behalten soll[449]. In der Ersetzungsklausel wird dagegen geregelt, dass die nichtige Klausel durch eine zulässige ersetzt werden soll, die dem durch die Parteien wirtschaftlich Gewollten am ehesten entspricht[450]. Wie bereits erwähnt, richtet sich das Schicksal der von der Nichtigkeit nach Art. 101 Abs. 2 AUEV nicht erfassten Regelungen nach dem nationalen Recht und somit nach § 139 BGB[451].

Die Vorschrift des § 139 BGB stellt jedoch kein zwingendes Recht dar und wird durch die salvatorische Klausel abbedungen und die darin enthaltene

445 Schmidt in: Immenga/Mestmäcker, EU-Wettbewerbsrecht, 5. Aufl., 2012, Art. 101 AEUV, Rn. 29; Hengst in: Langen/Bunte, Kartellrecht, Bd. 2, 12. Aufl., 2014, Art. 101 AEUV, Rn. 469.

446 Canaris, DB 2002, S. 931

447 Schmidt in: Immenga/Mestmäcker, EU-Wettbewerbsrecht, 5. Aufl., 2012, Art. 101 AEUV, Rn. 29.

448 Bunte, GRUR 2004, S. 301–304.

449 Nassall in: jurisPK-BGB, Band 1, 7. Aufl. 2014, § 139, Rn. 42.

450 Nassall in: jurisPK-BGB, Band 1, 7. Aufl. 2014, § 139, Rn. 42.

451 Vgl. S. 80.

Vermutung modifiziert[452]. Früher hat der BGH angenommen, dass § 139 BGB bei kartellrechtswidrigen Absprachen überhaupt keine Anwendung findet[453]. Nach heutiger Sicht nimmt man an, dass die Vermutung, dass die Nichtigkeit bzw. Unwirksamkeit eines Teiles der Vereinbarung ihre Gesamtnichtigkeit mit sich bringt, umgekehrt wird. Die salvatorische Klausel bewirkt also die Umkehr der Darlegungs- und Beweislast des § 139 BGB[454]. Dadurch ist jedoch nicht ausgeschlossen, dass die Nichtigkeit im Einzelfall, beispielsweise wegen der besonderen Tragweite der Klausel oder wenn der Hauptzweck des Vertrages gegen das Kartellverbot verstößt, trotzdem den gesamten Vertrag erfasst[455]. Beispielsweise hat das OLG Düsseldorf in einer Entscheidung die salvatorische Klausel in einem Gasliefervertrag als unbeachtlich erachtet, weil dadurch der im konkreten Fall vorliegende Ausschluss der Freistellung unterlaufen und eine solche der Sache nach erreicht worden wäre[456]. In Bezug auf Wettbewerbsverbote lehnt der BGH die geltungserhaltende Reduktion im Hinblick auf seine gegenständlichen Grenzen trotz vorliegender Ersetzungsklausel ab, weil ein rechtsgestaltendes Eingreifen des Gerichts den Gestaltungsspielraum der Parteien überschreiten würde. Insbesondere ist diese Überschreitung in Fällen gegeben, in denen mehrere Möglichkeiten der rechtskonformen Problemlösung vorhanden sind. Dies ist bei der Gestaltung von Verträgen in der Regel der Fall[457].

IV. Ergebnis

Grundsätzlich entspricht die sog. „Jette Joop"-Entscheidung also auch in Bezug auf die geltungserhaltende Reduktion der nationalen Rechtslage, zumindest der in Bezug darauf herrschenden Meinung.

Allerdings ist anzumerken, dass der Einwand von *Streicher* berechtigt ist[458]. Eine grundsätzlich bestehende Möglichkeit der geltungserhaltenden Reduktion

---

452 Nassall in: jurisPK-BGB, Band 1, 7. Aufl. 2014, § 139, Rn. 43, 44.

453 BGH v. 08.02.1994 – KZR 2/93 – Pronupita II, Rn. 40, zitiert nach juris.

454 BGH v. 24.09.2002 – KZR 10/01 – Tennishallenpacht, GRUR 2004, S. 353; Bunte, GRUR 2004, S. 302.

455 OLG Düsseldorf v. 07.11.2001 – U (Kart) 31/00, Rn. 79, zitiert nach juris, DB 2002, S. 944; Bunte, GRUR 2004, S. 301.

456 OLG Düsseldorf v. 07.11.2001 – U (Kart) 31/00, Rn. 79, zitiert nach juris, DB 2002, S. 944.

457 BGH v. 05.06.1989 – II ZR 227/88, Rn. 21, zitiert nach juris; BGH v. 14.07.1997 – II ZR 238/96, Rn. 9, zitiert nach juris; BGH v. 18.07.2005 – II ZR 159/03, Rn. 14, zitiert nach juris; BGH v. 10.12.2008 – KZR 54/08, Rn. 25, zitiert nach juris.

458 Streicher, WuW 2011, S. 959.

verleitet die Parteien dazu, überschießende Regelungen in Abgrenzungsvereinbarungen zu treffen. In der Hoffnung auf eine richterliche Korrektur der betreffenden Klausel werden sie zur Auslotung der Grenzen des Kartellverbotes ermuntert[459]. Dies führt nämlich dazu, dass einem der Beteiligten größere Beschränkungen seiner wirtschaftlichen Handlungsfreiheit auferlegt werden, als die Lösung des zeichenrechtlichen Konflikts es erfordert, wodurch ungerechtfertigte Wettbewerbsbeschränkungen entstehen. Diese bestehen bei „ungestörter" Umsetzung der Abgrenzungsvereinbarung, deren Abschluss und vor allem Inhalt nur bei einer seltenen gerichtlichen Auseinandersetzung überprüft und ggf. angezweifelt werden, jahrelang fort. Dadurch verhindern sie in einem bestimmten Maße durch das ungerechtfertigte Unterbleiben gewisser wirtschaftlicher Handlungen die Weiterentwicklung und evtl. auch das Beleben des Wettbewerbs und fördern das Ent- und Fortbestehen von Handelsschranken.

Vor dem Inkrafttreten der VO 1/2003 mussten entsprechende Vereinbarungen bei der Kommission zwecks einer möglichen Freistellung angemeldet werden. Dadurch fand eine Überprüfung der darin enthaltenen Pflichten statt. Es ist naheliegend anzunehmen, dass die Parteien sich in der Regel bemüht haben, eine Regelung zu treffen, die zum gewünschten Ziel führt, aber auch nicht die Grenzen des Notwendigen sprengt. Die Frage nach der Möglichkeit der geltungserhaltenden Reduktion wäre höchstens in Fällen nachträglich erfolgter Gesetzes- oder Rechtsprechungsänderungen aufgekommen. In diesen Konstellationen wäre die Reduzierung der durch die Änderung getroffenen Regelungen auf das zulässige Maß auch nachvollziehbar gewesen[460]. Nach heutiger Rechtslage fehlt jedoch eine solche Kontrollinstanz, so dass beispielsweise schlecht beratenen, weil wirtschaftlich schwächeren Parteien für einen meist nicht bestimmten Zeitraum Pflichten auferlegt werden, die über das rechtlich zulässige Maß hinausgehen, weil die stärkere Partei nicht mit der Unwirksamkeit der kompletten Vereinbarung aufgrund der unwirksamen Klausel rechnen muss. Dadurch entstehen Beschränkungen bestimmter Marktteilnehmer in ihrer wirtschaftlichen Handlungsfreiheit, also Wettbewerbsbeschränkungen und Handlungsschranken, die natürlich nicht gerade förderlich für das Binnenmarktprojekt sind. Diese Kriterien und vor allem ihre Verhinderung bzw. ihre Erhaltung sind im Rahmen des europäischen Kartellrechts, wie es auch durch den EuGH immer wieder betont wird, besonders wichtig[461].

---

459 Eilmansberger in: Streinz, EUV/AEUV, 2. Aufl.„ 2012, Art. 101 AEUV, Rn. 118.
460 Canaris, DB 2002, S. 931ff.
461 Vgl. S. 66ff.

Vor diesem Hintergrund ist es fraglich, ob der EuGH den Standpunkt des BGH in Bezug auf eine grundsätzliche Zulässigkeit der geltungserhaltenden Reduktion unterstützen würde. Der Präventions- und Sanktionscharakter der in Art. 101 Abs. 2 AEUV kodifizierten Rechtsfolge wird dadurch nämlich deutlich aufgeweicht[462]. Ob der Europäische Gerichtshof dieses Ergebnis begrüßenswert findet, ist insbesondere bei Berücksichtigung der Tatsache, dass es nicht gestattet ist, eine überschießende Regelung in so großem Umfang zu reduzieren, dass sie den Voraussetzungen der GVO genügt, mehr als fraglich. Bezweckt wird damit, dass nur solche Parteien in den Genuss einer Gruppenfreistellung kommen sollen, die sich genau an die gesetzlichen Vorgaben halten[463]. Genau dieser Zweck wird durch die grundsätzliche Zulässigkeit der geltungserhaltenden Reduktion jedoch unberücksichtigt belassen[464].

Leider beschäftigt sich der BGH in der sog. „Jette Joop"-Entscheidung nicht mit diesen Aspekten, sondern hebt lediglich die positiven Aspekte der Abgrenzungsvereinbarungen hervor, ohne nach ihrem Inhalt zu differenzieren. Der Vertragstypus ist zwar nicht verboten, muss jedoch, wie auch Franchise-, Lizenz-, Vertriebsvereinbarungen und vergleichbare Verträge am Kartellverbot gemessen werden. Erst dann ist im Einzelfall zu entscheiden, ob die betreffende Vereinbarung kartellrechtlich positiv ist oder nicht. Der Bundesgerichtshof führt zudem etwas widersprüchlich aus, dass Abgrenzungsvereinbarungen nicht den Marktzugang an sich, sondern nur die Möglichkeit, mit einer bestimmten Marke zu werben, begrenzen[465]. Im vorliegenden Fall ging es aber nicht nur um irgendeine bestimmte Marke, sondern die Möglichkeit, unter dem eigenen Namen, der als Marke fungiert, auf dem Markt aufzutreten bzw. die Produktpalette zu erweitern. Dies wird der Beklagten weltweit auf unbestimmte Zeit verwehrt. Bei Ausweitung ihres Sortiments ist sie zum Aufbau einer anderen Marke gezwungen, was den Einsatz weiterer Investitionen erfordert. Die Tatsache, dass die markenrechtliche Rechtsprechungsänderung unberücksichtigt bleibt und auch noch geltungserhaltende Reduktion zur Anwendung kommen soll, erschweren ihr in großem Maße, sich von dieser spätestens nach der Änderung der Rechtsprechung für sie absolut nachteiligen Vereinbarung zu lösen.

Dabei ist es durchaus denkbar, auf solche Konstellationen den Präventionsgedanken aus dem Recht der AGB zu übertragen und somit der Präventions- und Sanktionswirkung des Kartellverbotes gerecht zu werden. In Bezug auf

462 Eilmansberger in Streinz, EUV/AEUV, 2. Aufl.„ 2012, Art. 101 AEUV, Rn. 118.
463 Eilmansberger in Streinz, EUV/AEUV, 2. Aufl.„ 2012, Art. 101 AEUV, Rn. 119.
464 Eilmansberger in Streinz, EUV/AEUV, 2. Aufl.„ 2012, Art. 101 AEUV, Rn. 119.
465 BGH v. 07.12.2010 – KZR 71/08 – Jette Joop, Rn. 55, zitiert nach juris.

Allgemeine Geschäftsbedingungen wird das Verbot der geltungserhaltenden Reduktion damit begründet, dass der Verwender nicht dazu verleitet werden soll, risikofrei unwirksame Klauseln in seine AGB aufzunehmen. Zudem besteht ein Interesse daran, den Verkehr von unwirksamen Klauseln freizuhalten[466]. Gerade vor dem Hintergrund, dass das Kartellrecht die Freiheit des Wettbewerbs gewährleisten soll und die gewerblichen Schutzrechte diese ja per se schon beschränken[467], sollte in Bezug auf damit in Verbindung stehende vertragliche Regelungen größte Vorsicht herrschen. Schon gar nicht sollten die Parteien durch zu freizügige Handhabe des Instituts der geltungserhaltenden Reduktion dazu animiert werden, Vereinbarungen zu treffen, die über das Maß desjenigen hinausgehen, was die Lösung des zeichenrechtlichen Konflikts erfordert.

Ein starres Verbot der geltungserhaltenden Reduktion kann jedoch ebenfalls zu unsachgemäßen Ergebnissen führen. Aus diesem Grund wird an dieser Stelle eine vermittelnde Lösung vertreten. Geht es beispielsweise lediglich um die Dauer eines an sich gerechtfertigten und kartellrechtlich einwandfreien Wettbewerbsverbots, so spricht nichts dagegen diese zeitlich auf ein zulässiges Maß einzuschränken[468]. Auch bei nachträglichen Änderungen kann eine geltungserhaltende Reduktion in Betracht gezogen werden, um rechtskonforme und dem Interesse der Parteien gerechte Zustände herzustellen[469]. Um jedoch die Parteien nicht dazu zu animieren, überschießende Regelungen zu vereinbaren, sollte die Entscheidung über die Zulässigkeit der geltungserhaltenden Reduktion das Ergebnis einer Einzelfallbetrachtung sein, die allen Details und Umständen des Einzelfalles Rechnung trägt. Diese Vorgehensweise kann auch nicht durch die Vereinbarung salvatorischer Klauseln torpediert werden. Diese bringen zwar zum Ausdruck, dass der restliche Vertrag bei der Nichtigkeit oder Unwirksamkeit einer Klausel weiter bestehen soll. Zudem bewirken sie, dass die Darlegungs- und Beweislast für die Umstände, die die Gesamtnichtigkeit der Vereinbarung begründen, bei der Partei liegt, die sich darauf beruft. In besonderen Fällen muss jedoch aufgrund einer Einzelfallentscheidung der Parteiwille der Erhaltung eines freien Wettbewerbs weichen und die komplette Vereinbarung als unwirksam betrachtet werden[470].

---

466 Canaris , DB 2002, S. 931; Nassall in: jurisPK-BGB, Band 2, 7. Aufl. 2014, § 306, Rn. 28.

467 Vgl. S. 20.

468 Vgl. BGH v. 19.10.1993 – KZR 3/92, NJW 1994, S. 396.

469 Canaris, DB 2002, S. 935.

470 Vgl. S. 82.

Kapitel 4: Lauterkeitsrecht

Bei dem Abschluss von Abgrenzungsvereinbarungen sind neben den kartellrechtlichen Regelungen zusätzlich die Vorgaben des Lauterkeitsrechts zu beachten. Relevant werden die Vorschriften des UWG, wenn es die Parteien mit dem Abschluss der Abgrenzungsvereinbarung nicht schaffen, die Verwechslungsgefahr zwischen den Marken im ausreichenden Maße zu beseitigen, so dass die unlautere Irreführung des Verkehrs über die Herkunft und die Eigenschaft der betroffenen Produkte in Betracht gezogen werden muss[471]. Die Benutzung der Marken in der durch die Abgrenzungsvereinbarung festgelegten Art und Weise könnte Ansprüche wegen Irreführung über die betriebliche Herkunft und aus dem lauterkeitsrechtlichen Schutz vor Verwechslungen gemäß der §§ 5 Abs. 1 Nr. 1, Abs. 2 UWG der in § 8 Abs. 3 UWG aufgeführten Berechtigten auslösen[472].

A. Verhältnis Lauterkeitsrecht – Markenrecht

Zunächst ist jedoch zu klären, wie das Verhältnis zwischen dem Markenrecht und dem Lauterkeitsrecht ausgestaltet ist und ob der Rückgriff auf die Vorschriften des UWG bei markenrechtlichen Sachverhalten überhaupt gestattet ist. Dabei werden die Ausführungen auf Abgrenzungsvereinbarungen beschränkt, soweit dies möglich ist.

I. Vorrangthese

Neben der Einheitslehre des Warenzeichenrechts, wonach die beiden Rechtsgebiete sich gegenseitig ergänzen und somit eine Einheit darstellen[473], und der Theorie über die kumulative Normenkonkurrenz, wonach die Ansprüche aus den entsprechenden Gesetzen nebeneinander anzuwenden sind[474], gingen die

471 Müller, Abgrenzungsvereinbarungen im Markenrecht, 2011, S. 91.

472 Müller, Abgrenzungsvereinbarungen im Markenrecht, 2011, S. 91.

473 BGH v. 23.06.1967 – Ib ZR 54/66 – Maggi, GRUR 1968, S. 373; Henning-Bodewig/Kur, Marke und Verbraucher, Band I, 1988, S. 202; Ulmer, Warenzeichen und unlauterer Wettbewerb, 1929, S. 12, 13, 66ff; Beier/Kur in: FS Fikentscher, 1998, S. 493; Fezer, Markenrecht, 4. Aufl., 2009, § 14, Rn. 247; Müller, Abgrenzungsvereinbarungen im Markenrecht, 2011, S. 93.

474 Neubauer, Markenrechtliche Abgrenzungsvereinbarungen aus rechtsvergleichender Sicht, 1983, S. 119ff; OLG Bremen v. 28.02.2002 – 2 U 88/01 – lila Verpackung, WRP 2002, S. 463; Deutsch, WRP 2000, S. 857; Fezer, WRP 2000, S. 865, 869; Fezer,

Rechtsprechung[475] und die Literatur[476] lange überwiegend vom Vorrang des Markenrechts[477] aus. Danach waren die markenrechtlichen Ansprüche solchen des UWG vorzuziehen. Zunächst ging der BGH davon aus, dass die Anwendung von Anspruchsgrundlagen aus dem UWG neben dem Markengesetz entsprechend § 2 MarkenG gestattet ist[478]. Nachfolgend stellte er jedoch die Vorrangthese in Bezug auf die Frage nach der Anwendung lauterkeitsrechtlicher Regelungen neben § 14 Abs. 3 Nr. 3 MarkenG bei bekannten Marken auf[479]. In der sog. „shell.de"-Entscheidung, in der es um das Verhältnis zwischen markenrechtlichen Ansprüchen und solchen aus § 12 BGB ging, weitete der BGH seinen Standpunkt aus[480]. Als Argument für diese Vorgehensweise wurde angeführt, dass die zeichenrechtlichen Grundsätze nicht durch die Anwendung wettbewerbsrechtlicher Normen ausgehöhlt oder umgangen werden sollten[481]. Dasselbe würde außerdem mit dem Schutzzweck des § 30 Abs. 3, Abs. 4 MarkenG geschehen[482]. Zudem sollte die effektive Durchsetzung des durch die Markenrechtsrichtlinie bereits harmonisierten Markenrechts gewährleistet werden[483]. Das Markenrecht wurde als umfassendes, in sich abgeschlossenes Regelwerk verstanden, das grundsätzlich keinen Raum für die Anwendung von §§ 1, 3 UWG sowie auch

---

Markenrecht, 4. Aufl., 2009, § 2, Rn. 3ff; Strepp, Irreführung und Verwechslungsgefahr, 2000, S. 231, 232; Klingelhöfer, Der Unterlassungsanspruch des Markeninhabers und seiner Vertragspartner im deutschen Markenrecht, 2006, S. 370, 371.

475 BGH v. 30.04.1998 – I ZR 268/95 – MAC Dog, Rn. 14, zitiert nach juris; BGH v. 29.04.1999 – I ZR 152/96 – SZENE, GRUR 2000, S. 73; BGH v. 14.01.1999 – I ZR 149/96 – BIG PACK, GRUR 1999, S. 995; BGH v. 26.04.2001 – I ZR 212798 – Bit/Bud, GRUR 2002, S. 171; BGH v. 22.11.2001 – I ZR 138/99 – shell.de, GRUR 2002, S. 623; BGH v. 05.12.2002 – I ZR 91/00 – Abschlussstück, GRUR 2003, S. 335; BGH v. 30.10.2003 – I ZR 236/97 – Davidoff II, WRP 2004, S. 364; BGH v. 15.07.2004 – I ZR 37/01- Aluminiumräder, WRP 2005, 221.

476 Ingerl, WRP 2004, 810; Bornkamm, GRUR 2005, 98; Bornkamm in FS v. Mühlendahl, 2005, S. 16; Teplitzky, Wettbewerbsrechtliche Ansprüche und Verfahren, 2010, S. 27, Rn. 10a; Piper, GRUR 1996, S. 435, Sack, GRUR 1995, S. 93; Sack, WRP 2004, 1413, 1414; Ingerl/Rohnke, MarkenG, 3. Aufl. 2010, § 2, Rn. 1.

477 Ausführlich zu Entstehung und Entwicklung der Vorrangthese Bärenfänger, WRP 2011, S. 17ff.

478 BGH v. 18.12.1997 – I ZR 163/95 – Wunderbaum, GRUR 1998, S. 937.

479 BGH v. 30.04.1998 – I ZR 268/95 – MAC Dog, Rn. 14, zitiert nach juris.

480 BGH v. 22.11.2001 – I ZR 138/99 – shell.de, GRUR 2002, S. 622ff.

481 Helm, GRUR 2001, S. 291; Ingerl, WRP 2004, S. 810.

482 Klingelhöfer, Der Unterlassungsanspruch des Markeninhabers und seiner Vertragspartner im deutschen Markenrecht, 2006, 372.

483 Ingerl, WRP 2004, S. 810, Bornkamm, GRUR 2005, S. 100.

§ 823 BGB lässt[484]. Die Regelungen der § 2 MarkenG, Art. 14 Abs. 2 GMV, Art. 5 Abs. 5 MarkenRL, wonach die Anwendung anderer Vorschriften, die dem Schutze von Marken, geschäftlicher Bezeichnungen und geografischer Herkunftsangaben dienen, nicht ausgeschlossen ist, standen nach Ansicht der Vertreter der Vorrangthese dem Vorrang des Markenrechts ebenfalls nicht entgegen. Sie wurden als Hinweis auf die Anwendbarkeit von Vorschriften, die Umstände betreffen, die außerhalb des Anwendungsbereichs des Markengesetzes liegen, verstanden[485]. Lauterkeitsrechtliche Ansprüche sollten keine Anwendung auf das Zeichenrecht betreffende Konstellationen finden. Es wurde angenommen, das Markenrecht verleiht dem Inhaber einer Marke einen individuellen Schutz. Die Verwechslungsgefahr beziehe sich wiederum insbesondere auf die Herkunftstäuschung, die für eine Irreführung nach dem Lauterkeitsrecht nicht ausreiche[486]. Außerdem sei den Individualrechten des Markeninhabers gegenüber dem Interesse der Allgemeinheit am Schutz vor irreführenden Handlungen Vorzug zu gewähren. Nur derjenige, der das Ausschließlichkeitsrecht innehat, kann entscheiden, ob eine Markenrechtsverletzung verfolgt oder eine Abgrenzungsvereinbarung geschlossen wird[487]. Somit war die Anwendung lauterkeitsrechtlicher Ansprüche nur zulässig, wenn diese sich gegen ein Verhalten richteten, das keiner markenrechtlichen Regelung unterfiel[488]. Insbesondere der ergänzende wettbewerbsrechtliche Leistungsschutz gemäß § 4 Nr. 9 UWG wäre demnach nur dann zulässig, wenn zusätzliche Elemente der Unlauterkeit hinzutreten, die nach dem Markengesetz nicht relevant sind[489]. Als weitere Merkmale der Unlauterkeit können die gezielte Behinderung gemäß § 4 Nr. 10 UWG oder pauschale Herabsetzung gemäß § 4 Nr. 7 UWG genannt werden[490]. Die parallele Anwendung des Irreführungstatbestandes neben dem wettbewerbsrechtlichen Leistungsschutz schied aber in der Regel aus[491].

---

484 BGH v. 30.04.1998 – I ZR 268/95 – MAC Dog, Rn. 14, zitiert nach juris.

485 Ingerl, WRP 2004, S. 810; a.A.: Fezer, Markenrecht, 4. Aufl. 2009, §2, Rn. 16.

486 Müller, Abgrenzungsvereinbarungen im Markenrecht, 2011, S. 97.

487 Müller, Abgrenzungsvereinbarungen im Markenrecht, 2011, S. 97; Bornkamm in: Köhler/Bornkamm, UWG, 33. Aufl., 2015, § 5, Rn. 4.210.

488 BGH v. 30.04.1998 – I ZR 268/95 – MAC Dog, Rn. 14, zitiert nach juris; BGH v. 26.04.2001 – I ZR 212798 – Bit/Bud, GRUR 2002, S. 171; BGH v. 05.12.2002 – I ZR 91/00 – Abschlussstück, GRUR 2003, S. 335; BGH v. 30.10.2003 – I ZR 236/97 – Davidoff II, WRP 2004, S. 364; Sack, WRP 2004, S. 1413, 1414.

489 Ingerl, WRP 2004, S. 811.

490 Bornkamm, GRUR 2005, S. 100.

491 Bornkamm, GRUR 2011, S. 1.

II. Kritik

Spätestens nach dem Erlass und Inkrafttreten der UGP-Richtlinie[492] wurde in der Literatur heftig und fast einheitlich Kritik an der Vorrangthese geübt[493]. Die Richtlinie soll den Schutz der Verbraucher fördern, indem sie die Vorschriften zu unlauteren Geschäftspraktiken innerhalb der Europäischen Union vereinheitlicht[494]. Vorrangig soll die Richtlinie unmittelbar die Interessen der Verbraucher im B2C-Verhältnis, mittelbar aber auch die Interessen der Mitbewerber, also den B2B-Bereich, schützen[495]. Nach Art. 6 Abs. 2 lit. a der UGP-Richtlinie gilt eine Geschäftspraxis als irreführend, wenn sie im konkreten Fall einen Durchschnittsverbraucher zu einer geschäftlichen Entscheidung veranlasst, indem sie eine Verwechslungsgefahr mit einem anderen Produkt oder einem Warenzeichen, Warennamen oder anderen Kennzeichen eines Mitbewerbers begründet. Dass in dieser Vorschrift kein Vorrang des Markenrechts vorgesehen ist, hat auch der Gesetzgeber der BRD erkannt. Er wies im Regierungsentwurf des Ersten Gesetzes zur Änderung des Gesetzes gegen den unlauteren Wettbewerb nämlich darauf hin, dass die in Bezug auf diesen Punkt praktizierte Rechtsprechung einer Konkretisierung bedarf[496].

Das Argument der Umgehung des harmonisierten Markenrechts war nach der Umsetzung europäischer Vorgaben im Lauterkeitsrecht also nicht mehr haltbar. Wobei dieses auch bereits vor dem Inkrafttreten der UGP-Richtlinie nicht besonders stichhaltig war, denn Art. 14 Abs. 2 GMV sah bereits die Anwendbarkeit des innerstaatlichen Lauterkeitsrechts neben den Vorschriften der Gemeinschaftsmarkenverordnung, also dem europäisierten Markenrecht, vor[497]. Zudem erfasste die Vorrangthese auch geografische Herkunftsangaben, Ursprungsbezeichnungen, Benutzungsmarken und Unternehmenskennzeichen und somit einen Teil des Kennzeichenrechts, der nicht von der Harmonisierung erfasst war[498].

Auch die Besorgnis, der Schutzzweck des § 30 Abs. 3, Abs. 4 MarkenG würde bei paralleler Anwendung von UWG und MarkenG leerlaufen und die Beschränkung der Klagebefugnis somit wieder entfallen, ist im Ergebnis unbegründet. Wie man am Verhältnis von BGB-Vorschriften zu solchen des HGB im

492 Richtlinie 2005/29 EG über unlautere Geschäftspraktiken vom 11.05.2005.
493 Fezer, Markenrecht, 4. Aufl., 2009, § 2, Rn. 36.
494 Erwägungsgrund 5, 11, 12, 13 der UGP-Richtlinie; Steinbeck, WRP 2006, S. 632.
495 Erwägungsgrund 6, 8, UGP-Richtlinie; BT-Drs. 16/10145 S. 10, 11, 21.
496 Hoeren, BB 2008, S. 1182, 1185; BT-Drs. 16/10145, S. 17.
497 Müller, Abgrenzungsvereinbarungen im Markenrecht, 2011, S. 99.
498 Fezer, Markenrecht, 4. Aufl., 2009, § 2, Rn. 53.

Falle von Sonderregeln für Kaufleute gut veranschaulichen kann, ist es üblich, bei der Prüfung von Ansprüchen aus einem Regelwerk Vorschriften eines anderen, die beispielsweise die Klagebefugnis bestimmen, heranzuziehen[499]. Zudem ist es rechtssystematisch sehr zweifelhaft aus einer die Klagebefugnis des Lizenznehmers regelnden Vorschrift den materiellrechtlichen Anwendungsbereich des UWG in Bezug auf das MarkenG zu bestimmen[500].

Für eine vollständige Anspruchskonkurrenz sprechen zudem die Gesetzesmaterialien zum Markengesetz. Darin wird zum Ausdruck gebracht, dass die durch „*das neue Markengesetz geschützten Kennzeichen*" auch „*den allgemeinen Vorschriften*" unterliegen, weil „*der Kennzeichenschutz kein „absolutes" Benutzungsrecht*" erzeuge[501]. Der Gesetzgeber äußert darin unmissverständlich, dass lauterkeitsrechtliche Vorschriften neben dem MarkenG „*selbstverständlich*" anwendbar sind, wenn durch die Benutzung einer Marke die Irreführung der relevanten Verkehrskreise verursacht wird[502].

Die Selbstverständlichkeit der parallelen Anwendung des UWG und des MarkenG untermauert zudem der Wortlaut der Vorschrift des § 2 MarkenG[503]. Diese bringt zum Ausdruck, dass der Schutz von Marken, geografischen Herkunftsangaben und geschäftlichen Bezeichnungen nach dem Markengesetz die Anwendung anderer Vorschriften zum Schutz dieser Kennzeichen nicht ausschließt. Es ist zwar naheliegend, aus dem Wortlaut der Vorschrift zu schließen, dass hiermit klargestellt werden soll, dass andere Vorschriften Anwendung finden, sofern es um den Markenschutz geht. Das UWG dient jedoch nicht dem Kennzeichenschutz, sondern hat den Zweck, das Interesse der Allgemeinheit an einem unverfälschten Wettbewerb und somit die Mitbewerber, Verbraucher und sonstige Marktteilnehmer vor unlauteren geschäftlichen Handlungen zu schützen[504]. Aus diesem Grund wird die Anwendung durch die Formulierung des § 2 MarkenG ausgeschlossen[505]. Allerdings ist an dieser Stelle zu beachten, dass die Gesetzgebungsmaterialien die Anwendung des Lauterkeitsrechts eben doch zulassen. Deshalb regelt § 2 MarkenG, ob neben dem MarkenG andere, dem Kennzeichenschutz dienende, Vorschriften anwendbar sind. Dies wird darin bejaht.

499 Klingelhöfer, Der Unterlassungsanspruch des Markeninhabers und seiner Vertragspartner im deutschen Markenrecht, 2006, 372.

500 Fezer, WRP 2000, S. 866.

501 BR-Drs. 795/93, S. 105.

502 BR-Drs. 795/93, S. 105.

503 Deutsch, WRP 2000, S. 856.

504 Berlit, Wettbewerbsrecht, 9. Aufl., 2014, S. 8.

505 Müller, Abgrenzungsvereinbarungen im Markenrecht, 2011, S. 99.

Deshalb sind Vorschriften, die einer anderen Zielsetzung dienen, daneben erst recht anzuwenden. Hinzu kommt, dass die Tatsache, dass zwei unterschiedliche Regelwerke, denen verschiedene Schutzzwecke zu Grunde liegen und deren Rechtsfolgen sich nicht gegenseitig ausschließen[506], auf einen Lebenssachverhalt Anwendung finden *„eine bare Selbstverständlichkeit“* ist, die auch keine explizite Regelung erfordert, weil es sich dabei juristisch um *„eine schiere Banalität“* handelt[507]. Deswegen ist anzunehmen, dass der Gesetzgeber in § 2 MarkenG die Normenkonkurrenz im Markenschutz geregelt hat. Es befinden sich in der Gesetzesbegründung keinerlei Anhaltspunkte, die eine gegenteilige Annahme rechtfertigen könnten[508]. Aus dem 7. Erwägungsgrund der MarkenRL lässt sich entnehmen, dass insbesondere das Wettbewerbsrecht auf Marken anwendbar ist[509].

Desweiteren ist zu beachten, dass das MarkenG und das UWG trotz ihrer verschiedenen Schutzzwecke einem übergeordneten Ziel, nämlich dem Schutz der unternehmerischen Leistung dienen. Lässt man die ausschließliche Anwendung lediglich eines Sonderrechtsgesetzes zu, ist dieser nicht im vollen Umfange gewährleistet[510].

Fezer legte in Bezug auf die Problematik zudem dar, dass die Vorrangthese zunächst als Mittel zur Durchsetzung des harmonisierten Markengesetzes diente, welches nach seinem Inkrafttreten von den Instanzgerichten nicht angewandt wurde[511]. Stattdessen fand aber der Rückgriff auf die bekannten Regelungen des Lauterkeitsrechts statt, weil die Gerichte die Anspruchsgrundlage frei wählen durften[512]. Spätestens nach dem Ende der Übergangsfrist und Akzeptanz des neuen Regelwerks sei der Anlass für das Bemühen der Vorrangthese weggefallen[513].

Zuletzt bleibt anzumerken, dass auch die Haltung des EuGH so verstanden werden kann, dass Art. 5 MarkenRL keine abschließende Regelung darstellt.

---

506 Fezer, Markenrecht, 2. Aufl., 2009, § 2, Rn. 48.

507 Fezer, WRP 2000, S. 865.

508 Fezer, WRP 2000, S. 865.

509 http://eurlex.europa.eu/LexUriServ/LexUriServ.do?uri=OJ:L:2008:299:0025:0033:de:PDF, 13.05.2015, 15:11 Uhr.

510 Fezer, WRP 2000, S. 870.

511 Fezer, Markenrecht, 2. Aufl.,2009, § 2, Rn. 17.

512 Steinbeck in: FS Ullmann, 2006, S. 409.

513 Fezer, Markenrecht, 2. Aufl., 2009, § 2, Rn. 17.

Nationale Vorschriften sind neben der Richtlinie anwendbar, müssen jedoch in deren Lichte ausgelegt werden, so dass ihre Wirksamkeit gewährleistet ist[514].

III. Die sog. „Hard Rock Cafe"-Entscheidung

Vor dem Hintergrund der Kritik vor allem an der Vorrangthese ließ die Rechtsprechung der Instanzgerichte eine Berücksichtigung dieser Kritik erkennen[515]. Der Bundesgerichtshof deutete in der sog. „Ostsee-Post"-Entscheidung eine Rechtsprechungsänderung bereits an[516]. In der sog. „Hard Rock Cafe"-Entscheidung vom 15. August 2013 hat der EuGH in einer Streitigkeit zwischen der Betreiberin eines Restaurants namens „Hard Rock Cafe Heidelberg" und den Betreibern der zu der Hard-Rock-Gruppe gehörenden Hard-Rock-Cafés in Berlin, München und Köln neben markenrechtlichen Ansprüchen auch lauterkeitsrechtliche Ansprüche wegen Herkunftstäuschung gemäß § 5 Abs. 1 S. 2 Nr. 1 UWG bejaht[517]. Die Richter führten aus, dass der Vorrang des Markenrechts diesem Anspruch nicht entgegensteht. „*Dritte, die nicht Markeninhaber sind, können seit Umsetzung der Richtlinie 2005/29/EG lauterkeitsrechtliche Ansprüche wegen Herkunftstäuschung geltend machen. An der bisherigen Rechtsprechung, nach der die durch eine bestimmte Kennzeichnung hervorgerufene Irreführung über die betriebliche Herkunft allein nach den Grundsätzen des Markenrechts zu beurteilen war, kann aufgrund der ins deutsche Recht umgesetzten Bestimmungen des Art. 6 Abs. 2 Buchst. a der Richtlinie 2005/29/EG nicht mehr festgehalten werden. Der individualrechtliche Schutz aus dem Markenrecht und der lauterkeitsrechtliche Schutz nach dem Gesetz gegen den unlauteren Wettbewerb bestehen nunmehr nebeneinander*[518]".

B. Auswirkungen auf Abgrenzungsvereinbarungen

Zunächst ist an dieser Stelle zu erwähnen, dass die Anwendung lauterkeitsrechtlicher Vorschriften auf Abgrenzungsvereinbarungen hauptsächlich in Fällen denkbar ist, in denen es nicht gelingt, die Verwechslungsgefahr zwischen den Markenschutzbereichen durch die vertragliche Absprache zu beseitigen. Folglich

514 EuGH v. 23.02.1999 – Rs. C-63/97 – BMW, Rn. 21, 22, zitiert nach juris; ebenso Bärenfänger, WRP 2011, S. 20ff.

515 OLG Düsseldorf v. 05.09.2011 – I-20 U 98/10, Rn. 59, 61, zitiert nach juris.

516 BGH v. 02.04.2009 – I ZR 78/06 – Ostsee-Post, GRUR 2009, S. 678.

517 BGH v. 15.08.2013 – I ZR 188/11- Hard Rock Cafe, Rn. 52ff, zitiert nach juris.

518 BGH v. 15.08.2013 – I ZR 188/11- Hard Rock Cafe, Rn. 60, zitiert nach juris.

wird es sich praktisch eher um Ausnahmefälle handeln[519]. Sollte aber doch einer dieser Fälle eintreten, so sind §§ 3, 5 Abs. S. 2 Nr. 1, Abs. 2 UWG einschlägig und zudem die nachfolgend dargestellt Grundsätze zu beachten.

Aus der sog. „Hard Rock Cafe“-Entscheidung ergibt sich für Abgrenzungsvereinbarungen, dass bei ihrem Abschluss bzw. ihrer Prüfung nun definitiv nicht nur marken-, sondern auch lauterkeitsrechtliche Vorschriften über den Irreführungsschutz zu beachten sind.

Dies bedeutet aber auch, dass trotz der Einigkeit der Markeninhaber über die künftige Nutzung ihrer Marken in der abgegrenzten Form, in § 8 Abs. 3 UWG aufgeführte Berechtigte gegen diese Nutzung vorgehen und somit den Inhalt der Abgrenzungsvereinbarung angreifen können. Aus diesem Grund wird weiterhin versucht, die Anwendbarkeit des lauterkeitsrechtlichen Irreführungsschutzes auf Lizenzverträge, Abgrenzungsvereinbarungen und andere Fälle von Markenkoexistenzen, die von den Inhabern geduldet werden, auszuschließen und somit die Vorrangthese teilweise aufrecht zu erhalten[520]. Jedoch ist dies nicht gänzlich nachvollziehbar. Eine Koexistenz verwechslungsfähiger Marken verursacht zwar unter Umständen eine Irreführung und stellt gleichzeitig die Gefährdung der Verbraucherinteressen dar. Dies führt aber nicht zwingend dazu, dass dadurch der Abschluss von Abgrenzungsvereinbarungen, Lizenzverträgen u.ä. unmöglich wird. Durch das Hinzufügen von beispielsweise unterscheidungskräftigen Hinweisen kann die Gefahr der Verwechslung leicht beseitigt und eine Koexistenz zweier Zeichen ermöglicht werden. Eine Verhinderung der Abgrenzung oder Lizenzierung findet dadurch nicht statt[521]. Zudem lässt sich eine Einschränkung oder Ausnahme vom Grundsatz der kumulativen Normenkonkurrenz, der sich der UGP-Richtlinie entnehmen lässt, aus eben dieser nicht herauslesen[522].

I. §§ 3, 5 Abs. 1 Nr. 1, Abs. 2 UWG

Folglich darf die aufgrund einer Abgrenzungsvereinbarung erfolgende Markennutzung nicht irreführend sein, also keine geschäftliche Handlung darstellen, die zur Täuschung über die betriebliche Herkunft der Ware geeignet ist oder

519 Neubauer, Markenrechtliche Vereinbarungen aus rechtsvergleichender Sicht, 1983, S. 126; Müller, Abgrenzungsvereinbarungen im Markenrecht, 2011, S. 114, Knaak, GRUR 1981, S. 393.

520 Schmidt, GRUR-Prax 2011, S. 160.

521 Schmidt, GRUR-Prax 2011, S. 160, 161.

522 Lehmler in: Büscher/Dittmer/Schiwy, Gewerblicher Rechtsschutz, Urheberrecht, Medienrecht, 3. Aufl. 2015, § 5, Rn. 170; Vgl. Fn. 494. Bornkamm in: Köhler/Bornkamm, UWG, 33. Aufl., 2015, § 5, Rn. 4.212.

darüber täuscht (vgl. §§ 3, 5 Abs. 1 S. 2 Nr. 1 UWG, Art. 6 Abs. 1 lit. b UGP-Richtlinie). Ergänzend ist Irreführung auch dann anzunehmen, wenn die Produktvermarktung eine Verwechslungsgefahr mit der Marke eines Mitbewerbers begründet[523] (vgl. §§ 3, 5 Abs. 2 UWG, Art. 6 Abs. 2 lit. a UGP-Richtlinie). In Anhang zu § 3 Abs. 3 UWG findet sich ein im Falle der absichtlich herbeigeführten Herkunftstäuschung einschlägiges Per-se-Verbot, was die Umsetzung des Nr. 13 des Anhanges I der UGP-Richtlinie darstellt[524].

1. Grundlegende Fakten

Was unter einer geschäftlichen Handlung zu verstehen ist, ist in § 2 Abs. 1 Nr. 1 UWG legaldefiniert. Die Regelung des § 5 Abs. 1 S. 2 Nr. 1 UWG differenziert nicht, ob die geschäftliche Handlung gegenüber einem Verbraucher, Mitbewerber oder sonstigem Marktteilnehmer vorgenommen wird[525]. Die Vorschrift des § 5 Abs. 2 UWG bezieht sich auf gegenüber Verbrauchern und sonstigen Marktteilnehmern erfolgte geschäftliche Handlungen und lässt die Mitbewerber aus. Dagegen sind von Art. 6 Abs. 2 der UGP-Richtlinie lediglich solche geschäftliche Handlungen erfasst, die sich an Verbraucher richten[526]. Dieser Unterschied entstand, weil die UGP-Richtlinie die Vollharmonisierung des Lauterkeitsrechts zum Schutz der Verbraucher vor jeglicher Irreführung bezweckt. Die Richtlinie 2006/114/EG über irreführende und vergleichende Werbung bedingt dagegen die Mindestharmonisierung in Bezug auf den Schutz der Mitbewerber gegen irreführende Werbung. Bei der Umsetzung der Richtlinien hat der deutsche Gesetzgeber auf eine strikte Unterscheidung zwischen B2B-Bereich und B2C-Bereich verzichtet und beides in einem Gesetz, nämlich im UWG geregelt[527].

Als unwahre Angaben im Sinne des § 5 Abs. 1 UWG sind vordergründig solche zu qualifizieren, die nicht der Wirklichkeit entsprechen[528]. Aber auch in der Sache zutreffende Angaben können den Durchschnittsverbraucher täuschen

523 Lehmler in: Büscher/Dittmer/Schiwy, Gewerblicher Rechtsschutz, Urheberrecht, Medienrecht, 3. Aufl. 2015, § 5, Rn. 170; Bornkamm in: Köhler/Bornkamm, UWG, 33. Aufl. 2015, Rn. 4.215.

524 Bornkamm in: Köhler/Bornkamm, UWG, 33. Aufl. 2015, § 5, Rn. 4.212, 4.214.

525 Lehmler in: Büscher/Dittmer/Schiwy, Gewerblicher Rechtsschutz, Urheberrecht, Medienrecht, 3. Aufl. 2015, § 5, Rn. 23.

526 Lehmler in: Büscher/Dittmer/Schiwy, Gewerblicher Rechtsschutz, Urheberrecht, Medienrecht, 3. Aufl. 2015, § 5, Rn. 284.

527 BT-Drs. 16/10145, S. 23; Sonsitza, WRP 2008, S. 1028; Emmerich, Unlauterer Wettbewerb, 9. Aufl., 2012, S. 202,/203, Rn. 3, 5.

528 Emmerich, Unlauterer Wettbewerb, 9. Aufl. 2012, S. 207, Rn. 17.

oder dazu geeignet sein, wenn dieser die geschäftliche Handlung in einer Weise versteht, in der sie unwahr und aus diesem Grund täuschend ist[529]. Im Zusammenhang mit Abgrenzungsvereinbarungen wird vor allem die Täuschung über die betriebliche Herkunft gemäß § 5 Abs. 1 S. 2 Nr. 1 UWG oder der Verwechslungsschutz nach § 5 Abs. 2 UWG relevant. Unter Angaben über die betriebliche Herkunft der Ware sind dabei solche zu verstehen, die den Verkehr auf die Herkunft der Ware aus einem bestimmten Unternehmen hinweisen[530].

Bei der Beurteilung der Unrichtigkeit der Angaben kommt es also vor allem auf die Figur des Durchschnittsverbrauchers an. Nach einer ursprünglichen Diskussion hat sich das normative Verbraucherleitbild des EuGH durchgesetzt. Somit ist heute auf „die Wahrnehmung des normal informierten und angemessen aufmerksamen und verständigen Durchschnittsverbrauchers“ abzustellen. Dabei sind soziale, sprachliche und kulturelle Faktoren zu berücksichtigen[531]. Auch der BGH geht von einem „durchschnittlich informierten und verständigen Verbraucher aus, der der ihm gegenüber erfolgten geschäftlichen Handlung angemessene Aufmerksamkeit entgegenbringt[532]. Die Täuschung über die Herkunft des Produkts muss diesen Durchschnittsverbraucher zu einer wirtschaftlichen Entscheidung veranlassen, die er ohne sie nicht getroffen hätte. Diese Erwägung wird Relevanz der Irreführung bzw. Täuschung genannt. Sie ist in Art. 6 Abs. 1 UGP-Richtlinie enthalten, wurde in den Wortlaut des § 5 Abs. 1 UWG jedoch nicht übernommen, weshalb umstritten ist, wie das Einbeziehen des Relevanzerfordernisses ins deutsche Recht zu begründen ist[533].

Der Begriff der Verwechslungsgefahr im Sinne des § 5 Abs. 2 UWG ist zwar parallel zu demjenigen des Markenrechts auszulegen, obwohl er etwas davon abweicht[534]. Der Wortlaut der englischen sowie der französischen Fassung der UGP-Richtlinie spricht zwar nicht vom Herbeiführen der Gefahr einer

529 Emmerich, Unlauterer Wettbewerb, 9. Aufl. 2012, S. 207, Rn. 18.

530 Sosnitza in: Ohly/Sosnitza, UWG, 6. Aufl., 2014, § 5 G Rn. 415.

531 EuGH v. 19.09.2006 – C-356/04, GRUR 2007, S. 75ff; EuGH v. 12.05.2011 – C-122/10, GRUR 2011, S. 931; EuGH v. 13.01.2000 – C-220/98, NJW 2000, S. 1174.

532 BGH v. 17.05.2001 – I ZR 216/99, NJW 2001, S. 3262; BGH v. 02.10.2003 – I ZR 150/01, NJW 2004, S. 1163; BGH v. 19.04.2007 – I ZR 57/05, WRP 2007, S. 1339; Ullmann, GRUR 2003, S. 818; Lettl, GRUR 2004, S. 453.

533 Sack, WRP 2014, S. 1131; Streit findet seine Erledigung nach Inkrafttreten des Zweiten Gesetzes zur Änderung des Gesetzes gegen den unlauteren Wettbewerb (vgl. S. 114ff).

534 Bornkamm in: Köhler/Bornkamm, UWG, 33. Aufl. 2015, § 5, Rn. 4.238; Sack, WRP 2014, S. 1132; Bärenfänger, WRP 2011, S. 161.

Verwechslung, sondern von Herbeiführen einer Verwechslung („which creates confusion", „créant une confusion"[535]). Die Begrifflichkeiten sind jedoch einheitlich auszulegen[536]. Im Gegensatz zu der markenrechtlichen Verwechslungsgefahr kann die lauterkeitsrechtliche allerdings durch das Hinzufügen eines aufklärenden Zusatzes ausgeräumt werden[537]. Die Benutzung der Marke muss zudem für die Anwendbarkeit der lauterkeitsrechtlichen Vorschrift bereits stattfinden[538]. Auch im Rahmen des § 5 Abs. 2 UWG ist das Relevanzkriterium zu beachten. Dies ergibt sich aus Art. 6 Abs. 2 lit. a UGP-Richtlinie und einer entsprechenden Auslegung des § 3 Abs. 1 UWG[539].

Das Verhältnis zwischen § 5 Abs. 1 S. 2 Nr. 1 UWG und § 5 Abs. 2 UWG wurde vom Gesetzgeber nicht definiert und ist deshalb umstritten. § 5 Abs. 2 UWG wird zwar als besonderer Fall der Irreführung über die betriebliche Herkunft einer Ware nach § 5 Abs. 1 S. 2 Nr. 1 UWG und somit als lex specialis mit einem sehr kleinen Anwendungsbereich gesehen. Zudem sind von § 5 Abs. 2 UWG nur mit der Vermarktung von Produkten zusammenhängende Handlungen umfasst, während § 5 Abs. 1 S. 2 Nr. 1 UWG sich auf jede geschäftliche Handlung bezieht[540]. Wegen des kleinen Anwendungsbereiches des § 5 Abs. 2 UWG und seiner geringen praktischen Relevanz ist beispielsweise *Sack* der Ansicht, dass auf die Vorschrift des § 5 Abs. 2 UWG verzichtet werden kann[541].

2. Lehre von der qualifizierten betrieblichen Herkunftsangabe

Um den Anwendungsbereich des Irreführungstatbestandes des § 5 Abs. 1 S. 2 Nr. 1 UWG einzugrenzen, zog man in der Vergangenheit die Lehre von der qualifizierten betrieblichen Herkunftsangabe heran. Dies erfolgte, um zu

535 Bornkamm in: Köhler/Bornkamm, UWG, 33. Aufl. 2015, § 5, Rn. 4.238;http://eur lex.europa.eu/legalcontent/EN/TXT/PDF/?uri=CELEX:32005L0029&from=de, 15.05.2015, 14:28 Uhr; http://eur-lex.europa.eu/legal-content/FR/TXT/PDF/?uri=CELEX:32005L0029&from=de, 15.05.2015, 14:29 Uhr.

536 EuGH v. 03.04.2014 – C-515/12 – 4finance, WRP 2014, S. 818; Sack, WRP 2014, S. 1133.

537 Bornkamm in: Köhler/Bornkamm, UWG, 33. Aufl. 2015, § 5, Rn. 4.238; Sack, WRP 2014, S. 1133.

538 Lehmler in: Büscher/Dittmer/Schiwy, Gewerblicher Rechtsschutz, Urheberrecht, Medienrecht, 3. Aufl. 2015, § 5, Rn. 290.

539 Sack, WRP 2014, S. 1134.

540 Sosnitza in: Ohly/Sosnitza, UWG, 6. Aufl., 20145, § 5, Rn. 706; Alexander in: FS Köhler, 2014, S. 24.

541 Sack, WRP 2014, S. 1420.

entscheiden, ob auch der Irreführungstatbestand neben dem Markenrecht Anwendung findet[542]. Diese wurde unter der Geltung des alten Lauterkeitsrechts sowie der Vorrangthese entwickelt. Die Anwendbarkeit des Irreführungstatbestandes war danach dann gegeben, wenn die Marke der Vertragspartner oder auch beide über qualifizierte betriebliche Herkunftsangaben verfügten. Entstand die Möglichkeit der Irreführung über ebendiese Angaben, lag eine qualifizierte Herkunftstäuschung vor[543]. Ein Verstoß gegen das Lauterkeitsrecht war danach aber auch nachträglich denkbar, wenn die Verwechslungsgefahr zwischen den Marken durch die Abgrenzungsvereinbarung nicht vollständig beseitigt wurde und eines der Zeichen später qualifizierte Herkunftsangaben entwickelte oder die Verwechslungsgefahr später durch eine Ausdehnung des Schutzbereiches der Marke mit bestimmten Gütevorstellungen entstand[544]. Die Irreführung bei den relevanten Verkehrskreisen bestand darin, dass die Vorstellungen über die Qualität und Güte eines Produkts auf ein von einem anderen Unternehmen stammendes Produkt übertragen wurde[545]. Eine Irreführungsgefahr lag dann vor, wenn zu der qualifizierten Herkunftstäuschung eine Verwechslungsgefahr im weiteren Sinne zwischen den abgegrenzten Zeichen hinzukam[546]. Da das Lauterkeitsrecht das Allgemeininteresse vor Irreführung in Bezug auf Qualität und Güte eines Produkts schützt und das Markenrecht eben nicht, war in solchen Fällen die Anwendung des Lauterkeitsrechts angezeigt. Die Anwendung der §§ 3, 5 UWG auf Abgrenzungsvereinbarungen neben den kennzeichenrechtlichen Vorschriften erforderte eine flexible Beurteilung der jeweiligen Tatbestände, die durch die Abwägung der schützenswerten Interessen zu erreichen war[547].

Fraglich war diesbezüglich, ob der Irreführungsgefahr entgegengesetzt werden konnte, dass das mit dem verwechslungsfähigen Zeichen markierte Produkt qualitativ gleichwertig mit dem Produkt sei, welches über die qualifizierten betrieblichen Herkunftsangaben verfügt[548]. Dieser Einwand war jedoch von eher geringer praktischer Bedeutung. Es ist nämlich naheliegend, dass in einer Abgrenzungssituation sich nur eine Partei finden wird, die über eine Marke mit bestimmten qualitativen Gütevorstellungen verfügt. Parteien, die beide Inhaber

542 Bornkamm, GRUR 2011, S. 2; Müller, Abgrenzungsvereinbarungen im Markenrecht, 2011, S. 110.
543 Knaak, GRUR 1981, S. 391.
544 Knaak, GRUR 1981, S. 393.
545 Sack, WRP 2004, S. 1421.
546 Knaak, GRUR 1981, S. 392.
547 Knaak, GRUR 1981, S. 393.
548 Knaak, GRUR 1981, S. 393.

eines solchen Kennzeichens sind, werden entweder besonderen Wert darauf legen, sich so weit wie nur irgend möglich voneinander abzugrenzen oder ein schärferes Instrument im Falle einer Markenkollision suchen. Aus diesem Grund und weil die Lehre von der qualifizierten betrieblichen Herkunftsangabe heute nicht mehr vertreten wird, kann die Beantwortung der Frage offen bleiben[549].

3. *Kritik*

Allerdings wurde die Lehre von der qualifizierten betrieblichen Herkunftsangabe auch kritisch gesehen. Zum Einen führte man an, dass es für das Kriterium der besonderen Vorstellung in Bezug auf die Qualität und Güte eines Produkts keine objektiven Parameter gibt. Somit sei es nicht möglich, ohne Restzweifel festzustellen, ob es sich bei dem durch die betreffende Marke gekennzeichneten Produkt um eines handelt, dem eine qualifizierte betriebliche Herkunftsangabe zugeordnet werden kann, oder nicht[550]. Desweiteren wurde angemerkt, dass die lauterkeitsrechtliche Irreführung nicht nur bei Produkten mit einer qualifizierten betrieblichen Herkunftsangabe möglich ist, bei denen es sich meistens um solche des hochqualitativen Sektors handelt. Auch mit Kennzeichen, die nicht auf eine bestimmte Wareneigenschaft hinweisen, kann der Verkehr gewisse Vorstellungen verbinden. Auch in solchen Konstellationen sollte der Lauterkeitsschutz greifen[551].

Nach dem Inkrafttreten der UGP-Richtlinie wurden diese Zweifel größer und die Lehre von der qualifizierten betrieblichen Herkunftsangabe nur schwer haltbar. Durch die Richtlinie erfolgte die Klarstellung, dass markenrechtliche und lauterkeitsrechtliche Ansprüche stets parallel anwendbar sind und solche des Lauterkeitsrechts das Interesse der Verbraucher an der Vermeidung von Verwechslungen und nicht das Interesse des Markeninhabers schützen[552]. Gemäß Art. 6 Abs. 2 lit. a UGP-Richtlinie ist die Vermarktung eines Produkts irreführend, wenn sie einen Durchschnittsverbraucher zu einer geschäftlichen Entscheidung veranlasst, die er ansonsten nicht getroffen hätte und die eine Verwechslungsgefahr mit dem Produkt oder Warenzeichen eines Mitbewerbers begründet. Das heißt also, dass eine konkrete Verwechslungsgefahr zwischen zwei Marken dann lauterkeitsrechtlich relevant wird, wenn sie ausschlaggebend für

---

549 Knaak, GRUR 1981, S. 393.

550 Strepp, Irreführung und Verwechslungsgefahr, 2000, S. 209.

551 Strepp, Irreführung und Verwechslungsgefahr, 2000, S. 209, 210; Henning-Bodewig/Kur, Marke und Verbraucher, Band 2, 1989, S. 35–37.

552 Bornkamm, GRUR 2011, S. 2.

die Kaufentscheidung eines Durchschnittsverbrauchers ist[553]. Die irreführende Geschäftspraxis muss sich also auf eine gewisse Weise auf das Marktgeschehen auswirken[554]. Dazu ist es nicht erforderlich, dass eines der Zeichen als qualifizierter betrieblicher Herkunftshinweis dient. Vielmehr ist es in der Regel dann der Fall, wenn der Verbraucher mit der Marke eine bestimmte Vorstellung bzw. Erwartung über die Qualität, Herkunft oder andere ihm wichtige Merkmale des Produkts verknüpft[555]. Es wird vertreten, dass die Irreführung durch das Vorliegen einer konkreten Verwechslungsgefahr in der Praxis dann von Gewicht sein wird, wenn zumindest eines der Zeichen einen Grad der Bekanntheit in Höhe von 10% oder 15% aufweist, weil nur in solchen Fällen das Interesse der Allgemeinheit tangiert werden kann[556]. Dabei sei aber auch zu beachten, dass Verbraucher üblicherweise zwar in die anhaltende Qualität von Produkten einer Marke vertrauen können, aber auch mit deren Modifizierung und Entwicklung rechnen müssen[557]. In Anbetracht der Regelungen der UGP-Richtlinie ist diese Haltung ebenfalls abzulehnen und der lauterkeitsrechtliche Verwechslungsschutz immer neben den markenrechtlichen Ansprüchen zu gewähren, wenn eine Irreführung über betriebliche Herkunftsangaben gegeben ist. Einschränkungen und Ausnahmen sind aus den Vorschriften der Richtlinie nicht ersichtlich[558].

4. *Interessenabwägung*

Nichtsdestotrotz kann es vor allem im Rahmen des § 5 Abs. 2 UWG zu Wertungswidersprüchen zwischen dem Markenrecht und dem Lauterkeitsrecht kommen, die gelöst werden müssen. So ist in Bezug auf Abgrenzungsvereinbarungen denkbar, dass zwei Markeninhaber die Abgrenzung zweier Schutzrechte vereinbaren, zwischen denen die Gefahr der Verwechslung besonders hoch ist oder die gar identisch sind, weil es markenrechtliche Regelungen gibt, die es

---

553 Müller, Abgrenzungsvereinbarungen im Markenrecht, 2011, S. 111, 114.

554 BGH v. 26.02.2009 – I ZR 219/06 – Thermoroll, NJW 2009, S. 2748, 2749; BT-Drs. 16/10145, S. 23.

555 Müller, Abgrenzungsvereinbarungen im Markenrecht, 2011, S. 111, 114.

556 Kur/Henning-Bodewig, WRP 1990, S. 456; Müller, Abgrenzungsvereinbarungen im Markenrecht, 2011, S. 114.

557 Kur, GRUR Int. 1990, S. 8.

558 Lehmler in: Büscher/Dittmer/Schiwy, Gewerblicher Rechtsschutz, Urheberrecht, Medienrecht, 3. Aufl. 2015, § 5, Rn. 170; Bornkamm in: Köhler/Bornkamm, UWG, 33. Aufl. 2015, § 5, Rn. 4.224; Thiering, GRUR 2014, S. 925.

erlauben, eine solche *„Gleichgewichtslage"* zu schaffen[559]. Dies würde wiederum bedingen, dass Waren unter zwei verwechslungsfähigen Zeichen angeboten werden würden, deren betriebliche Herkunft sich nur schwer erkennen lässt, was eine lauterkeitsrechtliche Irreführung darstellen kann. Ist dieser Zustand den betroffenen Verkehrskreisen jedoch ausführlich bekannt oder ist er durch besondere markenrechtliche Wertungen, wie beispielsweise die Grundsätze zum Recht der Gleichnamigen, bedingt, muss ein Ausgleich zwischen den gegensätzlichen Positionen geschaffen werden. Da Ansprüche aus § 5 Abs. 2 UWG auch von Markeninhabern geltend gemacht werden können, ist es auch denkbar, dass die Grundsätze der markenrechtlichen Priorität dadurch umgangen werden[560]. Es ergeben sich ebenfalls Probleme in Bezug auf die Lizenzierung von Marken und Unternehmenskennzeichen. Es ist absolut üblich, dass Hersteller von Markenware, diese nicht mehr selbst produzieren, sondern auf von ihnen unabhängige Drittunternehmen auslagern, indem sie diesen Lizenzen erteilen. So werden die Herstellung und in manchen Fällen auch der Vertrieb zwar vom Markeninhaber durch die Kraft der Marke gesteuert, aber nicht oder nicht mehr selbst durchgeführt. Nach außen entsteht durch die Lizenzierung jedoch der Eindruck, die Ware entstamme aus dem Unternehmen des Markeninhabers, was unter Umständen den Irreführungstatbestand erfüllen kann. Dabei ist das Erteilen von Lizenzen eine gängige und legale Vorgehensweise, die in § 30 MarkenG geregelt ist[561]. Auch bei Fragen der Verjährung und Verwirkung sowie in Bezug auf die beschreibende Benutzung gemäß § 23 MarkenG und bezüglich dem Einräumen von Aufbrauchfristen kann es zu Wertungswidersprüchen zwischen dem Markenrecht und dem Lauterkeitsrecht kommen[562].

Ein Ausgleich zwischen solchen Wertungswidersprüchen kann innerhalb der immanenten Schranken des lauterkeitsrechtlichen Schutzes im Rahmen einer Interessenabwägung erfolgen[563]. Diese wird vorgenommen, weil die Irreführung

559 Bornkamm in: Köhler/Bornkamm, UWG, 33. Aufl. 2015, § 5, Rn. 4.246; Sosnitza in: Ohly/Sosnitza, UWG, 6. Aufl., 2014, § 5, Rn. 716; Sack, GRUR 214, S. 618; ders. WRP 2014, S. 1135.

560 Bornkamm in: Köhler/Bornkamm, UWG, 33. Aufl. 2015, § 5, Rn. 4.242; Ohly in: FS Bornkamm, 2014, S. 437.

561 Ähnlich Abrar, GRUR-Prax 2013, S. 429, Emmerich, Unlauterer Wettbewerb, 9. Aufl. 2012, S. 247, Rn. 35a.

562 Vgl. Bornkamm in: Köhler/Bornkamm, UWG, 33. Aufl. 2015, § 5, Rn. 4.248–4.252; Sack, WRP 2014, S. 1135.

563 Sack, GRUR 2014, S. 610; ders., WRP 2014, S. 1134; Ohly in: FS Bornkamm, 2014, S. 423ff. (tendiert allerdings zu einer Interessenabwägung im Rahmen des § 3 UWG,

nicht aus ethischen Gründen und somit wegen ihrer selbst verboten ist, sondern damit das Interesse der Allgemeinheit an einem unverfälschten Wettbewerb gewahrt wird. Den Wettbewerbsteilnehmern, insbesondere den Verbrauchern soll es möglich sein, ihre geschäftlichen Entscheidungen vollständig informiert zu treffen[564]. Aus diesem Grund sollen im Rahmen des Irreführungstatbestandes aber auch nur solche Irreführungen berücksichtigt werden, die sich auf die Aspekte beziehen, die das Verhalten des Verbrauchers auf dem Markt beeinflussen. Die Irreführung über andere Kriterien bleibt unbeachtlich[565]. Aber auch nur sehr leicht zu gewichtende Fehlvorstellungen des Verkehrs können in einzelnen Fällen lauterkeitsrechtlich irrelevant sein. Dies ist denkbar in Zusammenhang mit der Anwendung der markenrechtlichen Grundsätze des Rechts des Gleichnamigen oder bei langjähriger Koexistenz zweier Marken mit erläuternden Zusätzen, die die Verwechslungsgefahr ausräumen, wie beispielsweise im Falle Peek & Cloppenburg Düsseldorf und Peek & Cloppenburg Hamburg[566].

Die Vereinbarkeit der Interessenabwägung mit der UGP-Richtlinie ist umstritten und wird in der Literatur entweder gänzlich oder zumindest für den B2C-Bereich abgelehnt[567]. Es wird angeführt, eine Abwägung der sich gegenüber stehenden Interessen habe bereits durch den europäischen Gesetzgeber bei der Vorgabe des Verbraucherleitbildes stattgefunden[568]. Im B2B-Bereich gehe der Verbraucherschutz aber unbedingt vor[569]. Dagegen spricht jedoch, dass der Verhältnismäßigkeitsgrundsatz auch im Rahmen des § 5 UWG Geltung findet und u.a. eine Interessenabwägung erfordert[570]. Dies lässt sich Art. 13 UGP-Richtlinie

---

S. 433); Glöckner in: Ohly/Klippel, Geistiges Eigentum und Gemeinfreiheit, 2007, S. 170, 171; BGH v. 24.01.2013 – I ZR 60/11 – Peek & Cloppenburg III, GRUR 2013, 398; Emmerich, Unlauterer Wettbewerb, 9. Aufl. 2012, S. 247, Rn. 35a.

564 Emmerich, Unlauterer Wettbewerb, 9. Aufl. 2012, S. 224, Rn. 61.

565 Emmerich, Unlauterer Wettbewerb, 9. Aufl. 2012, S. 225, Rn 62; Lehmler in: Büscher/Dittmer/Schiwy, Gewerblicher Rechtsschutz, Urheberrecht, Medienrecht, 3. Aufl. 2015, § 5, Rn. 293; BGH v. 02.04.2009 – I ZR 78/06 – Ostsee-Post, GRUR 2009, 678.

566 BGH v. 24.01.2013 – I ZR 60/11 – Peek & Cloppenburg III, GRUR 2013, 399; BGH v. 27.03.2013 – I ZR 100/11 – Amarula/Marulablu, GRUR 2013, 637, 638; Lehmler in: Büscher/Dittmer/Schiwy, Gewerblicher Rechtsschutz, Urheberrecht, Medienrecht, 3. Aufl. 2015, § 5, Rn. 290.

567 Dreyer in: Harte-Bavendamm/Henning-Bodewig, UWG, 3. Aufl. 2013, § 5 B Rn. 197, Rn. 202, aber § 5 A, Rn. 10, 25, B Rn. 155ff.; Nordemann in: Götting/Nordemann, UWG, 2. Aufl., 2013, § 5, Rn. 0.129.

568 Dreyer in: Harte-Bavendamm/Henning-Bodewig, UWG, 3. Aufl. 2013, § 5 B Rn. 197.

569 Nordemann in: Götting/Nordemann, UWG, 2. Aufl., 2013, § 5, Rn. 0.129.

570 Emmerich, Unlauterer Wettbewerb, 9. Aufl. 2012, S. 226, Rn. 64.

entnehmen, der festlegt, dass Sanktionen, die bei Verstößen gegen die die UGP-Richtlinie umsetzenden Vorschriften, also auch bei Bejahung der Irreführung, verhängt werden, wirksam und abschreckend, aber auch verhältnismäßig sein müssen. So hat der EuGH bereits in unterschiedlichen Entscheidungen Verbote irreführender Handlungen für rechtswidrig erklärt. Sie waren nämlich nicht mit dem Grundsatz der Warenverkehrsfreiheit zu vereinbaren, weil die Irreführung in den betreffenden Fällen durch das Hinzufügen aufklärender Zusätze ausräumbar gewesen wäre[571]. Zudem besagt Art. 11 Abs. 2 der UGP-Richtlinie, dass die Einleitung von Maßnahmen gegen unlautere geschäftliche Praktiken durch die in den Mitgliedstaaten zuständigen Gerichte oder Verwaltungsbehörden unter der Berücksichtigung aller betroffenen Interessen und insbesondere des öffentlichen Interesses stattfinden soll. Hierbei ist insbesondere zu beachten, dass es sich um den Ausgleich von unionsrechtlich anerkannten Interessen handelt und somit die Gerichte den Unterlassungsanspruch nicht automatisch nach und aufgrund der Feststellung der Irreführung, sondern erst nach der Vornahme einer Interessenabwägung bejahen sollen[572]. Allerdings ist diese nicht so durchzuführen, wie aus dem deutschen Verfassungsrecht bekannt, sondern in Form einer *„Bewertung und Abwägung der betroffenen Interessen nach einem beweglichen System“*[573]. Zu verorten ist die Interessenabwägung im Rahmen des § 3 UWG[574].

Neben der Möglichkeit, einen Ausgleich der Wertungswidersprüche zwischen dem Markenrecht und dem Lauterkeitsrecht im Rahmen der Interessenabwägung zu schaffen, ist es denkbar, diesen vorzunehmen, indem man bereits die Verwechslungsgefahr verneint, weil dem Durchschnittsverbraucher beispielsweise die Vorgehensweise der Lizenzierung von Marken durchaus bekannt ist. Dies bedeutet, dass in gewissen Fällen das Bild des Durchschnittsverbrauchers angepasst wird, weil es vertretbar ist, die Anforderungen an ihn in bestimmten Fällen zu erhöhen[575].

---

571 EuGH v. 13.12.1990 – C-238/89 – Pall/Dallhausen, Rn. 11ff., zitiert nach juris; EuGH v. 02.02.1994 – C-315/92 – Clinique, Rn. 16ff., zitiert nach juris; Ohly in: FS Bornkamm, 2014, S. 429.

572 Ohly in: FS Bornkamm, 2014, S. 429, 430.

573 Ohly in: FS Bornkamm, 2014, S. 429, 435, 438–440.

574 Ohly in: FS Bornkamm, 2014, S. 432, 433.

575 Bornkamm in: Köhler/Bornkamm, UWG, 33. Aufl. 2015, § 5, Rn. 4.245; Ohly in: FS Bornkamm, 2014, S. 437; Sack in: FS Köhler, 2014, S. 557.

Es gibt Stimmen, die zur Auflösung von Wertungswidersprüchen die teilweise Aufrechterhaltung der Vorrangthese vorschlagen[576]. Je nachdem, wer im konkreten Fall lauterkeitsrechtlich aktivlegitimiert ist, soll eine sog. materielle Vorrangthese den Vorrang markenrechtlicher Grundsätze bewirken[577]. Dieser Ansicht kann jedoch aus dem bereits unter B I 2 dargelegten Gründen nicht beigepflichtet werden.

5. *Rechtsfolgen*

Besteht die Verwechslungsgefahr also trotz des Abschlusses einer Abgrenzungsvereinbarung fort und entsteht durch das Vorliegen der soeben aufgeführten weiteren Voraussetzungen nach erfolgter Interessenabwägung lauterkeitsrechtliche Irreführung, können die in § 8 Abs. 3 UWG aufgeführten Personen und Vereinigungen dagegen vorgehen und sind somit klagebefugt[578]. Es ist also anzunehmen, dass Ansprüche wegen Herkunftstäuschung nicht nur Dritten, sondern auch Inhabern von Schutzrechten zur Verfügung stehen werden[579]. Dies kann als Einschränkung des Ausschließlichkeitsrechts gesehen werden[580]. Eine Einschränkung der Klagebefugnis, wie sie bei dem wettbewerbsrechtlichen Leistungsschutz stattfindet[581], auf den Inhaber der verletzten Marke, kann hierbei nicht erfolgen. Sie ist zum Einen nicht mit dem Zweck, dem das Lauterkeitsrecht dient, vereinbar[582]. Außerdem steht eine solche Vorgehensweise nicht im Einklang mit der UGP-Richtlinie. Sie schützt in erster Linie die Interessen des Verbrauchers und dieses müssen die in § 8 Abs. 3 UWG aufgeführten Personen entsprechend durchsetzen können[583].

---

576 Bornkamm in: Köhler/Bornkamm, UWG, 33. Aufl. 2015, § 5, Rn. 4.240; Sosnitza, ZGE/IPJ 2013, S. 185.

577 Sosnitza, MarkenR 2015, S. 5/6.

578 Berlit, Wettbewerbsrecht, 9. Aufl., 2014, S. 194, 198, 199.

579 Abrar, GRUR-Prax 2013, S. 429.

580 Bornkamm in: Köhler/Bornkamm, UWG, 33. Aufl. 2015, § 5, Rn. 1.86.

581 BGH v. 14.04.1988 – I ZR 35/86 – Vespa-Roller, GRUR 1988,S. 621; BGH v. 18.10.1990 – I ZR 283/88 – Finnischer Schmuck, GRUR 1991, S. 224; Schricker, GRUR Int. 1973, S. 459; Köhler in: Köhler/Bornkamm, UWG, 33. Aufl. 2015, § 8, Rn. 3.5/3.6.

582 Müller, Abgrenzungsvereinbarungen im Markenrecht, 2011, S. 113; Strepp, Irreführung und Verwechslungsgefahr, 2000, S. 231, 232.

583 BT-Drs. 16/10145, S. 17; Müller, Abgrenzungsvereinbarungen im Markenrecht, 2011, S. 113.

Jedoch ist es fraglich, wie hoch die praktische Relevanz dieser Problematik ausfallen wird. Ein tatsächliches Interesse der Verbraucher und somit der Verbraucherverbände wird wohl grundsätzlich nicht bestehen, so dass die Unternehmen weiterhin selbst ihre Individualinteressen durchsetzen werden. Ein ebenso geringes Interesse an Streitigkeiten werden Mitbewerber haben, deren Schutzrechte nicht verletzt wurden. Denkbar ist, dass sich Markeninhaber insbesondere auf § 5 Abs. 2 UWG stützen werden, denen der Schutz des Markenrechts nicht gewährt werden kann oder Wettbewerbsverbände, die Individualinteressen eines Mitglieds verfolgen, das nicht öffentlich in Erscheinung treten möchte. Zudem könnte manch ein Verband den Bereich der Produktpiraterie als neues Betätigungsfeld für sich entdecken[584].

Vordergründig ist der lauterkeitsrechtliche Anspruch auf Unterlassen des unlauteren Verhaltens gerichtet[585]. Teilweise wird zwar vertreten, dass der die unlautere Handlung verursachende Vertrag gemäß § 134 BGB oder § 138 BGB nichtig ist[586]. Die Nichtigkeit der Abgrenzungsvereinbarung würde jedoch nicht zum Abstellen der unlauteren Markennutzung führen. Dies kann nur durch die Löschung der Marke erfolgen[587]. Da es sich bei dem Löschungsanspruch um einen Beseitigungsanspruch handelt, ist seine Geltendmachung durch die in § 8 Abs. 3 UWG aufgeführte Berechtigte denkbar. Dabei ist zu beachten, dass die Verwendung der betroffenen Marke nur in der gegebenen Form oder unter den gegebenen Umständen irreführend ist[588]. Der Mitbewerber, welcher sich auf eine Markenverletzung aufgrund von einer Irreführung stützt, kann zwar Schadensersatz gemäß § 9 S. 1 UWG verlangen. Dabei wird jedoch lediglich der dieser Person konkret entstandene Schaden ersetzt. Der Ersatz des Verletzergewinns sowie die Berechnung des Schadens nach dem Prinzip der Lizenzanalogie steht dem Anspruchsberechtigten in solchen Fällen nicht zu[589].

Neben den Normen des UWG kommen je nach Fallkonstellation selbstverständlich auch andere Irreführungstatbestände in Betracht, an denen eine

584 Wieddekind/Langen, IPRB 2015, S. 138; Bornkamm in: Köhler/Bornkamm, UWG, 33. Aufl. 2015, § 5, Rn. 4.216.

585 Müller, Abgrenzungsvereinbarungen im Markenrecht, 2011, S. 112.

586 Knaak, GRUR 1981, S. 391; Scholz, GRUR 1994, S. 693; RG v. 11.10.1931 – II 75/1939, GRUR 1940, S. 110; RG v. 28.08.1940 – II 26/40 – strickende Hände, GRUR 1940, S. 561; RG v. 17.11.1936 – II 92/36, GRUR 1937, S. 642; Neubauer, Markenrechtliche Vereinbarungen aus rechtsvergleichender Sicht, 1983, S. 120.

587 Müller, Abgrenzungsvereinbarungen im Markenrecht, 2011, S. 112.

588 Bornkamm in: Köhler/Bornkamm, UWG, 33. Aufl. 2015, § 5, Rn. 1.74b.

589 Bornkamm in: Köhler/Bornkamm, UWG, 33. Aufl. 2015, § 5, Rn. 4.253.

Abgrenzungsvereinbarung gemessen werden muss. Als Beispiele sind an dieser Stelle solche des HWG und des AMG zu nennen[590].

C. Entwurf eines Zweiten Gesetzes zur Änderung des Gesetzes gegen den unlauteren Wettbewerb

Wie bereits in Verbindung mit den Ausführungen zur Vorrangthese erwähnt, brachte die Umsetzung der Richtlinie 2006/114/EG über irreführende und vergleichende Werbung und vor allem der UGP-Richtlinie durch das erste Gesetz zur Änderung des Gesetzes gegen den unlauteren Wettbewerb vom 22. Dezember 2008 umfangreiche Änderungen des UWG mit sich[591]. Aktuell stehen weitere Modifikationen durch das Zweite Gesetz zur Änderung des Gesetzes gegen den unlauteren Wettbewerb an[592]. Ursächlich dafür ist ein Hinweis der Kommission auf die unzulängliche Umsetzung der UGP-Richtlinie im deutschen UWG. Um einem Vertragsverletzungsverfahren zu entgehen, wurde der Gesetzgeber der BRD tätig[593]. Die Änderungen sollen das Lauterkeitsrecht stärker an die Systematik der UGP-Richtlinie und ihren Wortlaut anpassen. Eine Änderung der Rechtsanwendung ist weder beabsichtigt noch wird sie erwartet, weil sie in der BRD bereits den Vorgaben der UGP-Richtlinie entspricht[594]. Allerdings genügt es insbesondere in Bezug auf den Verbraucherschutz dem Bedürfnis der Rechtssicherheit nicht, wenn die innerstaatlichen Regelungen durch die Gerichte so ausgelegt werden, dass sie in Einklang mit der UGP-Richtlinie stehen[595]. Aus diesem Grund sollen vor allem Klarstellungen durch das Zweite Gesetz zur Änderung des Gesetzes gegen den unlauteren Wettbewerb erfolgen. Es soll auch weiterhin dabei bleiben, dass der lauterkeitsrechtliche Schutz von Verbrauchern, sonstigen Marktteilnehmern und Mitbewerbern in einem Gesetz Regelung findet[596]. Diese werden nachfolgend beleuchtet. Dabei werden nicht alle geplanten Änderungen behandelt. Die Ausführungen beschränken sich vielmehr auf die die Regelungen der §§3, 5 UWG betreffenden Modifikationen.

590 Scholz, GRUR 1994, S. 694ff.

591 WRP 2014, S. 1373.

592 Der Referentenentwurf des Bundesministeriums der Justiz und für Verbraucherschutz ist in WRP 2014, S. 1373–1379 abgedruckt.

593 Klute, NJW 2015, S. 450; Münker, WRP 2014, S. 1435.

594 GRÙR e.V., WRP 2015, S. 43.

595 EuGH v. 10.05.2001 – C-144/99, Rn. 21, zitiert nach juris; WRP 2014, S. 1373.

596 WRP 2014, S. 1375; Markenverband, WRP 2015, S. 46.

I. Geplante Änderung der §§ 3, 5 UWG

Der Entwurf des Zweiten Gesetzes zur Änderung des Gesetzes gegen den unlauteren Wettbewerb plant eine deutlichere Fassung des § 3 UWG. Die Differenzierung zwischen unlauteren Geschäftspraktiken im B2B-Bereich und solchen im B2C-Bereich sowie den jeweils darauf anzulegenden Kriterien soll dadurch klarer in Erscheinung treten. Dies geschieht, indem in § 3 Abs. 2 RefE an geschäftliche Handlung gegenüber Verbrauchern und in § 3 Abs. 4 RefE an solche gegenüber Mitbewerbern und sonstigen Teilnehmern angeknüpft wird[597]. § 3 Abs. 1 RefE wird zur Verbindung zwischen den in § 3 Abs. 2 und Abs. 4 RefE normierten Generalklauseln, den besonderen Tatbeständen der Unlauterkeit der § 4a Abs. 1, § 5 Abs. 1, § 5a Abs. 2 und § 6 Abs. 2 RefE und den Rechtsfolgen[598]. Zudem wird in § 3 Abs. 4 RefE der Unlauterkeitsbegriff für den Nichtverbraucherbereich definiert[599].

In Bezug auf § 5 UWG verdeutlicht der Entwurf, dass die irreführende Handlung eine Eignung zur Beeinträchtigung der wirtschaftlichen Entscheidungsfreiheit des jeweiligen Adressaten aufweisen muss[600]. Außerdem wird der Tatbestand auf Mitbewerber ausgeweitet[601]. Es bleibt jedoch weiterhin dabei, dass irreführende geschäftliche Handlungen dann unlauter und unzulässig im Sinne des § 3 Abs. 1 UWG sind, wenn sie geeignet sind, die Entscheidungsfähigkeit von Verbrauchern, Mitbewerbern oder sonstigen Marktteilnehmern zu beeinträchtigen. Damit wird das Relevanzerfordernis entsprechend Art. 6 UGP-Richtlinie in den Irreführungstatbestand aufgenommen[602]. Trotz des Verweises auf § 3 Abs. 1 des RefE wird der Irreführungstatbestand von den Generalklauseln der § 3 Abs. 2 RefE und § Abs. 4 RefE abgekoppelt. Die zu ihrer Unzulässigkeit führende Unlauterkeit einer geschäftlichen Handlung ergibt

597 Alexander, WRP 2014, S. 1385, 1386; Henning-Bodewig, WRP 2014, S. 1408.

598 Alexander, WRP 2014, S. 1386.

599 WRP 2014, S. 1375, 1376; Alexander, WRP 2014, S. 1381.

600 WRP 2014, S. 1375.

601 Kritisch dazu: DIHK, WRP 2014, S. 1429; Glöckner, WRP 2014, S. 1405. Er schlägt auch die Zusammenfassung der Irreführungstatbestände der § 5 Abs. 1 Nr. 1, § 5 Abs. 2, § 4 Nr. 9 lit. a UWG als Folge der Abkehr vom Vorrang des Markenrechts vor, S. 1406; ebenso: Köhler, WRP 2014, S. 1416/1417. Er ist der Ansicht, dass § 4 Nr. 10 UWG die Irreführung der Mitbewerber bereits erfasst, weshalb sie nicht in § 5 UWG geregelt werden muss. Zudem befürchtet er Kollisionen mit dem Kartellrecht.

602 Fritsche, WRP 2014, S. 1397; Sack, WRP 2014, S. 1420.

sich schon aus den oben genannten, in § 5 Abs. 1 RefE niedergelegten Voraussetzungen[603]. Ein Verstoß gegen die „fachliche Sorgfalt" ist nicht zu prüfen[604].

Der Gesetzesentwurf wurde am 23. Januar 2015 dem Bundesrat zugeleitet. Der Bundesrat hat in seiner 931. Sitzung am 6. März 2015 beschlossen, dazu Stellung zu nehmen. In Bezug auf die geplanten Änderungen der §§ 3, 5 UWG hat er jedoch lediglich Bedenken gegen das Einführen des Kriteriums der „fachlichen Sorgfalt" im Rahmen des § 3 UWG geäußert. Die Bundesregierung verfasste eine Gegenäußerung, in der sie die gegenteilige Ansicht vertrat und die sie am 1. April 2015 dem Bundestag zur Beschlussfassung zuleitete[605]. Da das Kriterium der „fachlichen Sorgfalt" für die Fallgruppe der Herkunftstäuschung bzw. des Verwechslungsschutzes ohne Belang ist, wird hier nicht näher darauf eingegangen. Der Gesetzesentwurf wurde nach der ersten Beratung im Bundestag an den Ausschuss für Recht und Verbraucherschutz überwiesen, von den Fraktionen jedoch noch nicht in ihre Tagesordnungen aufgenommen, weshalb nicht damit zu rechnen ist, dass es vor Mitte September 2015 Neuigkeiten bezüglich des Gesetzgebungsverfahrens geben wird[606].

II. Auswirkungen auf Abgrenzungsvereinbarungen

Eine Änderung der Rechtsprechung, auch in Bezug auf Abgrenzungsvereinbarungen, wird die Novellierung des UWG wohl nicht bewirken. Sie stützt sich nämlich bereits überwiegend auf die Vorgaben der UGP-Richtlinie[607]. Lediglich die Verortung der Relevanz wird sich nach Anpassung der Vorschrift des § 5 Abs. 1 UWG an Art. 6 Abs. 1 UGP-Richtlinie in der nationalen Regelung finden. Ein Rückgriff auf die Richtlinienvorschrift ist nicht mehr nötig[608]. Das Verhältnis zwischen § 5 Abs. 1 S. 2 Nr. 1 UWG und § 5 Abs. 2 UWG bleibt weiterhin seitens des Gesetzgebers ungeklärt. Die Schranken des lauterkeitsrechtlichen Schutzes werden dann weiterhin aus einer Interessenabwägung zu ermitteln sein. Dass sich die Zulässigkeit dieser Vorgehensweise insbesondere

---

603 Alexander, WRP 2014, S. 1390; Glöckner, WRP 2014, S. 1400; Schlingloff, WRP 2014, S. 1424.

604 WRP 2014, S. 1379; EuGH v. 19.09.2013 – C-435/11 – Team4 Travel, Rn. 48, zitiert nach juris.

605 Vgl. BT-Drs. 18/4543, S. 18, 25, http://dip21.bundestag.de/dip21/btd/18/045/1804535.pdf, 30.04.2015, 14:43 Uhr.

606 http://dipbt.bundestag.de/extrakt/ba/WP18/647/64799.html, 22.07.2015; 14:32 Uhr; Sosnitza, GRUR 2015, S. 318.

607 Klute, NJW 2015, S. 454.

608 Köhler, WRP 2014,3 S. 411.

bei Wertungswidersprüchen zwischen dem Markenrecht und dem Lauterkeitsrecht auch aus der UGP-Richtlinie ergibt und somit mit ihr vereinbar ist, wurde bereits oben dargestellt[609].

D. Ergebnis

Im Ergebnis kann festgehalten werden, dass die ausdrückliche Abkehr von der Vorrangthese bewirkt hat, dass das Markenrecht und das Lauterkeitsrecht nun gleichberechtigt nebeneinander stehen. Dies führt dazu, dass den Schutzrechtsinhabern und den Inhabern der vom Schutzrecht abgeleiteter Rechte markenrechtliche und lauterkeitsrechtliche Ansprüche zur Verteidigung ihrer Marken zur Verfügung stehen. Darüber hinaus können nun auch die in § 8 Abs. 3 UWG aufgeführte Berechtigte nach § 5 Abs. 1 S. 2 Nr. 1, Abs. 2 UWG vorgehen[610]. Zwischen dem Markenrecht und dem Lauterkeitsrecht dadurch entstehende Wertungswidersprüche sind im Rahmen einer Abwägung der betroffenen Interessen auszuräumen[611].

Eine Umgestaltung dieser Gegebenheiten wird auch nicht durch das Zweite Gesetz zur Änderung des Gesetzes gegen den unlauteren Wettbewerb eintreten. Die geplante Überarbeitung der Richtlinie 2006/114/EG sollte jedoch im Auge behalten werden[612]. Es ist möglich, dass sie Änderungen des UWG in B2B-Bereich mit sich bringt, die sich auf die vorliegend behandelte Thematik auswirken.

---

609 Vgl. S. 117ff.

610 Wieddekind/Langen, IPRB 2015, S. 138.

611 Alexander in: FS Köhler, 2014, S. 26, 27.

612 Mitteilung der Kommission an das Europäische Parlament, den Rat, den Europäischen Wirtschafts- und Sozialausschuss und den Ausschuss der Regionen, Schutz der Unternehmen vor irreführenden Vermarktungspraktiken und Gewährleistung der wirksamen Durchsetzung, Überarbeitung der Richtlinie 2006/114/EG über irreführende und vergleichende Werbung, KOM (2012) 702 endg.; GRUR e.V., WRP 2015, S. 43, Rn. 1.

Kapitel 5: BGB

Nachdem festgestellt wurde, dass Abgrenzungsvereinbarungen kartellrechtlich und lauterkeitsrechtlich unter Beachtung bestimmter Grenzen zulässig sind, darf nicht vergessen werden, dass sie zudem an den allgemein für Verträge geltenden Regelungen des BGB gemessen werden müssen.

A. Unwirksamkeit wegen Fehlens einer Vergleichsgrundlage gemäß § 779 Abs. 1 BGB

In den obigen Ausführungen wurde bereits ausgeführt, dass Abgrenzungsvereinbarungen entsprechend der herrschenden Meinung als Vergleiche im Sinne des § 779 BGB zu qualifizieren sind[613]. Deshalb ist der Unwirksamkeitsgrund des § 779 Abs. 1 BGB in Bezug darauf zu beachten. Danach sind Vergleiche unwirksam, wenn der nach dem Inhalt des Vertrags als feststehend zugrundegelegte Sachverhalt der Wirklichkeit nicht entspricht und der Streit oder die Ungewissheit bei Kenntnis der Sachlage nicht entstanden sein würde. Unter Sachverhalt sind dabei alle rechtlichen und tatsächlichen Verhältnisse zu verstehen[614]. Künftige Ansprüche sind jedoch nicht davon umfasst[615]. § 779 Abs. 1 BGB stellt dabei einen Spezialtatbestand des Wegfalls der Geschäftsgrundlage nach § 313 BGB dar. Zudem haben die Vorschriften unterschiedliche Rechtsfolgen. Ist § 779 Abs. 1 BGB einschlägig, führt dies direkt zur Unwirksamkeit, während § 313 BGB nur ausnahmsweise die Unwirksamkeit des Vertrages nach sich zieht und in erster Linie eine Vertragsanpassung anstrebt[616]. Im Rahmen von einem Vergleich beseitigen die Parteien einen Streit oder die Ungewissheit über ein zwischen ihnen bestehendes Rechtsverhältnis[617]. Dies bedeutet, dass der Abschluss eines Vergleiches nicht auf der objektiven Rechts- und Sachlage basiert, sondern auf den subjektiven Einschätzungen der Parteien in Bezug auf den Streit bzw. die Ungewissheit[618]. Im Fall von Abgrenzungsvereinbarungen ist

613 Vgl. S. 13.

614 Borg in: jurisPK-BGB, Band 2, 7. Aufl. 2014, § 779, Rn. 15.

615 Borg in: jurisPK-BGB, Band 2, 7. Aufl. 2014, § 779, Rn. 15; Müller, Abgrenzungsvereinbarungen im Markenrecht, 2011, S. 51, 52.

616 Borg in: jurisPK-BGB, Band 2, 7. Aufl. 2014, § 779, Rn. 20.

617 Vgl. S. 13.

618 Sprau in: Palandt, 74. Aufl., 2015, § 779, Rn. 4; Marburger in: Staudinger, BGB, 2015, § 779, Rn. 22, 23.

der Angelpunkt des Streits die Kollision zweier Marken und somit die zwischen ihnen bestehende Verwechslungsgefahr[619]. Es ist also denkbar, dass die Parteien davon ausgehen, dass zwischen ihren Zeichen eine Verwechslungsgefahr vorliegt, während es tatsächlich nicht so ist. Weiterhin sind für den Abschluss einer wirksamen Abgrenzungsvereinbarung der Bestand und die Priorität der älteren Marke von Gewicht. Auch in Bezug darauf kann die Einschätzung der Parteien vom tatsächlichen Sachverhalt zum Zeitpunkt des Abschlusses der Vereinbarung abweichen[620].

Es gibt Stimmen in der Literatur und Rechtsprechung, die sich dafür aussprechen, § 779 Abs. 1 BGB nicht anzuwenden, wenn die Parteien eine Abgrenzungsvereinbarung aufgrund von einer falschen Vorstellung über das Vorliegen einer Verwechslungsgefahr zwischen ihren Marken geschlossen haben. Sie begründen es damit, dass es sich bei dieser Frage nämlich um eine reine Rechtsfrage handelt. Reine Rechtsfragen seien aber nicht vom Sachverhaltsbegriff des § 779 Abs. 1 BGB umfasst[621]. Abgesehen davon, dass die Literatur diesen Stimmen entgegentritt[622], ist die Entscheidung dieser Meinungsstreitigkeit in Bezug auf die hier erörterte Problematik irrelevant[623]. Ein Rechtsirrtum, zu dem auch Tatsachen gehören, die beim Abschluss des Vergleichs eine tragende Rolle gespielt haben, ist im Rahmen des § 779 Abs. 1 BGB zu berücksichtigen[624]. Ein solcher ist zu bejahen, wenn eine Abgrenzungsvereinbarung aufgrund von einer Fehleinschätzung der Parteien über das Vorliegen der Verwechslungsgefahr zustande kommt. Es handelt sich hierbei zwar um eine Rechtsfrage, aber eine, zu deren Beurteilung auch Tatsachen hinzugezogen werden müssen[625]. Bei der Beantwortung der Frage nach dem Vorliegen einer Verwechslungsgefahr zwischen den betroffenen Zeichen spielt die Verkehrsauffassung eine tragende Rolle. Um diese zu ermitteln, muss wiederum eine umfassende Wertung vorgenommen werden, bei der

619 Vgl. S. 13; Müller, Abgrenzungsvereinbarungen im Markenrecht, 2011, S. 52.

620 Müller, Abgrenzungsvereinbarungen im Markenrecht, 2011, S. 52; Althaus, Markenrechtliche Abgrenzungsvereinbarungen, 2010, S. 86.

621 Knaak, GRUR 1981, S. 394; Neubauer, Markenrechtliche Vereinbarungen aus rechtsvergleichender Sicht, 1983, S. 212; BGH v. 06.11.2003 – III ZR 376/02, Rn. 22, zitiert nach juris; BGH v. 07.06.1961 – VIII ZR 69/60, NJW 1661, S. 1460; BGH v. 24.09.1959 – VIII ZR 189/58, NJW 1959, S. 2110.

622 Marburger in: Staudinger, BGB, 2015, § 779, Rn. 71 m.w.N.

623 Müller, Abgrenzungsvereinbarungen im Markenrecht, 2011, S. 53.

624 BGH v. 06.11.2003 – III ZR 376/02, Rn. 22, zitiert nach juris; BGH v. 07.06.1961 – VIII ZR 69/60, NJW 1661, S. 1460.

625 Hacker in: Ströbele/Hacker, Markengesetz, 11. Aufl., 2015, § 9, Rn. 16, 20, 21; Müller, Abgrenzungsvereinbarungen im Markenrecht, 2011, S. 53.

beispielsweise die Marktgegebenheiten oder der Sprachgebrauch Berücksichtigung finden[626].

B. Unwirksamkeit gemäß § 138 Abs. 2 BGB

Der Unwirksamkeitsgrund des § 138 Abs. 2 BGB kann insbesondere in solchen Konstellationen Anwendung finden, in denen es am Bestand oder der Priorität des vermeintlich älteren Schutzrechts mangelt und der Inhaber dieses Rechts Kenntnis davon hat[627]. In solchen Fällen liegt zwar anfängliche objektive Unmöglichkeit vor, der Vertrag ist aber gemäß § 311a Abs. 1 BGB in der Regel wirksam[628]. Zur Bejahung der Voraussetzungen des § 138 Abs. 2 BGB ist ein auffälliges Missverhältnis zwischen Leistung und Gegenleistung erforderlich[629]. In der dargestellten Konstellation gibt der Inhaber des vermeintlich älteren Rechts eine rechtlich nicht zu beachtende Erklärung ab, der Inhaber der jüngeren Marke verpflichtet sich dagegen zur Einschränkung ihres Schutzbereiches[630]. Das Missverhältnis besteht somit im jeweiligen Anteil des gegenseitigen Nachgebens, weil es nur seitens des Inhabers des jüngeren Rechts erfolgt[631]. Zur Erfüllung des subjektiven Tatbestandes des § 138 Abs. 2 BGB müsste der Altinhaber eine Schwächesituation seines Vertragspartners ausnutzen. Diese könnte eventuell in seiner Unerfahrenheit im Geschäftsleben oder im Umgang mit Marken liegen[632].

C. Sittenwidrigkeit gemäß § 138 Abs. 1 BGB

Auch wenn die Ausbeutung einer Schwächesituation des Inhabers der jüngeren Marke durch den Altinhaber nicht gegeben ist, ist der objektive Tatbestand des Wuchers erfüllt, wenn der Altinhaber mit seinem Vertragspartner eine Abgrenzungsvereinbarung schließt, obwohl er weiß, dass der Bestand oder die Priorität seiner Marke nicht vorhanden sind[633]. In diesem Fall kommt die Nichtigkeit der

---

626 Hacker in: Ströbele/Hacker, Markengesetz, 11. Aufl., 2015, § 9, Rn. 16, 20, 21.

627 Althaus, Markenrechtliche Abgrenzungsvereinbarungen, 2010, S. 86.

628 Müller, Abgrenzungsvereinbarungen im Markenrecht, 2011, S. 54, 55.

629 Ellenberger in: Palandt, 74. Aufl., 2015, § 138, Rn. 66, 67.

630 Müller, Abgrenzungsvereinbarungen im Markenrecht, 2011, S. 55.

631 Marburger in: Staudinger, BGB, 2015, § 779, Rn. 76; BGH v. 02.07.1999 – V ZR 135798, NJW 1999, S. 3113; Müller, Abgrenzungsvereinbarungen im Markenrecht, 2011, S. 55.

632 Ellenberger in: Palandt, 74. Aufl., 2015, § 138, Rn. 69, 70; Müller, Abgrenzungsvereinbarungen im Markenrecht, 2011, S. 56.

633 Müller, Abgrenzungsvereinbarungen im Markenrecht, 2011, S. 55.

Abgrenzungsvereinbarung gemäß § 138 Abs. 1 BGB in Betracht. Dazu müsste der Inhaber des vermeintlichen älteren Schutzrechts beim Abschluss der Vereinbarung eine verwerfliche oder sonstige sittenwidrige Gesinnung gehabt haben[634].

Das Reichsgericht hat sich in der sog. „strickende Hände"-Entscheidung zu Sittenwidrigkeit in Bezug auf eine Abgrenzungsvereinbarung geäußert. Im konkreten Fall hat es die Sittenwidrigkeit verneint, weil es sich bei den Zeichen der Parteien zwar um das gleiche Motiv handelte, sie sich aber trotzdem durch bildliche Abweichungen sowie Wortzusätze voneinander unterschieden, somit keine Verkehrsverwirrung hervorriefen und dadurch die Allgemeinheit schädigten[635]. Allgemein zur Sittenwidrigkeit von Abgrenzungsvereinbarungen hat das Gericht darauf hingewiesen, dass *„ein Vertrag, durch den einem anderen die Benutzung eines Warenzeichens gestattet wird, sittenwidrig und nichtig ist, wenn diese Benutzung eine Täuschung der Allgemeinheit und eine Verkehrsverwirrung verursacht*[636]*"*. Dabei wurde auf eine Entscheidung vom 27. September 1935 verwiesen, in der sich das Reichsgericht ähnlich äußerte[637]. Diese Äußerung wurde auch tatsächlich getätigt, allerdings in Verbindung mit der zum damaligen Zeitpunkt geltenden Vorschrift des § 3 UWG[638]. Und tatsächlich ist der Schutz des Verkehrs bzw. der Allgemeinheit vor bestimmten Täuschungen, hier in erster Linie über die Herkunft einer Ware, in den spezielleren Vorschriften des UWG zu verorten[639]. Die Vorschrift des § 138 BGB beschränkt die grundsätzlich geltende Vertragsfreiheit in solchen Fällen, in denen das Gleichgewicht zwischen den beteiligten Parteien in hohem Maße gestört ist[640]. Sie umfasst zwar auch den Schutz der Interessen der Allgemeinheit, wenn diese die Begrenzung der Vertragsfreiheit erfordern. Die Generalklausel des § 138 BGB ist aber nur dann heranzuziehen, wenn keine spezielleren Vorschriften die betreffende Konstellation abdecken[641]. Im Falle der Koexistenz zweier Marken aufgrund von einer Abgrenzungsvereinbarung und der dadurch eventuell entstehenden Täuschung des Verkehrs bzw. der Verbraucher ist jedoch vordergründig auf die einschlägigen Vorschriften des UWG zurückzugreifen[642].

---

634 Ellenberger in: Palandt, 74. Aufl., 2015, § 138, Rn. 34.
635 RG v. 28.08.1940 – II 26/40 – strickende Hände, GRUR 1940, S. 561, 562.
636 RG v. 28.08.1940 – II 26/40 – strickende Hände, GRUR 1940, S. 561.
637 RG v. 27.09.1935 – II 47/35 – Lignose/Lignoza, GRUR 1935, S. 966.
638 RG v. 27.09.1935 – II 47/35 – Lignose/Lignoza, GRUR 1935, S. 966.
639 Vgl. Kapitel 2, B; Sack/Fischinger in: Staudinger, BGB AT, 2011, § 138, Rn. 2.
640 Sack/Fischinger in: Staudinger, BGB AT, 2011, § 138, Rn. 1.
641 Sack/Fischinger in: Staudinger, BGB AT, 2011, § 138, Rn. 2.
642 Vgl. Ausführungen zu Kapitel 2, B.

D. Scheinabgrenzungsvereinbarung

Haben beide an der Abgrenzungsvereinbarung beteiligten Parteien Kenntnis davon, dass die Priorität oder der Bestand der Altmarke nicht gegeben ist, so ist anzunehmen, dass die durch sie abgegebenen Erklärungen nur zum Schein getätigt wurden und deshalb gemäß § 117 Abs. 1 BGB nichtig sind[643]. Die Rechtsfolge dieser Vorschrift greift auch dann ein, wenn die Parteien eine Abgrenzungsvereinbarung schließen, obwohl ihnen bewusst ist, dass zwischen ihren Marken keine Verwechslungsgefahr vorliegt. In solchen Fällen ist anzunehmen, dass die Vertragspartner mit der Vereinbarung ein anderes Ziel, beispielsweise die Marktaufteilung, verfolgen. Dies würde wiederum zur Nichtigkeit der Abgrenzungsvereinbarung gemäß Art. 101 AEUV bzw. § 1 GWB führen[644].

E. Ergebnis

Abschließend kann festgehalten werden, dass auch die allgemeinen Regelungen des BGB beim Abschluss von Abgrenzungsvereinbarungen nicht außer Acht gelassen werden sollten. Gleichzeitig ist anzumerken, dass es in der Praxis wohl eher selten vorkommen wird, dass die Parteien sich über das Vorliegen der Verwechslungsgefahr zwischen ihren Zeichen oder den Bestand bzw. die Priorität der Altmarke irren werden. Insbesondere in Bezug auf die Verwechslungsgefahr werden regelmäßig zumindest bei einer Partei Zweifel bestehen. Dies rechtfertigt bereits den Abschluss einer wirksamen Vergleichs- bzw. Abgrenzungsvereinbarung[645].

Auch in der Konstellation, bei welcher der Altinhaber Kenntnis vom Mangel an der Bestandskraft bzw. Priorität seines Schutzrechtes hat, wird es sich um einen in der Praxis seltenen Fall handeln. Das Markenregister bietet dem Vertragspartner des Altinhabers eine einfache Möglichkeit zur Überprüfung der Priorität und Bestandskraft der Marke des Altinhabers. Von dieser Möglichkeit wird der Inhaber bzw. Anmelder der jüngeren Marke in den meisten Fällen auch Gebrauch machen[646]. Oft wird er oder beide Parteien auch anwaltliche Beratung in Anspruch nehmen, so dass der Abschluss einer Abgrenzungsvereinbarung in zweifelhaften Fällen wohl nicht zustande kommt. Lediglich bei Marken deren

643 Müller, Abgrenzungsvereinbarungen im Markenrecht, 2011, S. 58.
644 Müller, Abgrenzungsvereinbarungen im Markenrecht, 2011, S. 58; Vgl. Ausführungen zu Kapitel 2 A.
645 Müller, Abgrenzungsvereinbarungen im Markenrecht, 2011, S. 53.
646 Müller, Abgrenzungsvereinbarungen im Markenrecht, 2011, S. 56, 57.

Schutz durch Verkehrsgeltung entstanden ist (§ 4 Nr. 2 MarkenG)[647] oder bei notorisch bekannten Marken (§ 4 Nr. 3 MarkenG)[648] gestaltet sich die Überprüfung der Priorität und des Bestandes sehr schwierig[649]. Die Verkehrsgeltung wird in der Regel durch Meinungsforschungsgutachten festgestellt. Als maßgeblich für die Priorität gilt der Zeitpunkt an dem die Verkehrsgeltung erlangt wurde[650]. Dieser Zeitpunkt ist auch für die Bestimmung der Priorität maßgeblich (§ 6 Abs. 3 MarkenG). Leider ist es nicht selten der Fall, dass selbst der Markeninhaber nicht oder nicht mehr über ein diese Tatsachen bestätigendes Gutachten verfügt und somit selbst keine sicheren Kenntnisse in Bezug auf Priorität und Bestand seines Schutzrechts hat. Kommt es in solchen Konstellationen zum Abschluss einer Abgrenzungsvereinbarung, liegt jedoch beim Inhaber der Altmarke subjektiv ein Nachgeben vor, so dass ein Ausnutzen der Schwächeposition seines Vertragspartners verneint werden muss[651].

---

647 Die Erlangung einer Marke durch Verkehrsgeltung stellt eine Besonderheit des deutschen Rechts dar und ist bei Gemeinschaftsmarken nicht möglich, Art. 6, Art. 45 GMV (Sosnitza, MarkenR, 2. Aufl. 2015, S. 20, Rn. 4).

648 Die notorisch bekannte Marke ist in der GMV ebenfalls nicht geregelt (v. Schultz, MarkenR, 3. Aufl. 2012, § 4, Rn. 24; Hildebrandt, Marken und andere Kennzeichen, 3. Aufl., 2015, § 6, Rn. 1, 9).

649 Müller, Abgrenzungsvereinbarungen im Markenrecht, 2011, S. 56.

650 Hacker in: Ströbele/Hacker, Markengesetz, 11. Aufl., 2015, § 4, Rn. 61; Götting, Gewerblicher Rechtsschutz, 10. Aufl. 2014, S. 415, Rn. 9.

651 Müller, Abgrenzungsvereinbarungen im Markenrecht, 2011, S. 56.

Kapitel 6: Markenrecht

Es wurde bereits erwähnt, dass der Abschluss von Abgrenzungsvereinbarungen auch nach dem Markenrecht als grundsätzlich zulässig gilt. Diesen Schluss lässt nicht zuletzt die Vorschrift der Regel 18 Abs. 1 der Durchführungsverordnung zur GMV zu, die eine Einigung der Parteien im Widerspruchsverfahren anregt[652]. Unmittelbare Schranken für den Abschluss von Abgrenzungsvereinbarungen werden durch markenrechtliche Vorschriften nicht formuliert. Sie können sich jedoch indirekt aus markenrechtlichen und allgemeinen Grundsätzen ergeben[653].

A. Verfall der prioritätsälteren Marke

Die Frage nach einem wirksamen Zustandekommen der Abgrenzungsvereinbarung kann sich im Zusammenhang mit dem Verfall der Marke gemäß § 49 MarkenG, Art. 51 GMV ergeben. Praktisch am wahrscheinlichsten wird dabei wohl die Konstellation sein, in dem der Verfall der Altmarke bei Abschluss der Abgrenzungsvereinbarung vorlag[654].

I. Verfall zum Zeitpunkt des Vertragsschlusses

Insbesondere kommt es hierbei darauf an, ob das Vorliegen der Voraussetzungen des § 49 MarkenG, Art. 51 GMV bei Abschluss der Vereinbarung sich überhaupt auf diese auswirken kann, wenn der Verfall der Altmarke zwischen den Parteien nahezu unstreitig ist. Der Inhaber bzw. Anmelder des jüngeren Schutzrechts kann stattdessen, wie jedermann, gemäß §§ 53 Abs. 1, 49 MarkenG oder §§ 55 Abs. 1, Abs. 2 Nr. 1; 49 MarkenG sowie Art. 51 Abs. 1, Art. 56 Abs. 1 a) GMV gegen die ältere Marke vorgehen[655]. Er muss sich auf den Abschluss einer Abgrenzungsvereinbarung und damit die Einschränkung des Schutzbereiches seiner Marke nicht einlassen. Die Aspekte, die ihn doch zu diesem Vorgehen

652 Vgl. S. 14.

653 Müller, Abgrenzungsvereinbarungen im Markenrecht, 2011, S. 59; Althaus, Markenrechtliche Abgrenzungsvereinbarungen, 2010, S. 86.

654 Etwas ausführlicher zu anderen denkbaren Konstellationen vgl. Müller, Abgrenzungsvereinbarungen im Markenrecht, 2011, S. 60, 61.

655 Stuckel in: v. Schultz, MarkenR, 3. Aufl. 2012, § 53, Rn. 3, § 55, Rn.6; Eisenführ/Holderied in: Eisenführ/Schennen, GMV, 4. Aufl., 2014, Art. 56, Rn. 8.

veranlassen, können eine Unwirksamkeit der Abgrenzungsvereinbarung nach § 138 Abs. 1 BGB oder § 138 Abs. 2 BGB begründen[656].

Der Verfallsgrund des § 49 Abs. 1 MarkenG bzw. des Art. 51 Abs. 1 a) GMV kann vom Inhaber bzw. Anmelder der jüngeren Marke schon im Widerspruchsverfahren geltend gemacht werden (vgl. § 43 Abs. 1 MarkenG, Art. 42 Abs. 2 S. 1 GMV)[657]. Kann der Inhaber der älteren Marke die rechtserhaltende Benutzung nicht nachweisen, erfolgt die Zurückweisung des Widerspruchs (vgl. § 43 Abs. 2 MarkenG, Art. 42 Abs. 2 S. 2 GMV)[658]. Dem Inhaber des älteren Schutzrechts steht also nur noch ein formales Recht ohne Durchsetzungskraft zur Verfügung[659]. Die Verfallsgründe des § 49 Abs. 2 MarkenG bzw. des Art. 51 Abs. 1 b), c) GMV können dagegen nicht bereits im Widerspruchsverfahren eingebracht werden (vgl. §§ 43, 53, 55 Abs. 1 MarkenG; Art. 42 Abs. 2, Art. 51, Art. 56 GMV)[660]. Im letzteren Fall ist auch eine nachträgliche Heilung des Verfalls des prioritätsälteren Schutzrechts unbeachtlich (vgl. § 22 Abs. 1 Nr. 2 MarkenG).

Geht also ein Altinhaber aus seiner Marke, die wegen Nichtbenutzung verfallen ist, gegen die Eintragung eines jüngeren Schutzrechts vor, ist darin nach Ansicht des EuGH ein Missbrauch der sich aus seiner Marke ergebenden Befugnisse zu sehen[661]. Auch der BGH tendierte in einer älteren Entscheidung, die sich noch auf das Warenzeichengesetz bezog, zu einer ähnlichen Sichtweise[662]. Wirkt sich dieser Rechtsmissbrauch aber auch auf eine Abgrenzungsvereinbarung aus, die unter solchen Bedingungen geschlossen wurde? *Müller* betrachtet es als naheliegend, dass sich der Einwand des Rechtsmissbrauchs gemäß § 242 BGB auch auf die Abgrenzungsvereinbarung übertragen lässt. Die Folge davon wäre, dass der Inhaber der prioritätsälteren Marke nicht in der Lage wäre, die ihm aus der Abgrenzungsvereinbarung zustehenden Rechte durchzusetzen[663]. Zu beachten ist in diesem Zusammenhang jedoch, dass § 138 BGB Vorrang vor § 242 BGB hat, weshalb das Vorliegen seiner Voraussetzungen zuerst zu prüfen

---

656 Vgl. Ausführungen zu Kapitel 2 C II, III.

657 Schweyer in: v. Schultz, MarkenR, 3. Aufl. 2012, § 43, Rn. 6.

658 Schweyer in: v. Schultz, MarkenR, 3. Aufl. 2012, § 43, Rn. 31; Fezer, Markenrecht, 4. Aufl. 2009, § 43, Rn. 30.

659 Müller, Abgrenzungsvereinbarungen im Markenrecht, 2011, S. 64; Storkebaum, GRUR 1976, S. 125.

660 Müller, Abgrenzungsvereinbarungen im Markenrecht, 2011, S. 66.

661 EuGH v. 30.01.1985 – 35/83 – Toltecs/Dorcet II, Rn. 35, zitiert nach juris.

662 BGH v. 08.10.1969 – I ZR 7/68 – Ein-Tannen-Zeichen, Rn. 18, zitiert nach juris.

663 Müller, Abgrenzungsvereinbarungen im Markenrecht, 2011, S. 65.

ist[664]. In der Rücknahme des Widerspruchs durch den Inhaber der älteren Marke, die ja nur rein fiktiv ist, ist ein krasses Missverhältnis der gegenseitig in der Abgrenzungsvereinbarung übernommenen Pflichten zu sehen. Der Inhaber des älteren Schutzrechts verzichtet auf Rechte, die ihm tatsächlich nicht zustehen, indem er der Rücknahme des Widerspruchs zustimmt. Der Inhaber bzw. Anmelder der jüngeren Marke gibt dagegen nach, indem er die Einschränkung des Schutzbereiches seines Rechts zulässt oder eine der anderen für Abgrenzungsvereinbarungen üblichen Pflichten übernimmt[665]. Die übrigen Ausführungen aus Kapitel 2 C II, III sind bei der Beurteilung der Konstellation nach § 138 BGB selbstverständlich ebenfalls heranzuziehen. Es ist somit zu untersuchen, ob beim Altinhaber eine verwerfliche Gesinnung festzustellen ist oder dieser die Unerfahrenheit des Inhabers bzw. Anmelders der jüngeren Marke ausnutzt[666]. In der Regel werden die Voraussetzungen von § 138 Abs. 1 BGB oder § 138 Abs. 2 BGB jedoch vorliegen, wenn das ältere Schutzrecht aufgrund von Nichtbenutzung verfallen ist und es zwischen den Parteien zum Zeitpunkt des Abschlusses der Abgrenzungsvereinbarung nicht streitig ist[667].

Da die Verfallsgründe des § 49 Abs. 2 MarkenG bzw. Art. 51 Abs. 1 b), c) GMV nicht im Widerspruchsverfahren geltend gemacht werden können, liegt die Annahme nahe, dass ein Missverhältnis im Sinne des § 138 BGB nicht vorliegt, wenn der Inhaber der älteren Marke sich in einer Abgrenzungsvereinbarung zur Rücknahme des Widerspruchs verpflichtet[668]. Zu beachten ist dabei aber, dass die Verfallsgründe der § 49 Abs. 2 Nr. 1–3 MarkenG bzw. Art. 51 Abs. 1 b), c) GMV sachlich den absoluten Schutzhindernissen, insbesondere des § 8 Abs. 2 Nr. 3, 4 MarkenG, Art 7 Abs. 1 b), d) GMV entsprechen. Der Unterschied liegt darin, dass diese Gründe des Verfalls nach Eintragung der Marke eingetreten sind. Die Verfallsgründe des § 49 Abs. 2 Nr. 1–3 MarkenG bzw. Art. 51 Abs. 1 b), c) GMV sind im Widerspruchsverfahren nur deshalb unbeachtlich, weil ihre Prüfung seinen Rahmen sprengen würde. Im Widerspruchsverfahren findet lediglich die summarische Prüfung der Markenrechtskollisionen statt, weil es dazu vorgesehen ist, rasch und vorläufig über die Eintragung einer Marke ins Register zu entscheiden[669]. Dies sollte aber nicht dazu führen, dass Abgrenzungsvereinbarungen über Rechte geschlossen

664 Looschelders/Olzen in: Staudinger, BGB, 2015, § 242, Rn. 366.
665 Müller, Abgrenzungsvereinbarungen im Markenrecht, 2011, S. 65, 66.
666 Vgl. Kapitel 2 C II, III.
667 Müller, Abgrenzungsvereinbarungen im Markenrecht, 2011, S. 66.
668 Müller, Abgrenzungsvereinbarungen im Markenrecht, 2011, S. 67.
669 Fezer, Markenrecht, 4. Aufl. 2009, § 43, Rn.30.

werden, die unstreitig löschungsreif sind. Eine derartige Schlussfolgerung würde zur Umgehung der markenrechtlichen Grundsätze führen. Deshalb muss in solchen Konstellationen das Interesse der Allgemeinheit an der Löschung der Marke das dem Grundsatz der Vertragsfreiheit entstammende Interesse der Parteien an der Einigung überwiegen[670]. Demnach ist die Erhebung eines Widerspruchs aus einer gemäß dem § 49 Abs. 2 MarkenG verfallenen Marke als rechtsmissbräuchlich zu betrachten und ein erhebliches Missverhältnis der Pflichten der Parteien zum Zeitpunkt des Abschlusses der Abgrenzungsvereinbarung anzunehmen. Bei Vorliegen der übrigen Voraussetzungen besteht die Möglichkeit der Nichtigkeit der Abgrenzungsvereinbarung gemäß § 138 Abs. 1 BGB oder § 138 Abs. 2 BGB[671]. Der Wortlaut der §§ 22 Abs. 1 Nr. 2, 51 Abs. 4 MarkenG begrenzt die Anwendbarkeit der Vorschriften auf Konstellationen, in denen der Verfall der älteren Marke bereits am Tag der Veröffentlichung des jüngeren Schutzrechts eingetreten war[672].

II. Verfall nach Eintragung der jüngeren Marke, aber vor dem Abschluss der Abgrenzungsvereinbarung

Eine Schutzlücke zu Lasten des Inhabers des jüngeren Schutzrechts könnte also in Fallgestaltungen bestehen, in denen die Eintragung der jüngeren Marke veröffentlicht wird, daraufhin der Verfall eintritt und danach die Abgrenzungsvereinbarung geschlossen wird[673]. Um diese Schutzlücke zu schließen, wird aufgrund der Vergleichbarkeit der Interessen die analoge Anwendung der §§ 22 Abs. 1 Nr. 2, 51 Abs. 4 MarkenG auf solche Konstellationen bejaht[674].

---

670 Fammler in: Fezer (Hrsg.), Handbuch der Markenpraxis, 2. Aufl., 2012, II 1 A, Rn. 42; Müller, Abgrenzungsvereinbarungen im Markenrecht, 2011, S. 67.

671 Vgl. Kapitel 2 C II, III; Müller, Abgrenzungsvereinbarungen im Markenrecht, 2011, S. 68.

672 In der GMV sind entsprechende Regelungen nicht vorhanden. Da in § 22 MarkenG allgemeine Rechtsgrundsätze kodifiziert wurden, die auch auf die Gemeinschaftsmarke Anwendung finden (Stuckel in: v. Schultz, MarkenR, 3. Aufl. 2012, § 22, Rn. 7).

673 Müller, Abgrenzungsvereinbarungen im Markenrecht, 2011, S. 69.

674 Ingerl/Rohnke, MarkenG, 3. Aufl., 2010, § 22, Rn. 10; Hacker in: Ströbele/Hacker, Markengesetz, 11. Aufl. 2015, § 22, Rn. 8; Klingelhöfer, Der Unterlassungsanspruch des Markeninhabers und seiner Vertragspartner im deutschen Markenrecht, 2006, S. 341; Müller, Abgrenzungsvereinbarungen im Markenrecht, 2011, S. 69.

B. Nichtigkeit der prioritätsälteren Marke

Desweiteren kann es zur Nichtigkeit der Abgrenzungsvereinbarung führen, wenn die ältere Marke wegen absoluter Schutzhindernisse zum Zeitpunkt des Abschlusses der Abgrenzungsvereinbarung gelöscht werden kann.

I. Nichtigkeit zum Zeitpunkt des Vertragsschlusses

Die Nichtigkeit einer Marke wegen absoluter Schutzhindernisse und wegen Fehlens der Voraussetzungen der Markeninhaberschaft ist in § 50 MarkenG, Art. 52 GMV geregelt. Das Recht, den Antrag auf Löschung gemäß § 50 Abs. 1, Art. 52 Abs. 1 GMV MarkenG zu stellen, steht jedermann zu (vgl. § 54 Abs. 1 S. 2 MarkenG, Art. 56 Abs. 1 a) GMV)[675]. Die Löschung kann auch von Amts wegen erfolgen (vgl. § 50 Abs. 3 MarkenG). Der Inhaber des jüngeren Schutzrechts kann sich, ähnlich der Vorgehensweise bei den Verfallsgründen des § 49 Abs. 2 MarkenG, Art. 51 Abs. 1 b), c) GMV [676], nicht auf die Nichtigkeit der Marke des Altinhabers im Widerspruchsverfahren berufen, sondern muss die Löschung in einem gesonderten Verfahren gemäß § 54 MarkenG bzw. Art. 52, Art. 56ff. GMV betreiben.

In der Erhebung des Widerspruchs oder einer Klage aus einer nach § 50 Abs. 1 MarkenG, Art. 52 GMV nichtigen Marke ist, wie auch in Fällen des Verfalls, ein Missbrauch seiner formellen Rechte durch den Inhaber der prioritätsälteren Marke zu sehen. Die in der Abgrenzungsvereinbarung niedergelegten Pflichten stehen dann ebenfalls in einem erheblichen Missverhältnis, so dass bei Bejahung der weiteren erforderlichen Voraussetzungen der Tatbestand des § 138 Abs. 1 BGB oder des § 138 Abs. 2 BGB erfüllt sein kann, was die Nichtigkeit der Abgrenzungsvereinbarung bewirkt[677].

II. Bindung des Verletzungsrichters an die Markeneintragung

Im Zusammenhang mit dem Löschungsverfahren nach § 54 MarkenG ist zu beachten, dass sich aus dem Wortlaut der §§ 22 Abs. 1 Nr. 2 Alt. 2, 51 Abs. 4 Nr. 2 MarkenG ergibt, dass es im Verletzungsverfahren des Altinhabers gegen den Inhaber der jüngeren Marke lediglich darauf ankommt, ob das ältere

675 Eisenführ/Schennen, GMV, 4. Aufl., 2014, Art. 51, Rn. 3.

676 Vgl. Kapitel 2 D I 1.

677 Vgl. Kapitel 2 C I, II; Kapitel 2 D I, II; Müller, Abgrenzungsvereinbarungen im Markenrecht, 2011, S. 73; Fammler in: Fezer (Hrsg.), Handbuch der Markenpraxis, 2. Aufl., 2012, II 1 A, Rn. 42.

Schutzrecht zum Zeitpunkt der Veröffentlichung der jüngeren Marke aufgrund von absoluten Schutzhindernissen nichtig gewesen ist. Auf den Zustand zum Zeitpunkt des Verfahrens kommt es nicht an[678]. Dies führt jedoch dazu, dass zunächst die über die Eintragung entscheidenden Gremien, das DPMA und das BPatG, im Eintragungsverfahren das Vorliegen der absoluten Schutzhindernisse zum Zeitpunkt der Veröffentlichung beurteilen. In einem Verletzungsverfahren urteilt der Verletzungsrichter aber über dieselbe Frage, weshalb die Gefahr besteht, dass widersprüchliche Entscheidungen über die Schutzvoraussetzungen derselben Marke ergehen[679]. Zudem wird dadurch der Grundsatz der Bindung des Verletzungsrichters an den Bestand geprüfter Rechte durchbrochen[680]. Um dies zu verhindern, ist die Vorschrift des § 22 Abs. 1 Nr. 2 Alt. 2 MarkenG nach herrschender Meinung einschränkend auszulegen[681]. Eine Prüfung des Vorliegens der absoluten Schutzhindernisse in Bezug auf die ältere Marke kann durch den Verletzungsrichter nicht stattfinden, wenn die Durchführung eines Löschungsverfahrens nach §§ 50, 54 MarkenG noch möglich ist[682]. Ohne den Bindungsgrundsatz wäre die Durchsetzung der prioritätsälteren Marke für ihren Inhaber deutlich schwerer. Dem Inhaber der jüngeren Marke bleibt das Vorgehen nach § 54 MarkenG, möchte er absolute Schutzhindernisse des älteren Schutzrechts geltend machen. Als Beklagte im Verletzungsprozess hat er in solchen Fällen die Möglichkeit, zu beantragen, dass das Verfahren nach § 148 ZPO für die Dauer des Löschungsverfahrens ausgesetzt wird[683].

Sollte dem Inhaber des jüngeren Schutzrechts das Vorgehen im Rahmen des Löschungsverfahrens nach § 54 MarkenG ausnahmsweise nicht möglich sein, weil beispielsweise ein Schutzhindernis nicht mehr gegeben ist, soll die

---

678 Bous in: Ekey/Klippel/Bender, Markenrecht, Band 1, 2. Aufl. 2009, § 22, Rn. 16.

679 Fezer, Markenrecht, 4. Aufl. 2009, § 22, Rn.14, 15.

680 Hacker in: Ströbele/Hacker, Markengesetz, 11. Aufl. 2015, § 22, Rn. 11.

681 BGH v. 28.08.2003 – I ZR 257/00 – Kinder, GRUR 2003, S. 1042; Ingerl/Rohnke, Markengesetz, 3. Aufl., 2010, § 14, Rn. 15ff.; Hacker in: Ströbele/Hacker, Markengesetz, 11. Aufl. 2015, § 22, Rn. 11; Fezer, Markenrecht, 4. Aufl. 2009, § 22, Rn.14, 15; Beyerlein, WRP 2006, S. 732, 733; a.A. Rohnke, GRUR 2001, S. 696; ebenso, aber noch zum WZG Knaak, GRUR 1981, S. 389.

682 Zur Bindung deutscher Gemeinschaftsmarkengerichte an die Eintragung von Gemeinschaftsmarken vgl. Ingerl/Rohnke, Markengesetz, 3. Aufl., 2010, § 14, Rn. 20; Art. 99 GMV.

683 BGH v. 28.08.2003 – I ZR 257/00 – Kinder, GRUR 2003, S. 1042; Fritzsche, LMK 2004, S. 9; BGH v. 03.11.1999 – I ZR 136/97, WRP 2000, S. 632; BPatG v. 26.10.1995 – 25 W (pat) 174/94, GRUR 1998, S. 407.

Überprüfung der Schutzfähigkeit der älteren Marke ausnahmsweise im Verletzungsverfahren möglich sein[684].

C. Berücksichtigung der Abgrenzungsvereinbarungen im amtlichen Verfahren

Nach der Untersuchung der markenrechtlichen Zulässigkeitsgrenzen von Abgrenzungsvereinbarungen bleibt es zunächst fraglich, ob und ggf. wie diese im amtlichen Verfahren wegen Vorliegens relativer Nichtigkeitsgründe gemäß Art. 53 GMV eingeführt werden können. Bei Verneinung dieser Frage wäre der Antragsgegner des Löschungsverfahrens darauf zu verweisen, die ihm aus der Abgrenzungsvereinbarung zustehenden Rechte vor den ordentlichen Gerichten geltend zu machen. Dies könnte sich insbesondere in Bezug auf Vereinbarungen mit grenzüberschreitendem Geltungsbereich als müßig erweisen und zudem Probleme bei der Anerkennung und Vollstreckung des Urteils bereiten[685].

Bei dem Verfahren gemäß Art. 53 GMV deutet Art. 53 Abs. 3 GMV darauf hin, dass Abgrenzungsvereinbarungen im Verfahren vor dem HABM zu berücksichtigen sind. Die Vorschrift besagt, dass eine Nichtigerklärung der angegriffenen Gemeinschaftsmarke nicht erfolgen kann, wenn der Antragsteller ihrer Eintragung ausdrücklich zugestimmt hat. Der dem Verfahren gemäß Art. 53 GMV vorangehende Abschluss eines Vergleiches im Widerspruchsverfahren ist als eine ausdrückliche Einigung zu qualifizieren[686]. Das HABM hat in einem Verfahren, in dem die Rücknahme des Widerspruchs gegen entsprechende Einschränkung des Waren- und Dienstleistungsverzeichnisses aufgrund von vorheriger Korrespondenz zwischen den Parteien stattgefunden hat, ohne dass anschließend der Abschluss einer Abgrenzungsvereinbarung erfolgt ist, entschieden, dass eine Nichtigerklärung aufgrund von Art. 52 Abs. 3 GMV nicht erfolgen kann. Diese Vorschrift sei Ausfluss des nemo potest venire contra factum proprium-Grundsatzes, wonach der Antragsteller nicht entgegen seinem vorhergehendem Verhalten agieren darf[687].

Das nationale Nichtigkeitsverfahren wegen Vorliegens relativer Schutzhindernisse gemäß § 55 Abs. 2 Nr. 2 MarkenG findet ausschließlich vor den

684 Ingerl/Rohnke, Markengesetz, 3. Aufl., 2010, § 22, Rn. 12.

685 Traumann, WRP 2012, S. 676.

686 Traumann, WRP 2012, S. 676, 677; Harte-Bavendamm/von Bomhard, GRUR 1998, S. 537, 538; Eisenführ in: Eisenführ/Schennen, GMV, 4. Aufl., 2014, Art. 53, Rn. 19, 20.

687 HABM v. 14.10.2007 – R0946/2007-2, R1151/2007-2 – VISIONIC/Visonic, Rn. 31.

ordentlichen Gerichten statt, wo privatrechtliche Vereinbarungen eingeführt werden können, weshalb sich die Problematik hier nicht stellt[688].

In Bezug auf das Widerspruchsverfahren nach § 42 MarkenG, Art. 42 GMV existiert keine mit Art. 52 Abs. 3 GMV vergleichbare Vorschrift. Überwiegend wird die Berücksichtigung von Abgrenzungsvereinbarungen im Widerspruchsverfahren abgelehnt, weil die Prüfung komplizierter Sachverhalte an dieser Stelle systemfremd sei. Dieses sei darauf ausgelegt schnell eine Vielzahl an Fällen zu erledigen[689]. Dieses Argument ist vor Erweiterung der Prüfungskompetenz des Amtes durch das Patentrechtsmodernisierungsgesetz[690] als nicht sehr stichhaltig anzusehen. Trotzdem ist an dieser Stelle der herrschenden Meinung beizupflichten. Der Gesetzgeber hat hier eine nicht selten komplizierte Prüfung der Abgrenzungsvereinbarung nach den Grundsätzen des Kartellrechts sowie weiterer spezieller zivilrechtlicher Fragen nicht vorgesehen. Stattdessen ist eine Aussetzung des Verfahrens gemäß § 43 Abs. 3 MarkenG bzw. Regel 20 Abs. 7 der Verordnung (EG) Nr. 2868/95 der Kommission zur Durchführung der Verordnung 40794 (EG) des Rates über die Gemeinschaftsmarke möglich. Die Aussetzung lediglich in solchen Fällen, in denen die Prüfung komplizierter rechtlicher Grundlagen notwendig ist und im Übrigen die Berücksichtigung der Abgrenzungsvereinbarungen im amtlichen Verfahren, wie von *Traumann* vorgeschlagen[691], würde nur zu Verwirrung in Bezug auf die Kompetenzen führen. Diese wären nicht deutlich abgrenzbar, weil es sich nicht eindeutig definieren lässt, welche rechtlichen Fragen sich als kompliziert qualifizieren lassen.

D. Ergebnis

Abschließend kann festgehalten werden, dass eine Nichtigkeit der Abgrenzungsvereinbarung sich aus § 138 Abs. 1 BGB oder § 138 Abs. 2 BGB ergeben kann, wenn die prioritätsältere Marke zum Zeitpunkt des Abschlusses der Abgrenzungsvereinbarung verfallen ist, die Parteien darüber nicht im Streit stehen und die weiteren Voraussetzungen von § 138 Abs. 1 BGB oder § 138 Abs. 2 BGB vorliegen. Ebenso gestaltet sich die Sachlage, wenn die ältere Marke bei Abschluss

688 Traumann, WRP 2012, S. 677 m.w.N; Winkler, GRUR 1994, S. 572.

689 Harte-Bavendamm/von Bomhard, GRUR 1998, S. 537, 538; Winkler, GRUR 1994, S. 572; Fezer, Markenrecht, 4. Aufl., 2009, § 42, Rn. 52; Kirschnek in: Ströbele/Hacker, Markengesetz, 11. Aufl., 2015, § 42, Rn. 61; Ingerl/Rohnke, Markengesetz, 3. Aufl. 2010, § 42, Rn. 12; a. A. Traumann, WRP 2012, S. 677, 678.

690 Traumann, WRP 2012, S. 677.

691 Traumann, WRP 2012, S. 678.

der Abgrenzungsvereinbarung nach § 50 Abs. 1 MarkenG bzw. Art. 52 GMV nichtig ist, weil in Bezug darauf absolute Schutzhindernisse bestehen[692].

Dies wird in der Praxis jedoch eher selten der Fall sein. Zumindest wird der Verfall bzw. das Vorliegen der absoluten Schutzhindernisse meistens nicht unstreitig sein oder die Parteien werden sich darüber streiten, aber keine Abgrenzungsvereinbarung schließen. Stattdessen wird der Inhaber der jüngeren Marke ein Vorgehen nach § 53 MarkenG, § 55 MarkenG oder § 54 MarkenG bzw. Art. 51 GMV, Art. 52 GMV, Art. 56 GMV wählen[693].

Im amtlichen Verfahren gemäß Art. 53 GMV ist die Abgrenzungsvereinbarung im Rahmen des Art. 52 Abs. 3 GMV zu berücksichtigen[694]. Im amtlichen Widerspruchsverfahren gemäß § 42 MarkenG bzw. Art. 42 GMV ist die Abgrenzungsvereinbarung nicht zu berücksichtigen[695].

692 Müller, Abgrenzungsvereinbarungen im Markenrecht, 2011, S. 70, 73.
693 Müller, Abgrenzungsvereinbarungen im Markenrecht, 2011, S. 70, 73.
694 Vgl. S. 130ff.
695 Vgl. S. 130ff.

Kapitel 7: Gestaltung einer Abgrenzungsvereinbarung

Nachdem in Kapitel 1 die wichtigsten Bestandteile einer Abgrenzungsvereinbarung dargestellt und Kapitel 2 der rechtliche Rahmen erläutert wurden, in dem sich eine Abgrenzungsvereinbarung halten sollte, wird nachfolgend der Bezug zwischen den Ergebnissen der rechtlichen Untersuchung und den einzelnen Klauseln hergestellt. Dabei ist auch hier zu bedenken, dass nicht jede mögliche Abwandlung der Vertragsklauseln erfasst werden kann, sondern eine generalisierende Betrachtung erfolgt. Anschließend folgt die Untersuchung der Möglichkeiten, die zur Beendigung einer Abgrenzungsvereinbarung zur Verfügung stehen.

A. Wichtigste Regelungspunkte

Zunächst richtet sich der Fokus aber auf die wichtigsten bzw. häufigsten Regelungspunkte einer Abgrenzungsvereinbarung sowie die damit verbundenen Probleme, die bei dem Abschluss einer solchen nicht außer Acht gelassen werden sollten.

I. Abgrenzungsarten

Dabei soll sich der Blick zuerst auf die unterschiedlichen Abgrenzungsarten richten.

1. Warenmäßige Abgrenzung

Die wohl am häufigsten anzutreffende Abgrenzungsart ist die warenmäßige Abgrenzung[696]. Oft gestaltet es sich in der Regel für den Anmelder des jüngeren Schutzrechts nicht schwierig, die Eintragung auf einzelne Warengruppen oder gar Waren einzuschränken, um künftige Verwechslungen mit den Waren des Altinhabers auszuschließen,[697] nicht zuletzt wegen der recht weiten Fassung der Warengruppen der Nizzaer Klassifikation.

---

696 Janoschek, Abgrenzungsvereinbarungen über Warenzeichen, 1975, S. 16, 17; Knaak, GRUR 1981, S. 387; Rißmann, Die kartellrechtliche Beurteilung der Markenabgrenzung, 2008, S. 18.

697 Vgl. Neubauer, Markenrechtliche Vereinbarungen aus rechtsvergleichender Sicht, 1983, S. 22, 23.

Die warenmäßige Abgrenzung ist in der Regel rechtlich auch nicht zu beanstanden, solange sie der Ausräumung eines markenrechtlichen Konflikts dient und gerade dem Anmelder des jüngeren Zeichens die Aufnahme bzw. die Fortführung seiner wirtschaftlichen Betätigung unter einem bestimmten Zeichen, in welches er eventuell bereits Investitionen getätigt hat, ermöglicht. Sie kann aber auch negative Auswirkungen auf den Verkehr von Waren und Dienstleistungen innerhalb der Europäischen Union haben[698]. Ob darin eine spürbare Wettbewerbsbeschränkung zu sehen ist, ist anhand einer Einzelfallprüfung festzustellen[699]. Für die Kartellrechtskonformität kann sprechen, dass die diesbezüglichen Verpflichtungen der Abgrenzungsvereinbarung von dem markenrechtlichen Unterlassungsanspruch der betreffenden Partei gedeckt sind[700].

2. *Zeichenmäßige Abgrenzung*

Auch die zeichenmäßige Abgrenzung ist in Abgrenzungsvereinbarungen häufig anzutreffen[701]. Hierbei wird die Verwechslungsgefahr zwischen den betroffenen Zeichen ausgeräumt, indem diese in ihrer Darstellung abgewandelt oder ihnen ein unterscheidungskräftiger Zusatz hinzugefügt wird[702]. Grundsätzlich ist in der zeichenmäßigen Abgrenzung, auch außerhalb des Eintragungsverfahrens, kein Verstoß gegen geltendes Recht, insbesondere nicht gegen das Kartellrecht zu sehen[703]. Dies gilt vor allem dann, wenn die betreffende Marke noch keine Verwendung auf dem Markt fand[704]. Wurde sie aber doch bereits verwendet, ist im einzelnen Fall zu untersuchen, ob durch die Abgrenzung eine spürbare Wettbewerbsbeschränkung bewirkt wird[705]. Es ist dabei als für die Kartellrechtskonformität sprechendes Indiz zu werten, wenn die Verpflichtungen der Abgrenzungsvereinbarung von den Unterlassungsansprüchen der Parteien gedeckt sind[706].

---

698 Rißmann, Die kartellrechtliche Beurteilung der Markenabgrenzung, 2008, S. 169.
699 Vgl. S. 54ff.
700 Vgl. S. 70, 71.
701 Janoschek, Abgrenzungsvereinbarungen über Warenzeichen, 1975, S. 16.
702 Vgl. Rißmann, Die kartellrechtliche Beurteilung der Markenabgrenzung, 2008, S. 18.
703 Vgl. GRUR Int. 1978, S. 209.
704 Rißmann, Die kartellrechtliche Beurteilung der Markenabgrenzung, 2008, S. 168.
705 Kraft, MittPat 1986, S. 27.
706 Vgl. S. 70, 71.

3. *Vertriebswegeabgrenzung*

Mit der Abgrenzung der Vertriebswege ist gemeint, dass das Recht des Inhabers einer Marke, mit ihr versehene Ware in Verkehr zu bringen, eingeschränkt wird. Darunter kann sowohl die Nutzung der Marke für einen bestimmten Vertriebsweg als auch der Absatz der mit ihr gekennzeichneten Ware an einen bestimmten Kreis von Abnehmern fallen[707].

Eine sich aus dem Markenrecht ergebende Unzulässigkeit solcher Abreden ist nicht ersichtlich. Dem Markeninhaber steht es frei, Waren mit seiner Marke in Verkehr zu bringen. Es steht ihm aber ebenso frei, bestimmte Waren oder Dienstleistungen nicht mit seiner Marke zu kennzeichnen, weil er die Herkunftsfunktion seines Zeichens nur für eine bestimmte Produktgruppe von beispielsweise bestimmter Qualität ausnutzen möchte. Ebenso verhält es sich auch mit der Auswahl der Vertriebsart. Vor diesem Hintergrund muss es dem Markeninhaber aber auch erlaubt sein, sich schuldrechtlich zu verpflichten, die mit seiner Marke gekennzeichnete Ware nur innerhalb eines Teiles des Verkehrs zu vertreiben[708].

Allerdings wird die Abgrenzung nach Vertriebswegen oder auch nach dem Kundenkreis in den meisten Fällen zu einer Aufteilung des Marktes und somit zu einem Verstoß gegen Art. 101 Abs. 1 AEUV führen[709].

4. *Territoriale Abgrenzung*

Der Schutzbereich einer Marke umfasst grundsätzlich den gesamten territorialen Geltungsbereich der Marke. Bei der nationalen Marke gilt die Eintragung grundsätzlich für das gesamte Gebiet der Bundesrepublik Deutschland. Die Gemeinschaftsmarke entfaltet dagegen Wirkung in der gesamten Gemeinschaft (vgl. Art. 1 Abs. 2 GMV). Eine Teilung der Gemeinschaftsmarke nach den einzelnen Mitgliedstaaten ist im Zuge der Anmeldung und Eintragung sowie der Übertragung jedoch nicht möglich[710]. Dasselbe gilt in Bezug auf deutsche

---

707 Neubauer, Markenrechtliche Vereinbarungen aus rechtsvergleichender Sicht, 1983, S. 26.

708 Vgl. Neubauer, Markenrechtliche Vereinbarungen aus rechtsvergleichender Sicht, 1983, S. 64.

709 EuGH v. 13.07.1966 – 58/64 – Grundig/Consten, GRUR Ausl. 1966, S. 582; EuGH v. 14.09.1982 – C-144/81 – Keurkoop, Rn. 28, BeckEuRS 97926; GRUR Int. 1991, 214, 215; Rißmann, Die kartellrechtliche Beurteilung der Markenabgrenzung, 2008, S. 170; a. A. Kraft, GRUR 1977, S. 762, 765.

710 Brandi-Dohrn in: v. Schultz, Kommentar zum Markenrecht, 3. Aufl. 2012, § 27, Rn. 21; Rißmann, Die kartellrechtliche Beurteilung der Markenabgrenzung, 2008, S. 170.

Marken und einzelne Bundesländer. Auch eine Teilübertragung ist hier nicht umsetzbar[711]. Rein markenrechtlich spricht nichts dagegen, dass der Markeninhaber sich vertraglich dazu verpflichtet, seine Marke in einem Gebiet nicht zu nutzen, in dem er ein nationales Schutzrecht besitzt und daher gemäß Art. 8 GMV die Eintragung einer Gemeinschaftsmarke verhindern kann[712]. Kommt es aber zum Abschluss einer darüber hinausgehenden Klausel, wird sie regelmäßig unter das Kartellverbot fallen[713].

Auch in den sonstigen Fällen ist die territoriale Abgrenzung sehr bedenklich, weil sie schnell eine Marktaufteilung bewirken kann und dies in der Praxis auch meistens der Fall ist, weil die Nichtbenutzungsbeschränkungen nicht von der Prioritätslage in jedem durch die Abgrenzungsvereinbarung betroffenen Land gedeckt sind[714]. Dasselbe gilt, wenn sich die in der Abgrenzungsvereinbarung enthaltenen Abreden auf Länder beziehen, in denen zwischen den Parteien kein Markenkonflikt besteht[715]. Allerdings ist in Bezug auf die territoriale Abgrenzung zu beachten, dass eine territoriale Abgrenzung auch gerechtfertigt sein kann, wenn beispielsweise die tatsächlichen Verwendungsbereiche der Marke sie rechtfertigen[716]. Dies kann vor allem bei Dienstleistungsmarken, die zwar für das gesamte Bundesgebiet Schutz genießen, aber nur in einem Teil dieses Gebiets verwendet werden, der Fall sein. Hier kann der unnötige bundesweite Schutz reduziert werden und dadurch eine Markteröffnung für andere Marken erfolgen[717]. Eine gebietsbezogene Aufteilung zwischen den Abgrenzungspartnern wäre zudem denkbar, wenn einer die nationalen Schutzrechte in bestimmten Ländern erwirbt und der andere Vertragspartner dies in den anderen Ländern macht[718]. In den meisten Fällen wird jedoch davon abzuraten sein.

Einen Sonderfall der territorialen Abgrenzung, die rechtsgeschäftliche oder hoheitliche Markenspaltung hat das OLG Düsseldorf in seiner Entscheidung

711 Ingerl/Rohnke, Markengesetz, 3. Aufl. 2010, § 46, Rn. 4, § 27, Rn. 38.

712 Vgl. Neubauer, Markenrechtliche Vereinbarungen aus rechtsvergleichender Sicht, 1983, S. 65; Müller, Abgrenzungsvereinbarungen im Markenrecht, 2011, S. 189.

713 Rißmann, Die kartellrechtliche Beurteilung der Markenabgrenzung, 2008, S. 171, 172; Harte-Bavendamm/von Bomhard, GRUR 1998, S. 530, 540.

714 GRUR Int. 1975, S. 321; Rißmann, Die kartellrechtliche Beurteilung der Markenabgrenzung, 2008, S. 170; ausführlich dazu Müller, Abgrenzungsvereinbarungen im Markenrecht, 2011, S. 189ff.

715 Müller, Abgrenzungsvereinbarungen im Markenrecht, 2011, S. 211.

716 Vgl. Kommission im sog. „Penneys"-Fall, GRUR Int. 1978, S. 375ff.

717 Vgl. Neubauer, Markenrechtliche Vereinbarungen aus rechtsvergleichender Sicht, 1983, S. 27; Althaus, Markenrechtliche Abgrenzungsvereinbarungen, 2010, S. 103.

718 Rißmann, Die kartellrechtliche Beurteilung der Markenabgrenzung, 2008, S. 170.

vom 15. Oktober 2014 behandelt. Hier standen sich zwei voneinander unabhängige Markeninhaber gegenüber, die sich im Rahmen von einer Abgrenzungsvereinbarung über die Nutzung der infolge der Aufspaltung entstandenen, für ähnliche Waren- und Dienstleistungen in verschiedenen Ländern bestehenden, identischen Markenrechte verständigt haben[719]. Das OLG führte aus, dass die Markenspaltung eine Marktaufteilung bewirkt, *„die nach den dargestellten Grundsätzen kartellrechtlich hinzunehmen sein kann“*[720]. Dies sei aber nur der Fall, wenn die Parteien in solchen Konstellationen den aus der Markenspaltung entspringenden Konflikt regeln möchten. Eine Beschränkung des aktuellen oder potentiellen Wettbewerbs darf zwischen den Parteien der Abgrenzungsvereinbarung nicht stattfinden[721]. Auch die Vorinstanz war der Ansicht, dass die vorliegende Konstellation kartellrechtlich nicht zu beanstanden ist[722].

Das OLG Düsseldorf verwies bei seinen Ausführungen auf den sog. „Ideal Standard II“-Fall. Dieser Entscheidung lag jedoch ein anderer Sachverhalt zugrunde. Die Parteien hatten hier ein identisches Zeichen durch Übertragung erworben. Dabei gehörten die Klägerin und das Unternehmen, das das Zeichen erst an einen Dritten und dieser anschließend an die Muttergesellschaft der Beklagten übertragen hat, ursprünglich nicht zu einem Mutterkonzern. Die Nutzung wurde hier aber auf unterschiedliche Unternehmen aufgespalten, zwischen welchen aufgrund eines durch finanzielle Schwierigkeiten eingeleiteten Vergleichsverfahrens eine Verbindung bestand. Später kam es dazu, dass diese Verbindung sich im Laufe der Zeit erledigte, aber zwei verschiedene Unternehmen rechtmäßige Markeninhaber eines identischen Zeichens für ähnliche Waren in verschiedenen Ländern blieben[723]. In der sog. „Ideal Standard II“- Entscheidung nahm der EuGH zudem Bezug auf die sog. „HAG II“-Entscheidung. Dieser lag ein Sachverhalt zugrunde, in dem die betreffende Marke infolge von Beschlagnahme auf zwei unabhängige Inhaber in verschiedenen Mitgliedstaaten überging[724]. Die Richter führten jedoch aus, dass diese

---

719 OLG Düsseldorf v. 15.10.2014 – VI-U (Kart) 42/13, U (Kart) 42/13, Rn. 43, zitiert nach juris.

720 OLG Düsseldorf v. 15.10.2014 – VI-U (Kart) 42/13, U (Kart) 42/13, Rn. 43, zitiert nach juris.

721 OLG Düsseldorf v. 15.10.2014 – VI-U (Kart) 42/13, U (Kart) 42/13, Rn. 51, 57, zitiert nach juris.

722 LG Köln v. 21.03.2013 – 84 O 174/12, S. 26, nicht veröffentlicht.

723 EuGH v. 22.06.1994 – C-9/93 – Ideal Standard II, Rn. 3ff, zitiert nach juris.

724 EuGH v. 22.06.1994 – C-9/93 – Ideal Standard II, Rn. 15, zitiert nach juris; EuGH v. 17.10.1990 – C-10/89 – HAG II, Rn. 2ff., zitiert nach juris.

Grundsätze auch dann gelten, wenn die Aufspaltung der Marke auf einer vertraglichen Übertragung beruht[725].

Fraglich ist jedoch, ob es sich bei der vorliegenden Konstellation auch um eine Markenspaltung handelte, wie sie in der sog. „Ideal Standard II"-Entscheidung und der sog. „HAG II"-Entscheidung vorlag. Nach den Feststellungen, die das LG Köln in seinem Urteil vom 21. März 2013 traf ist dies eher zu verneinen. Danach gehörten die Klägerin bzw. ihre Rechtsvorgängerin nie zu einem Konzern, sondern waren in verschiedenen Ländern im Chemiebereich tätig. Aufgrund der zum damaligen Zeitpunkt bestehenden Zollschranken kam es zur Übernahme des Vertriebs, später auch der Herstellung des mit der betreffenden Marke gekennzeichneten Produkts durch die Rechtsvorgängerin der Klägerin in UK. Daraufhin wurde dort auch die betreffende Marke für die Rechtsvorgängerin der Klägerin registriert, deren heutige Inhaberin ihre Muttergesellschaft ist[726]. Nach den Feststellungen des LG Köln wollten die Parteien durch die Abgrenzungsvereinbarung *„bereits bestehende und/oder befürchtete Konflikte zwischen den Kennzeichen der Parteien in Ländern, in denen sie am Markt bereits auftraten, in denen sie den Marktzutritt beabsichtigten oder jedenfalls für möglich hielten"* regeln[727]. Das entspricht bis auf die Regelung eines bestehenden Konflikts nicht den zum Vergleich angeführten Konstellationen, insbesondere, weil die Annahme nahe liegt, dass hier auch der potentielle Wettbewerb geregelt werden soll, was nach dem OLG Düsseldorf eben nicht geschehen darf[728].

Der Fall ist unter dem Aktenzeichen KZR 60/14 beim Bundesgerichtshof anhängig. Es bleibt abzuwarten, ob und wie sich der BGH auch dazu äußern wird.

II. Vorrechtsvereinbarung

Unter einer Vorrechtsvereinbarung im engeren Sinne versteht man eine Abmachung, in deren Rahmen der Inhaber der jüngeren Marke die älteren Rechte seines Vertragspartners anerkennt und zugunsten dieser Rechte gewisse Einschränkungen in Kauf nimmt[729].

Rechtlich, insbesondere kartellrechtlich sind solche Vorrechtsvereinbarungen nicht zu beanstanden, weil darin lediglich die bestehende Rechtslage

725 EuGH v. 22.06.1994 – C-9/93 – Ideal Standard II, Rn. 44, 45, zitiert nach juris.
726 LG Köln v. 21.03.2013 – 84 O 174/12, S. 4, nicht veröffentlicht.
727 LG Köln v. 21.03.2013 – 84 O 174/12, S. 26, nicht veröffentlicht.
728 OLG Düsseldorf v. 15.10.2014 – VI-U (Kart) 42/13, U (Kart) 42/13, Rn. 51, 57, zitiert nach juris, vgl. S. 138.
729 Rißmann, Die kartellrechtliche Beurteilung der Markenabgrenzung, 2008, S. 18.

wiedergegeben wird[730]. Eine spürbare Wettbewerbsbeschränkung ist in der Verpflichtung des Inhabers des jüngeren Rechts sein Zeichen nur für bestimmte Waren zu nutzen, meist nicht zu sehen. Insbesondere nicht, wenn die Marke bist zum Zeitpunkt der Anmeldung noch nicht ins Marktgeschehen eingeführt wurde[731].

In Bezug auf eine erweiterte Vorrechtsvereinbarung kann sich die Rechtslage anders gestalten. Die Klausel wird in der Regel dann relevant, wenn der Inhaber der ursprünglich prioritätsälteren Marke ein neues Schutzrecht anmeldet, das Verwechslungsgefahr in Bezug auf die ursprünglich jüngere Marke seines Vertragspartners aufweist[732]. Zu bedenken ist allerdings, dass die erweiterte Vorrechtsvereinbarung in der Regel die Konstellation erfassen soll, in der die Verwechslungsgefahr zwischen den betroffenen Zeichen durch den Abschluss der Abgrenzungsvereinbarung nicht ausgeräumt wird und die neu angemeldete Marke des Altinhabers dadurch im Schutzbereich der durch die Vereinbarung umfassten Schutzrechte liegt[733]. Der Inhaber des älteren Schutzrechts befindet sich in solchen Konstellationen innerhalb des Schutzbereiches seiner prioritätsälteren Marke. Ein gewisser Freiraum muss ihm insbesondere aus Gründen der Markenmodernisierung oder in Bezug auf Serienzeichen zugestanden werden. Eine unangemessene Benachteiligung des Inhabers der jüngeren Marke findet dadurch im Regelfall nicht statt, weshalb eine Wettbewerbsbeschränkung im Sinne des Art. 101 Abs. 1 AEUV in solchen Fallgestaltungen grundsätzlich nicht vorliegen wird[734]. Zu bedenken ist jedoch, dass die Registrierung weiterer verwechslungsfähiger Marken durch den Altinhaber sowie die weiter zwischen den abgegrenzten Marken bestehende Gefahr der Verwechslung eine unlautere Irreführung und somit lauterkeitsrechtliche Rechtsfolgen hervorrufen kann[735].

---

730 Müller, Abgrenzungsvereinbarungen im Markenrecht, 2011, S. 162; Klingelhöfer, Der Unterlassungsanspruch des Markeninhabers und seiner Vertragspartner im deutschen Markenrecht, 2006, S. 154ff.

731 Rißmann, Die kartellrechtliche Beurteilung der Markenabgrenzung, 2008, S. 167.

732 Müller, Abgrenzungsvereinbarungen im Markenrecht, 2011, S. 164.

733 Neubauer, Markenrechtliche Vereinbarungen aus rechtsvergleichender Sicht, 1983, S. 69ff; OLG Hamburg v. 07.07.1949 – 3 U 376/48, GRUR 1949, S. 375, 380.

734 Ausführlich dazu s. Müller, Abgrenzungsvereinbarungen im Markenrecht, 2011, S. 163ff.

735 Vgl. S. 93ff.; Müller, Abgrenzungsvereinbarungen im Markenrecht, 2011, S. 171.

III. Nichtangriffsabrede

Wie bereits erwähnt[736], wird die Nichtangriffsabrede oft mit der Vorrechtsvereinbarung verbunden und ist ein fester Bestandteil fast jeder Abgrenzungsvereinbarung. Sie dient der Absicherung der Schutzbereichsabgrenzung der betroffenen Marken und der Verhinderung eines gegenseitigen Vorgehens der Parteien im Falle von verbleibenden Unsicherheiten[737]. In der Regel werden in der Nichtangriffsabrede beide Parteien verpflichtet. Der Inhaber des prioritätsälteren Rechts erklärt, dass er nicht gegen die Eintragung der jüngeren Marke vorgehen wird. Der Anmelder bzw. der Inhaber des jüngeren Schutzrechts verpflichtet sich dafür, den Bestand der älteren Marke nicht anzutasten[738].

1. Nichtangriffsabrede und Markenrecht

Die Unwirksamkeit der Nichtangriffsabrede kann sich ergeben, wenn ihr Inhalt bestimmt, dass der Inhaber der jüngeren Marke auch dann nicht gegen das ältere Schutzrecht vorgeht, wenn in Bezug darauf nachträglich Löschungsreife eingetreten oder die Marke verfallen ist. Dies kann sich aus den Vorschriften des § 49 Abs. 2 MarkenG, § 50 Abs. 1 MarkenG bzw. aus Art. 51 Abs. 1 b), c) GMV, Art. 52 GMV oder aus dem Wettbewerbs- oder Deliktsrecht ergeben. Eine Klausel, die sich auf wettbewerbsrechtliche oder deliktische Löschungsgründe bezieht stellt einen Verstoß gegen ein gesetzliches Verbot dar und fällt somit unter die Geltung der Vorschrift des § 134 BGB[739]. Umfasst die Nichtangriffsabrede das nachträgliche Eintreten[740] der Löschungs- oder Verfallsgründe der §§ 49 Abs. 2, 50 Abs. 1 MarkenG bzw. Art. 51 Abs. 1 b), c) GMV, Art. 52 GMV, kommt eine Nichtigkeit der Klausel nach § 138 MarkenG in Betracht, weil die Verfalls- bzw. Nichtigkeitsgründe der §§ 49 Abs. 2, 50 Abs. 1 MarkenG bzw. Art. 51 Abs. 1 b), c) GMV, Art. 52 GMV mit den absoluten Eintragungshindernissen der §§ 7; 8 Abs. 2 Nr. 3, 4 MarkenG bzw. Art. 7 GMV

736 Vgl. S. 16.

737 Neubauer, Markenrechtliche Vereinbarungen aus rechtsvergleichender Sicht, 1983, S. 59; Müller, Abgrenzungsvereinbarungen im Markenrecht, 2011, S. 73.

738 Fammler in: Fezer (Hrsg.), Handbuch der Markenpraxis, 2. Aufl., 2012, II 1 A, Rn. 16.

739 OLG Düsseldorf v. 15.10.2014 – VI-U (Kart) 42/13, U (Kart) 42/13 – Rn. 71, zitiert nach juris Müller, Abgrenzungsvereinbarungen im Markenrecht, 2011, S. 75.

740 Zu den Rechtsfolgen der Löschungsreife beim Abschluss der Abgrenzungsvereinbarung vgl. Kapitel 2 D I 1, II 1.

korrespondieren[741]. In einer Nichtangriffsabrede, die ausdrücklich die absoluten Löschungsgründe erfasst, ist ein Verstoß gegen den Ausnahmecharakter des Markenrechts zu sehen[742]. Aus diesem Grund ist dem öffentlichen Interesse an der Löschung der gemäß § 49 Abs. 2 MarkenG oder Art. 51 Abs. 1 b), c) GMV verfallenen bzw. gemäß § 50 Abs. 1 MarkenG oder Art. 52 GMV nichtigen Marke aus dem Markenregister der Vorzug zu gewähren. Nichtangriffsabreden, die zu weit gefasst sind oder nicht zwischen den unterschiedlichen Löschungsgründen differenzieren, sind so auszulegen, dass sie im Ergebnis diese Löschungsgründe nicht einbeziehen[743].

a) *Nichtangriffsabrede und Benutzungszwang*

In den meisten Abgrenzungsvereinbarungen ist auch eine Klausel enthalten, die bestimmt, dass der Inhaber der jüngeren Marke, künftig auch die Nichtbenutzung des prioritätsälteren Schutzrechts nicht geltend machen wird. Über die Frage, ob das öffentliche Interesse an der Löschung von nicht rechtserhaltend benutzten Marken den Parteiwillen überwiegt, herrscht jedoch keine Einigkeit.

(1) Vereinbarkeit der Nichtangriffsabrede mit dem Benutzungszwang

Die Literatur ist teilweise der Ansicht, dass es ein öffentliches Interesse daran gibt, den Benutzungszwang aufrecht zu halten und der Verstopfung des Markenregisters entgegenzutreten. Allerdings reiche dieses Interesse nicht so weit, dass dadurch eine entsprechend ausgestaltete Nichtangriffsabrede unzulässig würde[744]. Eine vergleichbare Haltung lässt sich der sog. „Bärenstiefel"-Entscheidung des Reichsgerichts entnehmen. Darin führte das Gericht aus, dass eine vertragliche Vereinbarung dem Angriff aus einer Marke entgegenstehen kann, wenn die Nichtangriffsverpflichtung sich nicht auf eine rechtsunwirksame Marke

---

741 OLG Düsseldorf v. 15.10.2014 – VI-U (Kart) 42/13, U (Kart) 42/13 – Rn. 71, zitiert nach juris ; Müller, Abgrenzungsvereinbarungen im Markenrecht, 2011, S. 76; Althaus, Markenrechtliche Abgrenzungsvereinbarungen, 2010, S. 90.

742 Althaus, Markenrechtliche Abgrenzungsvereinbarungen, 2010, S. 90.

743 OLG Düsseldorf v. 15.10.2014 – VI-U (Kart) 42/13, U (Kart) 42/13 – Rn. 71, zitiert nach juris.

744 Fammler in: Fezer (Hrsg.), Handbuch der Markenpraxis, 2. Aufl., 2012, II 1 A, Rn. 43; Bökel, GRUR 1972, S. 30; Mitscherlich, GRUR 1973, S. 503; Heydt, GRUR 1973, 179ff; Fezer, Markengesetz, 4. Auflage 2009, § 55, Rn. 33; Jackermeier, Die Löschungsklage im Markenrecht, 1983, S. 156; Ingerl/Rohnke, Markengesetz, 3. Aufl., 2010, § 55, Rn. 14; a.A. Freitag, GRUR 1973, 175ff.; ders., GRUR 1973, S. 348, 349.

bezieht[745]. Obwohl dieses Urteil vor der Einführung des Benutzungszwangs erging, lassen sich die darin enthaltenen Grundsätze darauf übertragen. Eine nicht rechtserhaltend benutzte Marke ist auch nicht als rechtsunwirksam zu betrachten, weil die Nichtbenutzung nicht ipso iure zum Verlust des Markenrechts führt und geheilt werden kann[746]. Der BGH hat sich zu der Frage nach der Zulässigkeit der Nichtangriffsabrede in Verbindung mit dem Grundsatz des Benutzungszwangs bisher nicht geäußert.

Zur Begründung für diese Ansicht wird angeführt, dass das Gesetz die Löschung einer nicht rechtserhaltend benutzten Marke nicht als zwingende Rechtsfolge anordnet. Darin sei der Wille des Gesetzgebers erkennbar, dass die Markeninhaber einen Gestaltungsspielraum bei der Beseitigung von Markenkollisionen haben und unter der Beachtung ihrer ökonomischen Interessen über die Durchsetzung des Benutzungszwangs entscheiden sollten[747]. Dies bewirkt auch nicht die Umgehung des Benutzungszwangs, denn es besteht weiterhin für jede Person gemäß § 55 Abs. 2 Nr. 1 MarkenG die Möglichkeit, eine Popularklage wegen Nichtbenutzung zu erheben[748]. Nach *Kraft* erwächst die Pflicht eines der Vertragspartner, die Marke seines Gegenübers nicht wegen Nichtbenutzung anzugreifen aus § 242 BGB, weil es sich dabei um eine der Abgrenzungsvereinbarung immanente Nebenpflicht handelt[749].

(2) Unvereinbarkeit der Nichtbenutzungsabrede mit dem Benutzungszwang

Der andere Teil der Literatur ist diesbezüglich abweichender Ansicht und betrachtet die Verpflichtung zum Nichtangriff der Marke seines Vertragspartners wegen Nichtbenutzung nach § 134 BGB bzw. § 138 Abs. 1 BGB als nichtig[750]. Argumentiert wird von der Gegenmeinung mit dem Sinn und Zweck des Benutzungszwangs und der Tatsache, dass das öffentliche Interesse an der Durchsetzung bei allen Gründen des Verfalls als gleichwertig anzusehen ist, weil sie alle

745 RG v. 17.04.1928 – II 411/27, RGZ 120, S. 405.

746 Fezer, Markenrecht, 4. Aufl., 2009, § 26, Rn. 222.

747 Müller, Abgrenzungsvereinbarungen im Markenrecht, 2011, S. 82; Mitscherlich, GRUR 1973, S. 503; Fezer, Markenrecht, 4. Aufl., 2009, § 55 Rn. 33.

748 Fezer, Markenrecht, 4. Aufl., 2009, § 55 Rn. 33; Heydt, GRUR 1973, S. 179.

749 Kraft, MittPat 1986, S. 25.

750 A.A. Freitag, GRUR 1973, 175ff.; ders., GRUR 1973, S. 348, 349; Storkebaum, GRUR 1976, S. 125, 126; Helm, GRUR 1974, S. 326; Neubauer, Markenrechtliche Vereinbarungen aus rechtsvergleichender Sicht, 1983, S. 56.

als Popularklage ausgestaltet wurden[751]. Dem öffentlichen Interesse sowie dem Interesse des Vertragspartners an der Weiterentwicklung seiner Marke, die er nach Löschung der nicht rechtserhaltend benutzten Marke seines Gegenübers betreiben kann ist vor dem Interesse der Parteien an der Einigung Vorrang einzuräumen[752].

Das OLG Düsseldorf ließ die Frage, ob ein Verzicht einer Partei gegen die andere Partei wegen Verfalls seiner Marke aufgrund von Nichtbenutzung vorzugehen mit dem Markenrecht vereinbar ist, in seiner Entscheidung vom 15. Oktober 2014 offen[753].

(3) Stellungnahme

Die Systematik des Gesetzes lässt sich hier für die erstgeschilderte Ansicht als Argument anbringen. Der Verfallsgrund des § 49 Abs. 1 MarkenG wurde in einem eigenen Absatz verortet und von den Verfallsgründen des § 49 Abs. 2 MarkenG getrennt. Dies lässt sich damit begründen, dass die Verfallsgründe des § 49 Abs. 1 MarkenG mit den absoluten und vor allem nicht heilbaren Schutzhindernissen des § 8 Abs. 2 Nr. 3, Nr. 4 MarkenG korrespondieren, weshalb eine sich darauf beziehende Nichtangriffsabrede unzulässig wäre[754]. Der sich aus der Nichtbenutzung ergebende Verfall kann jedoch durch die Aufnahme der rechtserhaltenden Benutzung einer Marke vor der Stellung des Löschungsantrags bzw. des Antrags auf Erklärung des Verfalls geheilt werden (vgl. § 49 Abs. 1 S. 2 MarkenG; Art. 51 Abs. 1 a) GMV). Dies rechtfertigt die unterschiedliche Handhabe der Verfallsgründe des § 49 MarkenG[755]. Auch wenn das Argument der Gesetzessystematik in Verbindung mit Art. 51 Abs. 1 GMV nicht richtig passt, weil da alle Verfallsgründe in einem Absatz untergebracht sind, trifft die Tatsache, dass es sich bei der nicht rechtserhaltenden Benutzung um den einzigen heilbaren Verfallsgrund handelt und somit eine differenzierte Behandlung der Verfallsgründe durch den Gesetzgeber stattfindet, auch im Gemeinschaftsmarkenrecht zu.

Nur weil einer der Vertragspartner einer Abgrenzungsvereinbarung darauf verzichtet, gegen die Nichtbenutzung der Marke seines Gegenübers vorzugehen,

---

751 Knaak, GRUR 1981, S. 390.

752 Harte-Bavendamm/v. Bomhard, GRUR 1998, S. 536.

753 OLG Düsseldorf v. 15.10.2014 – VI-U (Kart) 42/13, U (Kart) 42/13 – Rn. 71, zitiert nach juris.

754 Vgl. Kapitel 3 A II; Müller, Abgrenzungsvereinbarungen im Markenrecht, 2011, S. 84; Althaus, Markenrechtliche Abgrenzungsvereinbarungen, 2010, S. 92.

755 Müller, Abgrenzungsvereinbarungen im Markenrecht, 2011, S. 84; Althaus, Markenrechtliche Abgrenzungsvereinbarungen, 2010, S. 92.

bedeutet dies nicht, dass der Grundsatz des Benutzungszwangs umgangen wird. Aufgrund der Ausgestaltung als Popularklage hat jede weitere Person (vgl. § 53 Abs. 2 MarkenG bzw. Art. 56 Abs. 1 a) GMV) das Recht, die Löschung einer nicht rechtserhaltend benutzten Marke zu betreiben[756]. Diese Ausgestaltung ist auch die Ursache für die aus der Praxis bekannte Umgehung der Nichtangriffsklausel durch die darin verpflichtete Partei durch den Einsatz von Strohmännern[757].

Letztendlich spricht auch der Gesetzgeberwille für die Zulässigkeit einer Abrede, die den Nichtangriff auf eine nicht rechtserhaltend benutzte Marke untersagt. Die Verletzung des Benutzungszwangs führt zu keinerlei Sanktionen und bewirkt auch nicht die Löschung der betroffenen Marke von Amts wegen aus dem Register[758]. Die Amtslöschung wurde bei der Schaffung der Gemeinschaftsmarke zwar erörtert[759]. Die Aufnahme dieser Vorgehensweise erfolgte jedoch weder in die MRL noch in die GMV. Hätte der Gesetzgeber das öffentliche Interesse an der Löschung nicht rechtserhaltend benutzter Marken als sehr gewichtig eingeschätzt, hätte er sich diesbezüglich höchstwahrscheinlich anders entschieden[760].

Zudem erhält die Nichtbenutzung der Marke zum Beispiel in den Vorschriften der §§ 43 Abs. 1, 55 Abs. 3 und § 25 Abs. 2 MarkenG[761] lediglich die Ausgestaltung als Einrede[762]. Der angegriffenen Partei steht es frei, zu entscheiden, ob sie sich durch Erhebung der Einrede verteidigen möchte bzw. den Antrag nach Art. 42 Abs. 2 GMV stellen möchte oder nicht. Die Entscheidung über den Einsatz der Möglichkeiten der Verteidigung bzw. das Verlangen des Benutzungsnachweises ist dem Inhaber des jeweiligen Rechts überlassen, was wiederum eine Auswirkung seiner allgemeinen Handlungsfreiheit darstellt[763].

Nicht unerwähnt bleiben sollte an dieser Stelle, dass der Inhaber des prioritätsälteren Rechts sich in der Nichtangriffsabrede zusätzlich zu den bereits

---

756 Müller, Abgrenzungsvereinbarungen im Markenrecht, 2011, S. 85, 87.

757 Knaak, GRUR 181, S. 386, 390, Bökel GRUR 172, 28, 30.

758 Fezer, Markengesetz, 4. Aufl., 2009, § 26, Rn. 222.

759 Kommission der Europäischen Gemeinschaften, GRUR Int. 1976, S. 495, Rn. 121.

760 Kellerhals, GRUR Int. 1999, S. 14, Fn. 26.

761 In Bezug auf die Regelung des Art. 42 Abs. 2 GMV soll die Bezeichnung „Nichtbenutzungseinrede" vermieden werden, weil der Benutzungsnachweis im Gemeinschaftsmarkenrecht auf Antrag des Anmelders im Widerspruchsverfahren zu erbringen ist (vgl. Eisenführ/Schennen, GMV, 4. Aufl., 2014, Art. 42, Rn. 156).

762 Müller, Abgrenzungsvereinbarungen im Markenrecht, 2011, S. 86.

763 BGH v. 16.03.2000 – I ZB 43/97 – Bayer/BeiChem, Rn. 25, zitiert nach juris; Klingelhöfer, Der Unterlassungsanspruch des Markeninhabers und seiner Vertragspartner im deutschen Markenrecht, 2006, S. 148.

erörterten Punkten in der Regel verpflichtet, seine Verbietungsrechte aus den §§ 14, 18, 19 MarkenG nicht geltend zu machen. Da es sich hierbei um relative Ansprüche bzw. Nichtigkeitsgründe handelt, die das Verhältnis der Markeninhaber zueinander betreffen und deren Geltendmachung dispositiv ist, sind entsprechende Klauseln nicht zu beanstanden und somit zulässig[764].

2. Nichtangriffsabrede und Kartellrecht

Gegenüber der Nichtangriffsabrede nahmen die Kommission und der EuGH in der Vergangenheit immer wieder eine kritische Haltung ein. In der sog. „Penneys"-Entscheidung stellte die Kommission fest, dass Nichtangriffsabreden üblicherweise als wettbewerbsbeschränkend anzusehen seien, was in diesem Fall jedoch nicht zutreffend sei[765]. Dabei stellte sie darauf ab, dass im konkreten Fall die Geltungsdauer der Nichtangriffsvereinbarung auf fünf Jahre beschränkt sei und deshalb eine nicht spürbare Wettbewerbsbeschränkung darstelle[766]. Außerdem führte die Kommission aus, dass Abgrenzungsvereinbarungen zur Schlichtung von Streitigkeiten bei Markenrechtskollisionen notwendig seien. Aus diesem Grund seien darin enthaltene Abreden als zulässig zu qualifizieren, wenn sie den Wettbewerb nicht mehr als zur Schlichtung nötig beschränken[767]. Was zur Schlichtung notwendig ist, kann oft aus der materiellen Abgrenzung abgeleitet werden. Wurde diese im zulässigen Umfang vorgenommen, sind auch die Abreden, die diese Abgrenzung absichern sollen, als zulässig einzustufen[768]. Dies belegt auch die sog. „Penneys"-Entscheidung. Hier war die materielle Abgrenzung der Zeichen ebenfalls nicht zu beanstanden, denn die Handlungsfreiheit der betroffenen Unternehmen wurde durch die Abgrenzungsvereinbarung nicht tangiert, weil die Parteien sich für die Zeichen, die sie künftig nicht benutzen dürfen, bisher in den jeweils betroffenen Staaten keinen „*Goodwill*" erarbeitet haben und deshalb ohne Einbußen unter einer anderen Bezeichnung tätig sein bzw. werden konnten[769].

---

764 So auch OLG Düsseldorf v. 15.10.2014 – VI-U (Kart) 42/13, U (Kart) 42/13 – Rn. 72, zitiert nach juris; Müller, Abgrenzungsvereinbarungen im Markenrecht, 2011, S. 87, 88.

765 GRUR Int. 1978, S. 378.

766 GRUR Int. 1978, S. 378.

767 GRUR Int. 1978, S. 378.

768 Neubauer, Markenrechtliche Vereinbarungen aus rechtsvergleichender Sicht, 1983, S. 174.

769 GRUR Int. 1978, S. 378.

Der EuGH vertrat in der sog. „Windsurfing International“-Entscheidung den Standpunkt, dass es sich bei Nichtangriffsabreden um wettbewerbswidrige Vereinbarungen handele[770]. In der sog. „Toltecs/Dorcet II“-Entscheidung qualifizierte er eine Nichtangriffsverpflichtung als kartellrechtswidrig, weil in Bezug auf die Altmarke bei Abschluss der Abgrenzungsvereinbarung Löschungsreife wegen Nichtbenutzung vorlag[771]. In einer späteren Entscheidung hielt der EuGH die Zulässigkeit der Nichtangriffsabrede dann doch für möglich. Im der Entscheidung zugrunde liegenden Sachverhalt handelte es sich um die Nichtangriffsabrede in einem Patentlizenzvertrag. Weil die Lizenz kostenfrei eingeräumt worden war, verneinte der EuGH das Vorliegen einer Wettbewerbsbeschränkung[772].

Der Ansicht des EuGH aus der sog. „Toltecs/Dorcet II“-Entscheidung hat sich auch das OLG Düsseldorf in seiner Entscheidung vom 15. Oktober 2014 angeschlossen und ausgeführt, dass der Verzicht einer Partei gegen die andere Partei wegen Verfalls seiner Marke aufgrund von Nichtbenutzung vorzugehen, kartellrechtswidrig ist, *„weil es im Interesse der Freiheit des Wettbewerbs und der Öffnung der Märkte liegt, dass das Register um nicht benutzte Marken bereinigt wird*[773]*“*. Eine Nichtangriffsabrede ist nach Ansicht des OLG nur dann als kartellrechtsneutral einzustufen, wenn darin der Verzicht auf die Klage auf Löschung bzw. Geltendmachung nachträglicher zivilrechtlicher Unterlassungsklagen wegen Bestehens prioritätsälterer Rechte vereinbart wird[774]. Zur Begründung führen die Richter an, dass hierbei entscheidend ist, dass der Verzicht ausschließlich dazu dient, die Benutzungsregelungen, die die Markeninhaber in der Abgrenzungsvereinbarung getroffen haben und die ebenfalls kartellrechtlich unbedenklich sind, abzusichern, weil ohne den Verzicht der Eintritt der angestrebten Rechtssicherheit verhindert wird[775]. Klauseln, in denen es nicht deutlich zum Ausdruck

770 EuGH v. 25.02.1986 – Rs. 193/83 – Windsurfing International, Rn. 92, GRUR Int 1986, S. 641 (hier allerdings in Bezug auf eine Klausel in einem Lizenzvertrag über ein Patent).

771 EUGH v. 30.01.1985 – Rs. 35/83 – Toltecs/Dorcet II, Rn. 35, zitiert nach juris.

772 EuGH v. 27.09.1988 – Rs. 65/86, Rn. 16ff., NJW 1988, S. 3082, 3083; nachfolgend BGH v. 21.02.1989 – KZR 18/84, Rn. 41ff., zitiert nach juris.

773 OLG Düsseldorf v. 15.10.2014 – VI-U (Kart) 42/13, U (Kart) 42/13 – Rn. 71, zitiert nach juris.

774 OLG Düsseldorf v. 15.10.2014 – VI-U (Kart) 42/13, U (Kart) 42/13 – Rn. 71, zitiert nach juris.

775 OLG Düsseldorf v. 15.10.2014 – VI-U (Kart) 42/13, U (Kart) 42/13 – Rn. 72, zitiert nach juris.

kommt, dass der Verzicht sich nur auf die Klage auf Löschung wegen Nichtigkeit oder auf nachträgliche Unterlassung aufgrund Bestehens älterer Rechte beziehen soll, sind nach Ansicht des OLG Düsseldorf dahingehend auszulegen[776].

Auch in der Literatur wird kontrovers diskutiert, ob Nichtangriffsabreden gegen das Kartellrecht verstoßen oder nicht. Stimmen, die darin eine Wettbewerbsbeschränkung sehen führen hauptsächlich die Tatsache, dass die Sicherung vernichtbarer Schutzrechte nicht zulässig sein darf sowie die Verstopfung des Markenregisters als Argumente für ihren Standpunkt an[777].

a) Stellungnahme

Es ist also erkennbar, dass die apodiktische Qualifizierung der Nichtangriffsabrede als unzulässig nicht zutreffend ist, ihre kartellrechtliche Zulässigkeit aber streng an die kartellrechtliche Zulässigkeit der in der Abgrenzungsvereinbarung enthaltenen Benutzungsregelungen gekoppelt wird. Eine Nichtangriffsabrede ist demnach dann kartellrechtlich zulässig, wenn sie lediglich dazu dient, kartellrechtkonforme Abreden abzusichern[778]. Um zu ermitteln, ob diese Voraussetzung gegeben ist, berücksichtigen die Gerichte die besonderen Umstände des Einzelfalles sowie den Parteiwillen[779].

Es wird vertreten, dass Nichtangriffsabreden eine Wettbewerbsbeschränkung bezwecken, weil darin die Absicht zu Tage kommt, ein vernichtbares Schutzrecht aufrecht zu erhalten[780]. Dies ist in Bezug auf den Verzicht auf Rechte aus § 49 Abs. 2 MarkenG, § 50 Abs. 1 MarkenG bzw. aus Art. 51 Abs. 1 b), c) GMV, Art. 52 GMV auch nachvollziehbar. Diese korrespondieren mit den absoluten Schutzhindernissen. Eine nachträgliche Heilung der dadurch eingetretenen Vernichtbarkeit der Marke ist nicht möglich. Folglich wird durch eine Nicht-

776 OLG Düsseldorf v. 15.10.2014 – VI-U (Kart) 42/13, U (Kart) 42/13 – Rn. 77, zitiert nach juris.

777 Tetzner, GRUR 1973, S. 641; Kraft, MittPat 1986, S. 25; Schricker, GRUR 1980, S. 656; Schluep, GRUR Int. 1985, S. 541; Rißmann, Die kartellrechtliche Beurteilung der Markenabgrenzung, 2008, S. 173; Müller, Abgrenzungsvereinbarungen im Markenrecht, 2011, S. 178ff.

778 OLG Düsseldorf v. 15.10.2014 – VI-U (Kart) 42/13, U (Kart) 42/13 – Rn. 72, zitiert nach juris; Althaus, Markenrechtliche Abgrenzungsvereinbarungen, 2010, S. 143; Harte, GRUR 1978, S. 506.

779 OLG Düsseldorf v. 15.10.2014 – VI-U (Kart) 42/13, U (Kart) 42/13 – Rn. 77, zitiert nach juris; GRUR Int. 1978, S. 378; EuGH v. 27.09.1988 – Rs. 65/86, Rn. 16ff., NJW 1988, S. 3082, 3083.

780 Sack in FS Fikentscher, 1998, S. 743, 745.

angriffsabrede, die diese Rechte umfasst, eine dauerhaft nicht rechtskonforme Position aufrecht erhalten, die dazu führt, dass die ursprünglich gerechtfertigte Einschränkung der wirtschaftlichen Handlungsfreiheit des jeweiligen Vertragspartners weiterhin aufrecht erhalten wird. Dieser Zustand ist als Wettbewerbsbeschränkung zu qualifizieren.

Der Verfalls- bzw. der Löschungsgrund der Nichtbenutzung wird im Markenrecht jedoch etwas anders behandelt als die Verfalls- bzw. Nichtigkeitsgründe wegen Vorliegens absoluter Schutzhindernisse[781]. Diese unterschiedliche Behandlung muss auch bei der kartellrechtlichen Beurteilung der diese Rechte umfassenden Nichtangriffsabrede berücksichtigt werden. Die Nichtangriffsabrede soll die in der Abgrenzungsvereinbarung getroffene Benutzungsregelung absichern, die vereinbart wurde, um den bestehenden Markenkonflikt beizulegen. Ist die betreffende Marke irreversibel verfallen bzw. nichtig, besteht kein Bedürfnis nach der Aufrechterhaltung der Benutzungsregelung und somit auch ihrer Absicherung. Im Falle des Verstoßes gegen den Benutzungszwang gestaltet sich die Sachlage aber anders. Der Verfall wegen Nichtbenutzung bewirkt keine irreversible Vernichtbarkeit der Marke, sondern kann unter bestimmten Voraussetzungen (vgl. § 49 Abs. 1 S. 2 MarkenG) geheilt werden. In solchen Fällen besteht das Bedürfnis nach der Aufrechterhaltung der Abgrenzungsvereinbarung und der darin enthaltenen Regelungen weiterhin. Diesem Bedürfnis würde es wiederum entgegenstehen, wenn eine Partei die nicht dauerhaft rechtsunwirksame Marke der anderen Partei angreifen könnte[782]. Eine entsprechende Haltung vertritt die Kommission in den Technologietransfer-Leitlinien. Sie merkt zwar an, dass eine Nichtangriffsabrede gegen Art. 101 Abs. 1 AEUV verstoßen kann, zum Beispiel wenn ein Recht des geistigen Eigentums auf der Grundlage unrichtiger oder irreführender Auskünfte erteilt wurde. Dies müsse im Einzelfall geprüft werden[783].

Der Zweck des Benutzungszwangs liegt vor allem darin, unbenutzte Zeichen für den Wettbewerb freizuhalten und das Register um nichtbenutzte Marken zu bereinigen[784]. Aber wird dieses Freihaltebedürfnis durch eine Nichtangriffsabrede, die den Verzicht auf den Antrag bzw. die Klage auf Löschung wegen Verfalls aufgrund von Nichtbenutzung beinhaltet, derart eingeschränkt, dass eine Wettbewerbsbeschränkung zu bejahen ist? Selbst wenn man diese Frage bejaht,

---

781 Vgl. S. 124ff.

782 RG v. 17.04.1928 – II 411/27, RGZ 120, S. 405.

783 Leitlinien zur Anwendung von Artikel 101 des Vertrags über die Arbeitsweise der Europäischen Union auf Technologietransfer-Vereinbarungen, 2014/C 89/03, Rn. 242, 243; Cepl/Rüting, WRP 2013, S. 306.

784 Fezer, Der Benutzungszwang im Markenrecht, 1974, S. 16.

so ist spätestens die Spürbarkeit einer solchen Wettbewerbsbeschränkung zu verneinen, denn durch den Verzicht der Geltendmachung dieses Rechts in einer Abgrenzungsvereinbarung sind nur die Vertragspartner betroffen, jeder Dritte kann aber weiterhin gegen den Inhaber des unbenutzten Zeichens vorgehen und somit das Freihaltebedürfnis der Mitbewerber durchsetzen. Die Durchsetzung des Benutzungszwangs und somit die Bereinigung des Registers um nicht benutzte Marken ist nicht die Aufgabe des Kartellrechts, erst recht nicht vor dem Hintergrund, dass der Gesetzgeber diesen Aspekt als nicht so gewichtig eingestuft hat, dass er bei Nichtbenutzung einer Marke eine Löschung von Amts wegen vorgesehen hat[785]. Der Verzicht auf den Antrag bzw. die Klage auf Löschung wegen Verfalls aufgrund von Nichtbenutzung in einer Nichtangriffsabrede entspricht vielmehr dem Wesen der Abgrenzungsvereinbarung. Dieses besteht darin, dass die Parteien ihre Zeichen und somit ihre wirtschaftliche Betätigung dauerhaft voneinander abgrenzen und den Markenkonflikt dauerhaft beilegen möchten, um künftig unabhängig und ungehindert voneinander die jeweils eigenen Interessen zu verfolgen[786].

In Bezug auf Patentrechte wird die kartellrechtliche Zulässigkeit der Nichtangriffsabrede teilweise anders beurteilt. Dies folgt jedoch daraus, dass es in Bezug auf Patente keinen Benutzungszwang gibt und die Nichtigkeitsgründe des § 22 PatG den Erteilungsvoraussetzungen entsprechen, die wiederum mit den absoluten Schutzhindernissen vergleichbar sind.

Aus diesem Grund ist an dieser Stelle der Ansicht des OLG Düsseldorf aus der Entscheidung vom 15. Oktober 2014 nicht beizupflichten[787]. Der Fall ist jedoch unter dem Aktenzeichen KZR 60/14 beim Bundesgerichtshof anhängig, so dass die Diskussion um die kartellrechtliche Zulässigkeit von Nichtangriffsabreden in markenrechtlichen Abgrenzungsvereinbarungen spannend bleibt.

IV. Sukzessions- , Konzern- und Lizenzklausel

Um die Abgrenzung der Marken für die Zukunft abzusichern, wird eine Reihe weiterer Klauseln in die Abgrenzungsvereinbarung aufgenommen.

Eine Sukzessionsklausel vereinbaren die Parteien, um für den Fall des Inhaberschaftswechsels vorzusorgen. Diese wird häufig mit einer Konzernklausel

785 Vgl. S. 146.

786 OLG Düsseldorf v. 15.10.2014 – VI-U (Kart) 42/13, U (Kart) 42/13 – Rn. 86, zitiert nach juris.

787 OLG Düsseldorf v. 15.10.2014 – VI-U (Kart) 42/13, U (Kart) 42/13 – Rn. 71ff., zitiert nach juris.

verbunden, die auch mit dem Vertragspartner verbundene Unternehmen in den Geltungsbereich der Abgrenzungsvereinbarung einbezieht. In manchen Fällen wird im Vertragswerk auch festgelegt, dass die darin enthaltenen Regelungen auch Lizenznehmer der betreffenden Marken einbeziehen soll[788].

In Bezug auf die Sukzessionsklausel ist zu beachten, dass sie, abgesehen von Fällen, in denen das Gesetz den Übergang der Rechte und Pflichten bestimmt[789], einen unzulässigen Vertrag zu Lasten Dritter darstellt. Aus diesem Grund bietet es sich hier an, zu formulieren, dass die Parteien sich verpflichten, ihrem jeweiligen Nachfolger die Pflichten aus der Abgrenzungsvereinbarung aufzuerlegen[790].

Müller und *Neubauer* sind der Ansicht, die Pflicht zur Übertragung der Pflichten aus der Abgrenzungsvereinbarung auf den Erwerber ergibt sich schon aus § 242 BGB als eine vertragliche Nebenpflicht, um den Besitzstand des jeweiligen Vertragspartners auch im Falle der Markenveräußerung nicht zu gefährden[791]. Auch wenn man sich dieser Ansicht anschließt, sollte in einer Abgrenzungsvereinbarung trotzdem eine eindeutige Regelung getroffen werden[792].

Die Vertragsübernahme ist die vorzugswürdigere Form der Übertragung der Rechte und Pflichten aus der Abgrenzungsvereinbarung. In der Sukzessionsklausel ist die Zustimmung der beteiligten Parteien der Abgrenzungsvereinbarung zu der Übernahme des Vertrages durch den Erwerber einer der streitigen Marke zu sehen[793].

Als weitere Möglichkeit der Problematik zu begegnen erscheint die Vereinbarung eines Abtretungsverbotes. Dieses ersetzt dann die Rechtsnachfolgeklausel und untersagt den Parteien die Übertragung ihrer jeweiligen Marke[794]. Einem solchen Verfügungsverbot steht allerdings § 137 BGB entgegen, weshalb sich das

788 Vgl. Neubauer, Markenrechtliche Vereinbarungen aus rechtsvergleichender Sicht, 1983, S. 28, 29; Althaus, Markenrechtliche Abgrenzungsvereinbarungen, 2010, S. 63, 64.

789 Beispielsweise § 1922 BGB; §§ 25, 27,28 HGB; § 20 Abs. 1 Nr. 1 UmwG.

790 Fammler in: Fezer (Hrsg.), Handbuch der Markenpraxis, 2. Aufl. 2012, II 1 A, Rn. 47; vgl. Müller, Abgrenzungsvereinbarungen im Markenrecht, 2011, S. 227; Neubauer, Markenrechtliche Vereinbarungen aus rechtsvergleichender Sicht, 1983, S. 190; Althaus, Markenrechtliche Abgrenzungsvereinbarungen 2010, S. 715.

791 Müller, Abgrenzungsvereinbarungen im Markenrecht, 2011, S. 227; Neubauer, Markenrechtliche Vereinbarungen aus rechtsvergleichender Sicht, 1983, S. 190.

792 Müller, Abgrenzungsvereinbarungen im Markenrecht, 2011, S. 228, 234.

793 Ausführlich dazu s. Müller, Abgrenzungsvereinbarungen im Markenrecht, 2011, S. 232ff.

794 Müller, Abgrenzungsvereinbarungen im Markenrecht, 2011, S. 226, 227.

Abtretungsverbot nur auf die aus der Abgrenzungsvereinbarung erwachsenden Pflichten beziehen kann[795].

Auch das Rechtsinstitut der Verwirkung hilft der Partei der Abgrenzungsvereinbarung, die ihre Marke nicht veräußert hat, wenn die Übertragung der Pflichten daraus vom Veräußerer auf den Erwerber nicht oder unwirksam erfolgt. Die für die Bejahung des § 21 MarkenG notwendigen Voraussetzungen liegen bei Abgrenzungsvereinbarungen nicht vor[796]. Es wird während ihrer Geltungsdauer nicht die Verletzung einer Marke geduldet, bei der der Verletzer ein schutzwürdiges Vertrauen darauf entwickelt, dass der Verletzte keine Unterlassungsansprüche gegen ihn geltend machen wird. Die Geltendmachung eines Unterlassungsanspruchs muss dabei möglich sein[797]. Dies ist zwischen den Parteien der Abgrenzungsvereinbarung nicht der Fall. Die Geltendmachung von Unterlassungsansprüchen ist hier aufgrund der schuldrechtlichen Abrede nicht möglich. Die Fünfjahresfrist des § 21 MarkenG wird während der Geltungsdauer der Abgrenzungsvereinbarung unterbrochen. Ihre Beendigung löst einen neuen Fristbeginn aus[798]. Aus denselben Gründen scheidet auch die Verwirkung nach den allgemeinen Grundsätzen aus, die gemäß § 21 Abs. 4 MarkenG neben der markenrechtlichen Verwirkung anwendbar sind[799].

1. Sukzessionsschutz gemäß § 30 Abs. 5 MarkenG analog

Die soeben erörterte Rechtslage kann für den Vertragspartner des Veräußerers der Marke erhebliche Risiken mit sich bringen. Verstößt dieser gegen seine Pflicht, dem Erwerber die Pflichten aus der Abgrenzungsvereinbarung aufzuerlegen, verliert sein Vertragspartner die ihm daraus zustehenden Rechte und hat gegen den Veräußerer lediglich Schadensersatzansprüche. Trotz dieser Sachlage verneint der überwiegende Teil der Literatur einen Sukzessionsschutz bei Abgrenzungsvereinbarungen kraft Gesetzes und schließt eine analoge Anwendung des § 30 Abs. 5 MarkenG aus[800].

---

795 Starck, WRP 1994, S. 699; a.A. Oppenhoff, GRUR 1968, S. 511.

796 Ausführlich dazu vgl. Müller, Abgrenzungsvereinbarungen im Markenrecht, 2011, S. 236ff.

797 Hacker in Ströbele/Hacker, Markengesetz, 11. Aufl., 2015, § 21, Rn. 50.

798 BGH v. 21.07.2005 – I ZR 312/02 – BOSS Club, GRUR 2006, S. 59; Kochendörfer, WRP 2005, S. 163.

799 Müller, Abgrenzungsvereinbarungen im Markenrecht, 2011, S. 239.

800 Fammler in: Fezer (Hrsg.), Handbuch der Markenpraxis, 2. Aufl., 2012, II 1 A Rn. 45; Oppenhoff, GRUR 1968, S. 510; Storkebaum, GRUR 1976, S. 123; Reimann/Schmitz

Allerdings gibt es auch Stimmen, die eine Analogie diesbezüglich bejahen[801]. Als Argument wird angeführt, es sei nicht überzeugend, die Lizenz als grundsätzlich dinglich zu qualifizieren und diese Dinglichkeit als Voraussetzung für die Anwendung der Vorschrift zu statuieren. Zudem sei der Vertragspartner einer Abgrenzungsvereinbarung ebenso schutzwürdig, wie der Lizenznehmer[802].

Dieser Haltung ist nicht beizupflichten. Die Vorschrift des § 30 Abs. 5 MarkenG ist mit den Tatbeständen der § 15 Abs. 3 PatG[803], § 33 UrhG verwandt. Der Zweck dieser Vorschriften ist aber, positive Benutzungsrechte an einem Patent oder Urheberrecht dem Sukzessionsschutz unterzustellen. Negative Unterlassungsansprüche und Verbotsverzichte werden von diesem Schutz nicht umfasst[804]. Diese Grundsätze sind auch auf § 30 Abs. 5 MarkenG zu übertragen. Abgesehen davon, dass es sich bei der Abgrenzungsvereinbarung um einen Vertrag mit lediglich schuldrechtlicher Wirkung handelt, kann die Position des Lizenznehmers nicht mit der eines der Vertragspartner des hier untersuchten Vertragstypus verglichen werden. Ein Lizenznehmer erhält vom Lizenzgeber ein abgeleitetes Recht, während es sich bei den Parteien einer Abgrenzungsvereinbarung um unabhängige Schutzrechtsinhaber handelt, deren wirtschaftliche Aktivitäten mit der jeweiligen Marke unabhängig vom Bestand der Marke ihres Vertragspartners sind[805]. Dies bleibt bei den Vertragspartnern einer Abgrenzungsvereinbarung auch so, wenn einer der Markeninhaber seine Marke an einen Dritten überträgt. Aus diesem Grund fehlt es hier bereits an einer für die Analogie erforderlichen vergleichbaren Interessenlage[806].

Auch in Bezug auf die Gemeinschaftsmarke ergeben sich keine anderen Schlüsse. Sukzessionsschutz wird hier sogar strenger gehandhabt und nur dann eingeräumt, wenn die Lizenz zum Übertragungszeitpunkt im Register eingetragen war. War dies nicht der Fall, hat die Lizenz lediglich schuldrechtliche

---

in: Münchener Vertragshandbuch, Band 3, Wirtschaftsrecht II, S. 672, Neubauer, Markenrechtliche Vereinbarungen aus rechtsvergleichender Sicht, 1983, S. 190.

801 Krüger/Kamlah, WRP 2004, S. 1464, 1469.

802 Krüger/Kamlah, WRP 2004, S. 1469, 1470.

803 BT-Drucks. 12/6581 v. 14.01.1994, S. 86, 87.

804 Ullmann in: Benkard, PatG, 10. Aufl., 2006, § 15, Rn. 111, Schricker/Loewenheim in: Schricker/Loewenheim, Urheberrecht, 4. Aufl., 2010, § 33, Rn. 2, 3.

805 Vgl. S. 11.

806 Ausführlich dazu vgl. Müller, Abgrenzungsvereinbarungen im Markenrecht, 2011, S. 218ff.

Auswirkungen. Da Verträge zu Lasten Dritter unzulässig sind, erhält der Erwerber ein unbelastetes Schutzrecht[807].

V. Geltungsbereich

Auch der Geltungsbereich der Abgrenzungsvereinbarung sollte zwischen den Parteien geregelt werden.

1. Örtlich

In der Regel wird die weltweite Geltung der Abgrenzungsvereinbarung festgelegt[808]. Die Bestimmung des örtlichen Geltungsbereiches darf an dieser Stelle nicht mit der territorialen Abgrenzung verwechselt werden. Im Rahmen der territorialen Abgrenzung wird festgelegt, in welchem Bereich die von der Vereinbarung betroffenen Marken benutzt werden dürfen. Der örtliche Geltungsbereich legt dagegen fest, wo die Abgrenzungsvereinbarung Anwendung findet[809]. Im Rahmen der Regelung des letztgenannten Bereichs besteht auch die Möglichkeit, die Vorrechtsvereinbarung für bestimmte Länder auch umgekehrt auszugestalten, weil der Inhaber der jüngeren Marke in bestimmten Ländern prioritätsältere Rechte innehat[810]. Geht der in der Vereinbarung festgelegte Geltungsbereich über den konkreten Konflikt hinaus, kann darin eine Marktaufteilung und somit eine unzulässige Wettbewerbsbeschränkung im Sinne des Art. 101 Abs. 1 AEUV liegen[811].

2. Zeitlich

Explizite Regelungen des zeitlichen Geltungsbereiches sind in Abgrenzungsvereinbarungen fast gar nicht zu finden. Der Grund dafür liegt wohl darin, dass es sich bei der Marke um ein beliebig verlängerbares Recht handelt, weshalb eine zeitlich begrenzte Geltungsdauer als nicht notwendig erscheint[812]. Allerdings bietet es sich an, hier eine Klausel einzufügen, die klarstellt, dass die

---

807 Schennen in: Eisenführ/Schennen, GMV, 4. Aufl., 2014, Art.23, Rn. 11.

808 Vgl. Neubauer, Markenrechtliche Vereinbarungen aus rechtsvergleichender Sicht, 1983, S. 29.

809 Vgl. Neubauer, Markenrechtliche Vereinbarungen aus rechtsvergleichender Sicht, 1983, S. 30.

810 Rißmann, Die kartellrechtliche Beurteilung der Markenabgrenzung, 2008, S. 19.

811 Althaus, Markenrechtliche Abgrenzungsvereinbarungen, 2010, S. 149.

812 OLG Düsseldorf v. 15.10.2014 – VI-U (Kart) 42/13, U (Kart) 42/13, Rn. 57, zitiert nach juris; Althaus, Markenrechtliche Abgrenzungsvereinbarungen, 2010, S. 65.

Abgrenzungsvereinbarung solange Geltung haben soll, wie die Parteien Rechte aus ihrer Marke herleiten können[813].

B. Möglichkeiten der Beendigung oder Anpassung einer Abgrenzungsvereinbarung

Wie bereits dargestellt, handelt es sich bei den Abgrenzungsvereinbarungen um Dauerschuldverhältnisse, durch deren Abschluss die Parteien die Koexistenz ihrer kollidierenden Marken und natürlich auch die damit verbundenen Investitionen dauerhaft absichern möchten[814]. Genau dieser Wunsch nach einer auf lange Dauer angelegten Beilegung der Markenkollision veranlasst die Parteien häufig dazu, keine Regelung über die Beendigungsmöglichkeiten ihrer vertraglichen Beziehung zu treffen. Dies sollte jedoch keineswegs vernachlässigt werden, denn wie beispielsweise bereits am sog. „Jette Joop"-Fall veranschaulicht, kann es sich ergeben, dass sich eine Partei aus bei Vertragsschluss nicht vorhersehbaren Gründen irgendwann von den in der Abgrenzungsvereinbarung festgelegten Pflichten lösen möchte oder es ihr gar unzumutbar wird, daran festgehalten zu werden[815]. Daher sollen nachfolgend die Beendigungsmöglichkeiten von ursprünglich wirksam geschlossenen Abgrenzungsvereinbarungen untersucht werden.

I. Kündigung gemäß § 723 BGB analog

Die Kündigung einer Abgrenzungsvereinbarung gemäß § 723 BGB analog kommt grundsätzlich nicht in Betracht, weil es hier in den meisten Fällen an einem gesellschaftsähnlichen Verhältnis fehlt, denn die dazu erforderliche Verfolgung eines gemeinsamen Zweckes durch die Parteien findet dadurch in der Regel nicht statt[816]. Ausnahmsweise wurde ein solches gesellschaftsähnliches Verhältnis durch das Reichsgericht in einer Abgrenzungsvereinbarung gesehen, weil die Parteien sich darin verpflichtet haben, sich gegenseitig bei der Verteidigung ihrer Marken vor Angriffen Dritter zu unterstützen[817]. Bei vergleichbaren Fallkonstellationen würde sich eine Kündigung gemäß § 723 BGB

---

813 OLG Düsseldorf v. 15.10.2014 – VI-U (Kart) 42/13, U (Kart) 42/13, Rn. 57, zitiert nach juris; Althaus, Markenrechtliche Abgrenzungsvereinbarungen, 2010, S. 65.

814 Vgl. S. 4, 8.

815 Vgl. S. 49ff.

816 Knaak, GRUR 1981, S. 396; LG Braunschweig v. 28.08.2013 – 9 O 2637/12 – Kräuterspirituosen, Rn. 76, zitiert nach juris.

817 RG v. 28.08.1940 – II 26/40 – strickende Hände, GRUR 1940, 561.

analog lediglich auf diese spezielle Verpflichtung beziehen und nicht die gesamte Vereinbarung umfassen[818].

II. Ordentliche Kündigung

Eine ordentliche Kündigung der Abgrenzungsvereinbarung ist nur dann möglich, wenn die Parteien sie ausdrücklich vereinbart haben[819]. Eine gesetzliche Vorschrift zur ordentlichen Kündigung von markenrechtlichen Abgrenzungsvereinbarungen existiert nicht. Ein ordentliches Kündigungsrecht aufgrund von analoger Anwendung der §§ 584, 624, 723 BGB, wie es durch den BGH bei unentgeltlichen Lizenz- bzw. Gestattungsverträgen eingeräumt wird[820], kann bei dem hier untersuchten Vertragstypus nicht gewährt werden. Die Übertragung dieser Rechtsprechung darauf kann nicht stattfinden, weil die Interessenlage der Parteien nicht mit der, die bei Abgrenzungsvereinbarungen gegeben ist, vergleichbar ist[821]. Auch die ergänzende Vertragsauslegung kann nicht ergeben, dass die Parteien bei Kenntnis um die diesbezügliche Lücke in ihrer Abgrenzungsvereinbarung eine Regelung über die ordentliche Kündigung darin getroffen hätten. Dies widerspricht dem Willen der Parteien, die Koexistenz ihrer Marken möglichst langfristig abzusichern[822].

III. Kündigung aus wichtigem Grund

Die Kündigung aus wichtigem Grund einer Abgrenzungsvereinbarung gemäß § 314 BGB ist auch dann möglich, wenn dazu keine Regelung im Vertragswerk getroffen wurde[823]. Sie kann nicht vertraglich ausgeschlossen werden[824]. Ein wichtiger Grund liegt nach § 314 Abs. 1 BGB vor, wenn dem kündigenden Teil unter Berücksichtigung aller Umstände des Einzelfalls und unter Abwägung der beiderseitigen Interessen die Fortsetzung des Vertragsverhältnisses

818 Müller, Abgrenzungsvereinbarungen im Markenrecht, 2011, S. 247.

819 Müller, Abgrenzungsvereinbarungen im Markenrecht, 2011, S. 249.

820 BGH v. 19.07.1969 – I ZR 131/67 – Migrol, GRUR 1970, S. 532; BGH v. 21.07.2005 – I ZR 312/02 – BOSS-Club, GRUR 2006, S. 59.

821 Vgl. S. 10, 11, 12; ausführlich dazu s. Müller, Abgrenzungsvereinbarungen im Markenrecht, 2011, S. 246ff.

822 Knaak, GRUR 1981, S. 386, 396; Neubauer, Markenrechtliche Vereinbarungen aus rechtsvergleichender Sicht, 1983, S. 207; Peifer, WRP 1994, S. 685, 689; Müller, Abgrenzungsvereinbarungen im Markenrecht, 2011, S. 246; LG Braunschweig v. 28.08.2013 – 9 O 2637/12 – Kräuterspirituosen, Rn. 72–74, 105, zitiert nach juris.

823 OLG Hamm v. 29.01.1991 – 4 U 105/90 – Grohe, GRUR 1991, S. 700.

824 Müller, Abgrenzungsvereinbarungen im Markenrecht, 2011, S. 74.

nicht zugemutet werden kann. Unzumutbarkeit kann auch durch Eintreten von Umständen eintreffen, die beim Abschluss der Abgrenzungsvereinbarung nicht absehbar waren[825].

Auch in der Zerstörung des der vertraglichen Verbindung zugrunde liegenden Vertrauensverhältnisses kann ein wichtiger Grund im Sinne des § 314 BGB liegen. Dabei sind der Vertragszweck, die Vertragsart, die Reichweite der persönlichen Bindungen zwischen den Vertragspartnern, und das Erfordernis persönlichen Vertrauens in die Wahrheitsliebe, Leistungsfähigkeit, Leistungsbereitschaft und Loyalität des Vertragspartners zu berücksichtigen[826]. Bei einer markenrechtlichen Abgrenzungsvereinbarung müssen jedoch schwerwiegende Umstände vorliegen, um eine Zerrüttung des dem Vertragsverhältnis zugrunde liegenden Vertrauens anzunehmen, weil es hier nicht auf eine Zusammenarbeit der Parteien ankommt. Stattdessen stehen die Abgrenzung der Schutzrechte und der Tätigkeiten der Vertragspartner sowie die ungehinderte Weiterverfolgung ihrer wirtschaftlichen Interessen im Mittelpunkt. Das Verhältnis der Parteien ist weder durch die Verfolgung eines gemeinsamen Zwecks noch durch eine Interessenwahrnehmungspflicht oder persönliche Bindung geprägt[827]. Aus diesem Grund reichen eine Auseinandersetzung um eine Erfindereigenschaft oder Verwendung von Mailadressen, die fehlerhafte Abrechnung im Rahmen eines Markenlizenzvertrages sowie das Bestreiten der Grundlagen, die zum Abschluss der Abgrenzungsvereinbarung geführt haben, weder als alleiniger Grund noch kumulativ aus, um eine Zerrüttung des Vertragsverhältnisses und somit einen wichtigen Grund im Sinne des § 314 BGB anzunehmen[828].

Die Anwendungsbereiche von § 314 BGB und § 313 BGB können sich überschneiden. Ist jedoch eine Kündigung der Abgrenzungsvereinbarung beabsichtigt, richtet sich die außerordentliche Kündigung nach § 314 BGB, weil es sich hierbei um die speziellere Vorschrift handelt[829].

---

825 Gaier in: Palandt, BGB, 74. Aufl. 2015, § 314, Rn.10, 14.

826 OLG Düsseldorf v. 15.10.2014 – VI-U (Kart) 42/13, U (Kart) 42/13 – Rn. 79, zitiert nach juris.

827 OLG Düsseldorf v. 15.10.2014 – VI-U (Kart) 42/13, U (Kart) 42/13 – Rn. 86, zitiert nach juris.

828 OLG Düsseldorf v. 15.10.2014 – VI-U (Kart) 42/13, U (Kart) 42/13 – Rn. 81, 83, 86, 89, zitiert nach juris; LG Köln v. 21.03.2013 – 84 O 174/12, S. 27, 28, nicht veröffentlicht.

829 So auch OLG Düsseldorf v. 15.10.2014 – VI-U (Kart) 42/13, U (Kart) 42/13 – Rn. 79, zitiert nach juris.

Die Unzumutbarkeit auf Seiten des Altinhabers ist zu bejahen, wenn die jüngere Marke nach Abschluss der Abgrenzungsvereinbarung doch nicht eingetragen wird[830], es sei denn, er hat dies zu vertreten[831]. Der Verfall einer der Marken wegen Nichtbenutzung gemäß § 49 Abs. 1 MarkenG bzw. Art. 51 Abs. 1 a) GMV begründet keine Unzumutbarkeit für eine der Parteien, weil hierbei unter bestimmten Voraussetzungen eine Möglichkeit der Heilung besteht[832].

Wird eine der Marken nach Vertragsschluss gelöscht, hat der andere Vertragspartner die Möglichkeit, die Abgrenzungsvereinbarung gemäß § 314 BGB zu kündigen[833]. Teilweise wird vertreten, dass die Abgrenzungsvereinbarung in solchen Fällen gegenstandslos wird[834]. Dies kann allerdings nicht erfolgen, weil die schuldrechtliche Vereinbarung nicht unmittelbar an den Bestand der ihr zugrunde liegenden Marken gebunden ist, weshalb sich diesbezügliche Veränderungen auch nicht auf diese auswirken[835]. Wäre in solchen Konstellationen eine Kündigung aus wichtigem Grund nicht möglich, wäre beispielsweise der Inhaber der jüngeren Marke bei Wegfall der älteren Marke ungerechtfertigt in seiner wirtschaftlichen Handlungsfreiheit beschränkt[836]. Anders ist die Rechtslage zu beurteilen, wenn der Altinhaber weitere prioritätsältere identische oder ähnliche Marken hat, sie benutzt und aus diesen Schutzrechten gegen die Marken des jüngeren Inhabers vorgehen kann, wie es zum Beispiel der Fall sein kann, wenn § 26 Abs. 3 S. 2 MarkenG bzw. Art. 15 Abs. 1 Unterabs. 2 a) GMV einschlägig ist[837].

---

830 Diese Konstellation wird wohl nur bei der Gemeinschaftsmarke relevant, weil hier die Eintragung erst nach Durchführung des Widerspruchsverfahrens erfolgt, vgl. S. 15.

831 Janoschek, Abgrenzungsvereinbarungen über Warenzeichen, 1975, S. 139; Neubauer, Markenrechtliche Abgrenzungsvereinbarungen aus rechtsvergleichender Sicht, 1983, S. 202; Müller, Abgrenzungsvereinbarungen im Markenrecht, 2011, S. 241.

832 Hacker in Ströbele/Hacker, Markengesetz, 11. Aufl., 2015, § 49, Rn. 10.

833 Fezer, Markenrecht, 4. Aufl. 2009, § 14, Rn. 1101.; Müller, Abgrenzungsvereinbarungen im Markenrecht, 2011, S. 74, 244.

834 Oppenhoff, GRUR 1968, S. 509; Janoschek, Abgrenzungsvereinbarungen über Warenzeichen, 1975, S. 139; Neubauer, Markenrechtliche Abgrenzungsvereinbarungen aus rechtsvergleichender Sicht, 1983, S. 202, 203.

835 Müller, Abgrenzungsvereinbarungen im Markenrecht, 2011, S. 243, 244.

836 BGH v. 26.09.1996 – I ZR 265/95 – Altunterwerfung I, GRUR 1997, S. 384; Müller, Abgrenzungsvereinbarungen im Markenrecht, 2011, S. 244; Klingelhöfer, Der Unterlassungsanspruch des Markeninhabers und seiner Vertragspartner im deutschen Markenrecht, 2006, S. 213.

837 Müller, Abgrenzungsvereinbarungen im Markenrecht, 2011, S. 245; Janoschek, Abgrenzungsvereinbarungen über Warenzeichen, 1975, S. 139.

Nach der Ansicht des LG Braunschweig in dem sog. „Kräuterspirituosen"-Urteil wäre eine Änderung der tatsächlichen Verhältnisse unter Umständen anzunehmen, wenn die Parteien sich zunächst im Rahmen von einer Abgrenzungsvereinbarung über die Nutzung der Farbe Grün einigen, wobei eine davon sich diesbezüglich einschränkt, weil es sich bei dem anderen Vertragspartner um die dominierende Farbe der Unternehmenskommunikation handelt, die Bedeutung der Farbe sich aber für eben diese Partei nachträglich ändert[838]. Die Tatsache, dass die Marke der in der Nutzung der Farbe Grün beschränkten, klägerischen Partei während der Geltung der Vereinbarung wertvoller geworden ist und die Vertragspartner diesbezüglich *„nicht mehr auf gleicher Augenhöhe"* sind, begründet keine Unzumutbarkeit, die zur Beendigung des Vertrages berechtigt[839]. Nach Ansicht des LG Braunschweig kam es im vorliegenden Fall auch nicht darauf an, ob es sich bei der Marke der Beklagten bei Vertragsschluss um eine berühmte Marke gehandelt habe und dies zum Zeitpunkt der Entscheidung nicht mehr der Fall sei, weil dieser Umstand nicht zur Vertragsgrundlage zwischen den Parteien wurde[840]. Die Abgrenzungsvereinbarung betraf zudem im vorliegenden Fall Österreich, Deutschland und die Schweiz. Den größeren Umsatz erzielte die Klägerin jedoch außerhalb dieser Staaten. Eine tatsächliche Einschränkung ihrer wirtschaftlichen Entfaltungsmöglichkeiten durch das Festhalten an der Vereinbarung war für das Gericht nicht ersichtlich[841]. Für die Beklagte, die die Farbe Grün nach wie vor nachweislich intensiv benutzt, sich auf den Fortbestand der vertraglichen Abrede verlässt und dementsprechend ihre Marketingaktivitäten ausrichtet, würde die Beendigung der Abgrenzungsvereinbarung gewichtige Nachteile mitbringen, weil dies zur Entwertung der in die Marke getätigten Investitionen führen würde[842].

---

838 LG Braunschweig v. 28.08.2013 – 9 O 2637/12 – Kräuterspirituosen, Rn. 83, zitiert nach juris.

839 LG Braunschweig v. 28.08.2013 – 9 O 2637/12 – Kräuterspirituosen, Rn. 94, ztitiert nach juris.

840 LG Braunschweig v. 28.08.2013 – 9 O 2637/12 – Kräuterspirituosen, Rn. 87, ztitiert nach juris.

841 LG Braunschweig v. 28.08.2013 – 9 O 2637/12 – Kräuterspirituosen, Rn. 95, 96, ztitiert nach juris.

842 LG Braunschweig v. 28.08.2013 – 9 O 2637/12 – Kräuterspirituosen, Rn. 88, 98, ztitiert nach juris.

IV. Wegfall der Geschäftsgrundlage

Die Grundsätze über die Störung der Geschäftsgrundlage kommen dann zur Anwendung, wenn es nach Vertragsschluss zur Änderung solcher Umstände kommt, die nicht der Risikosphäre der Vertragsparteien zugeordnet werden können[843].

Eine Anpassung des Vertrages kann gemäß § 313 Abs. 1 BGB verlangt werden, wenn sich Umstände nach Vertragsschluss schwerwiegend geändert haben, die zur Grundlage des Vertrages geworden sind und die Parteien diesen nicht oder mit einem anderen Inhalt geschlossen hätten, wenn sie die Änderung vorhergesehen hätten. Ist die Vertragsänderung nicht möglich oder für eine der Parteien nicht zumutbar, kann der benachteiligte Teil gemäß § 313 Abs. 3 S. 1 BGB vom Vertrag zurücktreten. Bei Dauerschuldverhältnissen tritt an die Stelle des Rücktritts das Recht der Kündigung (§ 313 Abs. 3 S. 2 BGB).

Eine Anpassung der Abgrenzungsvereinbarung kann zum Beispiel bei Ausweitung oder Verkleinerung des Schutzbereiches einer der betroffenen Marken in Betracht gezogen werden[844].

Eine Störung bzw. gar der Wegfall der Geschäftsgrundlage hätte auch in der sog. „Jette Joop“-Entscheidung geprüft[845] und bejaht werden müssen. Nach der Rechtsprechungsänderung zu den Grundsätzen des Rechts des Gleichnamigen bestand für die Beklagte keine Veranlassung mehr, an der Abgrenzungsvereinbarung festzuhalten, weil sie durch diese in großem Umfang in ihrer wirtschaftlichen Tätigkeit eingeschränkt war, denn sie durfte das Zeichen „Jette Joop“ lediglich für Schmuck und Modeschmuck verwenden und nicht für die ebenfalls von ihr stammende Bekleidung. Eine bestimmte Rechtsprechung kann als eine im Sinne des § 313 Abs. 1 BGB relevante Geschäftsgrundlage qualifiziert werden[846]. Vor allem Rechtsprechungsänderungen in Bezug auf Prozessvergleiche über Dauerschuldverhältnisse werden dabei als *„typischer Anwendungsfall“* bezeichnet, weil die Rechtslage vor ihrem Abschluss mit dem Gericht erörtert und der Vergleich auf der Grundlage der aktuellen Rechtslage und Rechtsprechung

---

843 Peifer, WRP 1997, S. 689, 690.

844 Neubauer, Markenrechtliche Abgrenzungsvereinbarungen aus rechtsvergleichender Sicht, 1983, S. 211; Müller, Abgrenzungsvereinbarungen im Markenrecht, 2011, S. 250; OLG München v. 24.09.1992 - 6 U 5950/91, zitiert nach juris.

845 Streicher, WuW 2011, S. 959.

846 BGH v. 02.05.1972 - VI ZR 47/71, NJW 1972, S. 1579, 1580; BGH v. 25.11.2009 - XII ZR 8/08, Rn. 18, 22, 24, 27, zitiert nach juris, Grüneberg in: Palandt, BGB, 74. Aufl. 2015, § 313, Rn. 64.

geschlossen wird[847]. Dies kann auch auf Abgrenzungsvereinbarungen, bei welchen es sich ebenfalls um Vergleiche handelt[848], übertragen werden. Sie werden zwar in der Regel nicht im Rahmen eines Prozesses geschlossen, sondern im Rahmen des Widerspruchsverfahrens bei einer Markenanmeldung. Da sich die Parteien dabei aber meistens rechtlich beraten lassen, geschieht auch hierbei der Abschluss des Vergleichs auf der Grundlage von einer bestimmten höchstrichterlichen Rechtsprechung oder Rechtslage.

In der untersuchten Konstellation orientierten sich die Parteien an der zum Zeitpunkt des Vertragsschlusses aktuellen sog. „Caren Pfleger"-Entscheidung[849] und gingen deshalb davon aus, dass zwischen ihren Zeichen eine Verwechslungsgefahr besteht[850]. Nach Änderung der diesbezüglichen Rechtsprechung und Anwendung der darin enthaltenen Grundsätze wäre dies jedoch zu verneinen gewesen und der Abschluss der Abgrenzungsvereinbarung und die damit verbundene Einschränkung ihrer wirtschaftlichen Handlungsfreiheit vor allem für die Beklagte vermeidbar gewesen. Aus diesem Grund kann die Änderung der Umstände als schwerwiegend qualifiziert werden[851]. Eine Vertragsanpassung und somit ein Festhalten an einer modifizierten Abgrenzungsvereinbarung ist aus Sicht der Beklagten auch unzumutbar, denn sie ist dadurch gehindert, ein auf dem Markt etabliertes Zeichen für einen nicht geringen Teil ihrer Produkte zu verwenden, obwohl dazu kein von der aktuellen Rechtsprechung bzw. Gesetzeslage rührender Anlass besteht. Das Interesse der Parteien an einer möglichst langfristigen Regelung einer Markenkollision kann in einem solchen Fall keinen Vorrang genießen, weil ein Markenkonflikt nach der geltenden Rechtslage nicht mehr besteht und deshalb die Einschränkung der wirtschaftlichen Handlungsfreiheit der Beklagten nicht mehr rechtfertigt. Durch die Verwendung des unterscheidungskräftigen Zusatzes „Jette" hätte auch kein Eingriff in den Schutzbereich der Marke des Klägers stattgefunden, womit die Wahrung seiner Interessen ebenfalls erfolgt wäre.

847 Pfeiffer in: jurisPK-BGB Band 2, 7. Aufl. 2014, § 313, Rn. 40; BGH v. 25.11.2009 – XII ZR 8/08, Rn. 18, 22, 24, 27, zitiert nach juris; BGH v. 21.09.2011 – XII ZR 173/09, Rn. 16, zitiert nach juris; BGH v. 20.03.2013 – XII ZR 72/11, Rn. 26, zitiert nach juris; Althaus, Markenrechtliche Abgrenzungsvereinbarungen, 2010, S. 204.

848 Vgl. S. 13.

849 BGH v. 28.02.1991 – I ZR 110/89 – Caren Pfleger, GRUR 1991, S. 475ff.

850 BGH v. 07.12.2010 – KZR 71/08 – Jette Joop, Rn. 22ff., zitiert nach juris.

851 Pfeiffer in: jurisPK-BGB Band 2, 7. Aufl. 2014, § 313, Rn. 49.

Die wirksame Kündigung eines Dauerschuldverhältnisses erfordert eine Kündigungserklärung. Diese kann auch konkludent erfolgen[852]. In der Anmeldung der Marke „Jette Joop" im April 1999, also nach Abschluss der Abgrenzungsvereinbarung, kann eine konkludente Kündigung nicht gesehen werden, denn die Beklagte erklärte auf Abmahnung der Klägerin schriftlich, dass sie sich künftig an die Vereinbarung halten werde[853]. Allerdings hätte die Verteidigung gegen die Klage gerade bei Berücksichtigung der Tatsache, dass darin eine absolut dem Inhalt des Schreibens entgegenstehende Haltung geäußert wurde, als konkludente Kündigung qualifiziert werden können[854]. In ihrem Verteidigungsvorbringen hat die Beklagte deutlich gemacht, dass sie nicht weiterhin an die Abgrenzungsvereinbarung gebunden sein möchte. Das hätte der BGH in seine Erwägungen einbeziehen müssen.

Eine bei Vertragsschluss nicht vorhersehbare Änderung der Rechtsprechung, die bewirkt, dass es einer der Parteien unzumutbar wird, am Vertrag festzuhalten, wird auch als wichtiger Grund im Sinne des § 314 BGB anerkannt[855]. Obwohl es zu gleichen Ergebnissen führt, erscheint ein Vorgehen über die Grundsätze der Störung der Geschäftsgrundlage in solchen Konstellationen jedoch als passender, weil es sich hierbei um die Änderung eines Umstandes handelt, der nicht in der Risikosphäre der Parteien liegt[856].

Die Vorschrift des § 779 Abs. 1 BGB, die speziell die Störung der Geschäftsgrundlage bei Vergleichen regelt, kann zu Sachverhalten, wie er in der sog. „Jette Joop"-Entscheidung vorlag, nicht herangezogen werden, weil die Norm allein auf die Sachlage bei Vertragsschluss abstellt. Nachträgliche Veränderungen werden dabei nicht berücksichtigt[857].

V. Ausgleichsanspruch gemäß § 89b HGB analog nach Beendigung der Abgrenzungsvereinbarung

Im Falle der Beendigung einer Abgrenzungsvereinbarung durch eine im Vertragswerk vereinbarte ordentliche Kündigung und der dadurch entstehenden Folge, dass der Inhaber des prioritätsälteren Rechts gegen seinen Vertragspartner

852 Weth in: jurisPK-BGB Band 2, 7. Aufl. 2014, § 314, Rn.24.
853 BGH v. 07.12.2010 – KZR 71/08 – Jette Joop, Rn. 5, zitiert nach juris.
854 Streicher, WuW 2011, S. 959; Ellenberger in: Palandt, BGB, 74. Aufl. 2015, Einf. v. § 116, Rn. 6; BayObLG v. 17.07.1981 – All. Reg. 32/81, NJW 1981, S. 2198, 2199.
855 Vgl. S. 80, 81.
856 Pfeiffer in: jurisPK-BGB Band 2, 7. Aufl. 2014, § 313, Rn. 67.
857 Knaak, GRUR 1981, S. 394; Bork in: jurisPK-BGB Band 2, 7. Aufl. 2014, § 779, Rn. 20.

aus seinem Schutzrecht vorgehen kann, ist die Frage nach der Berücksichtigung der in die Marke getätigten Investitionen des jüngeren Inhabers naheliegend.

Die Problematik wird in Verbindung mit Lizenzverträgen diskutiert. Die Rechtsprechung hat diesbezüglich erwähnt, dass die Berücksichtigung der getätigten Investitionen im Rahmen der Kündigungsfrist stattfinden muss[858]. Auch Stimmen aus der Literatur schließen sich dieser Ansicht an[859]. Da jedoch keine Konkretisierung der Investitionen erfolgt, besteht die Gefahr, dass die Kündigungsfrist vor dem Hintergrund des bei dem Vertragspartner erweckten Vertrauens, der Produktart oder der bisherigen Dauer der Nutzung der betreffenden Marke, beliebig verlängert wird[860]. Aus diesem Grund wird vorgeschlagen, bei der Länge der Kündigungsfrist auf die für die Umstellung notwendige Dauer abzustellen und die getätigten Investitionen in Form von finanziellen Mitteln auszugleichen[861].

Zudem wird der Ersatz der Investitionen über die Heranziehung miet- und pachtrechtlicher Grundsätze, d.h. der §§ 581 Abs. 2, 536a Abs. 2 Nr. 2 BGB, angesprochen oder Parallelen zu den Diskussionen um den Aufwendungsersatzanspruch des Franchisenehmers, des Vertragshändlers oder des Kommissionsagenten gezogen. Dabei erfolgen Überlegungen zu der analogen Anwendung des § 89b HGB[862].

Diese Überlegungen sind jedoch nicht auf Abgrenzungsvereinbarungen übertragbar. Es ist nachvollziehbar, dass sie in Bezug auf die Beendigung der Lizenzverträge stattfinden. Im Rahmen eines Lizenzvertrages erhält der Lizenznehmer ein von der Marke des Lizenzgebers abgeleitetes Recht. Zwischen dem Lizenznehmer und dem Lizenzgeber besteht ein Über-/Unterordnungsverhältnis. Ein Vergleich mit Franchisenehmern, Kommissionsagenten und Vertragshändlern, bezüglich welcher Ausgleichsansprüche gemäß § 89b HGB

---

858 BGH v. 17.09.1969 – I ZR 131/67 – Migrol, GRUR 1970, 532, 533; OLG Hamburg v. 03.08.1989 – 9 U 49/89, GRUR 1989, S. 914.

859 Ingerl/Rohnke, Markengesetz, 3. Aufl. 2010, § 30 Rn. 83.

860 Martinek/Habermeier in Martinek/Semler/Habermeier/Flohr, Handbuch des Vertriebsrechts, 3. Aufl., 2010, 6. Kapitel, § 29, Rn. 71ff.; Strenkert, Die Beendigung des Lizenzvertrags, 2011, S. 106.

861 Ingerl/Rohnke, Markengesetz, 3. Aufl. 2010, § 30 Rn. 83, 91; Emde, WRP 2003, S. 468ff.

862 Strenkert, Die Beendigung des Lizenzvertrags, 2011, S. 109ff.; Emde, WRP 2003, S. 468ff; Martinek/Wimmer-Leonhardt, WRP 2006, S. 204ff.

analog bejaht werden[863], weil es sich bei ihnen um selbständige Absatzmittler handelt, die in die Vertriebsstruktur ihrer jeweiligen Vertragspartner eingebunden und in Bezug auf viele Aspekte ihrer Tätigkeit weisungsgebunden sind und welche ihren Vertragspartnern nach Beendigung der Verträge in der Regel den Kundenstamm übereignen[864], erscheint zwar naheliegend. Aber bereits in Bezug auf Lizenzverträge ist es schon fraglich, ob diese Kriterien dabei erfüllt sind, so dass nach deren Beendigung dem Lizenznehmer Ansprüche aus § 89b HGB analog zustehen. Der BGH schließt es zwar grundsätzlich nicht aus, verneinte jedoch Ausgleichsansprüche in seinem Urteil vom 29.04.2010[865]. Zur Begründung führte der Bundesgerichtshof aus, dass der Lizenznehmer dem Lizenzgeber, der selbst keine Ware produziert, eine Gebühr für die Nutzung der Marke zahlt. Mit dieser Marke versieht er in der Regel seine eigenen oder von Dritten bezogene Produkte, jedoch nicht die Ware des Lizenzgebers. Aus diesem Grund ist der Lizenznehmer nicht in die Vertriebsstruktur des Lizenzgebers eingebunden und deshalb auch nicht mit dem Handelsvertreter, Vertragshändler oder Franchisenehmer vergleichbar[866]. Aber selbst in Konstellationen, in denen der Lizenzgeber selbst Ware produziert und vertreibt, ist der Lizenznehmer in der Regel nicht in die Vertriebsstruktur seines Vertragspartners eingebunden, es sei denn es handelt sich um eine reine Vertriebslizenz[867].

Wenn die erläuterten Kriterien, die eine analoge Anwendung des § 89b HGB erlauben schon bei Lizenzen in der Regel verneint werden müssen, so sind sie bei den Parteien einer Abgrenzungsvereinbarung, genauer gesagt dem Inhaber des jüngeren Schutzrechts bei ordentlicher Kündigung des Vertrags durch den Altinhaber erst recht nicht erfüllt. Zwischen den Parteien einer Abgrenzungsvereinbarung besteht ein gänzlich anderes Verhältnis als es bei der Vergabe von Lizenzen, aber auch zwischen Unternehmen und Vertragshändler oder Franchisenehmer und Franchisegeber der Fall ist. Der Abgrenzungsvereinbarung liegt eine absolut gegensätzliche Konstellation zugrunde. Hier werden zwei

---

863 BGH v. 02.07.1987 – I ZR 188/85; BGH v. 08.06.1988 – I ZR 244/86; BGH v. 07.11.1991 – I ZR 51/90; BGH v. 12.01.2000 – VIII ZR 19/99; BGH v. 28.06.2006 – VIII ZR 350/04; BGH v. 13.06.2007 – VIII ZR 352/04; BGH v. 13.01.2010 – VIII ZR 25/08.

864 Martinek/Wimmer-Leonhardt, WRP 2006, S. 205, 206.

865 BGH v. 29.04.2010 – I ZR 3/09, Rn. 25, BeckRS 2010, 24778; ebenso OLG Hamburg v. 27.11.2008 – 3 U 146/06, BeckRS 2009, 20807.

866 BGH v. 29.04.2010 – I ZR 3/09, Rn. 26, 32, BeckRS 2010, 24778.

867 Martinek/Wimmer-Leonhardt, WRP 2006, S. 207; Coordes, GRUR-Prax 2014, S. 150.

voneinander unabhängige Marken zweier ebenfalls voneinander unabhängiger Markeninhaber abgegrenzt, damit jede Partei künftig weiterhin unbeeinflusst von der anderen ihren wirtschaftlichen Aktivitäten nachgehen und ihre Produkte mit dem jeweiligen Zeichen versehen kann, ohne Angriffe der Gegenseite zu befürchten[868]. Keine Partei ist selbstständiger Absatzmittler der anderen, es besteht zwischen ihnen keinerlei Weisungsgebundenheit und kein Vertragspartner ist in die Vertriebsstruktur seines Gegenübers eingebunden. Eine Überlassung des Kundenstammes findet bei Beendigung einer Abgrenzungsvereinbarung ebenfalls nicht statt und wird auch nicht darin vereinbart. Aus diesem Grund sind Ansprüche aus § 89b HGB analog nach Beendigung der Abgrenzung abzulehnen.

C. Ergebnis

Auch wenn die Parteien mit dem Abschluss der Abgrenzungsvereinbarung meistens eine möglichst langfristige und rechtssichere Regelung für ihre Markenkollision treffen möchten, darf diese Rechtssicherheit, hinter der vor allem der Schutz der Investitionen steht[869], nicht um jeden Preis aufrecht erhalten werden. Dass diese Tendenz besteht, belegt die Tatsache, dass eines der wichtigsten Werke zu der Thematik sich nicht mit den Beendigungsmöglichkeiten beschäftigt[870] und diese in den meisten in der Praxis abgeschlossenen Abgrenzungsvereinbarungen auch nicht geregelt werden[871]. Dieses Bestreben ist bei Berücksichtigung der Schutzdauer der Marke und der in solche getätigten Investitionen zwar nachvollziehbar, wie man beispielsweise an dem sog. „Kräuterspirituosen"-Fall feststellen kann. Hier hat das Landgericht zu Recht das Vorliegen eines Kündigungsgrundes abgelehnt. Selbst wenn hier tatsächlich die Änderung der Bekanntheitsverhältnisse eingetreten wäre, wäre nicht anders zu entscheiden gewesen. Für die Beurteilung des Bekanntheitsgrades einer Marke im Verletzungsprozess kommt es darauf an, dass die Verkehrsgeltung bereits zum Zeitpunkt der fraglichen Verletzungshandlung vorlag[872]. Aus diesem Grund ist es empfehlenswert, Dokumente, die dies belegen sehr gut über die Jahre aufzubewahren, um etwaige Angriffe in

868 Vgl. S. 10.
869 Elmenhorst/Schopp, WRP 2012, S. 1358.
870 Fammler in: Fezer (Hrsg.), Handbuch der Markenpraxis, 2. Aufl. 2012, II 1 A Rn. 16; Elmenhorst/Schopp, WRP 2012, S. 1356.
871 Neubauer, Markenrechtliche Abgrenzungsvereinbarungen aus rechtsvergleichender Sicht, 1983, S. 201.
872 Hacker in Ströbele/Hacker, Markengesetz, 11. Aufl., 2015, § 4, Rn. 62, 63.

der Zukunft abwehren zu können. Eine Anpassung und vor allem die Kündigung der Abgrenzungsvereinbarung muss aber in Konstellationen, wie derjenigen der sog. „Jette Joop“-Entscheidung, d.h. wenn die Einschränkungen einer der Parteien absolut nicht mehr gerechtfertigt sind, weil eine wesentliche Änderung der Umstände eingetreten ist, trotzdem möglich sein[873]. Eine immense Entwertung der in die Marke *„JOOP!“* getätigten Investitionen wäre in dieser Konstellation auch nicht ersichtlich gewesen.

Ein Ausgleichsanspruch des Inhabers des jüngeren Schutzrechts nach § 89b HGB analog bei ordentlicher Kündigung der Abgrenzungsvereinbarung durch seinen Vertragspartner ist abzulehnen, weil schon die Analogievoraussetzungen nicht gegeben sind, denn es fehlt die Ähnlichkeit bzw. die Vergleichbarkeit der Sachverhalte[874]. Bei den Parteien der Abgrenzungsvereinbarung handelt es sich um unabhängige Markeninhaber und am Wirtschaftsleben teilnehmende Subjekte, die nicht in die Vertriebsstruktur des Vertragspartners eingebunden sind[875]. In der Praxis wird dieses Problem wohl äußerst selten vorkommen, weil die ordentliche Kündigung einer Abgrenzungsvereinbarung lediglich dann möglich ist, wenn sie ausdrücklich vereinbart wurde[876], was meistens nicht der Fall sein wird. Im Gegenteil ist ein Ausschluss der ordentlichen Kündigung zu empfehlen. Bei den Konstellationen, in denen die Kündigung aus wichtigem Grund greift[877], wird sich die Frage nach einem Ersatz der getätigten Investitionen nicht stellen.

---

873 So auch Knaak, GRUR 1981, S. 386, 397; Elmenhorst/Schopp, WRP 2012, S. 1358.
874 Martinek/Wimmer-Leonhardt, WRP 2006, S. 205.
875 Vgl. S. 10.
876 Vgl. S. 158.
877 Vgl. S. 159.

Fazit und Thesen

Abgrenzungsvereinbarungen sind schuldrechtliche Vereinbarungen, die die Schutzbereiche meist zweier, aber auch mehrerer Marken im Kollisionsfall voneinander abgrenzen und die übrigen damit in Zusammenhang stehenden Pflichten regeln. Der Abschluss einer Abgrenzungsvereinbarung ist die beliebteste Methode zur gütlichen Beilegung von Widerspruchsverfahren bei der Anmeldung von Marken. Trotzdem beschäftigen sich die Gerichte äußerst selten in ihrer Praxis mit Abgrenzungsvereinbarungen.

Bei dem untersuchten Vertragstypus handelt es sich um Dauerschuldverhältnisse und Vergleiche im Sinne des § 779 BGB.

Die rechtliche Überprüfung der Abgrenzungsvereinbarungen führte zu den nachfolgend dargestellten Ergebnissen. Im Anschluss daran befindet sich ein Vertragsmuster einer Abgrenzungsvereinbarung sowie eine Checkliste, die bei der Vertragserstellung behilflich sein soll.

1. Das Kartellrecht findet auf Sachverhalte mit Bezug zum geistigen Eigentum Anwendung. Das Kartellrecht und die gewerblichen Schutzrechte stehen sich nicht gegenüber, sondern ergänzen sich gegenseitig.
2. Auch Vereinbarungen mit vergleichendem Inhalt und somit Abgrenzungsvereinbarungen unterliegen der Kontrolle des Kartellrechts. Der Vorgehensweise des EuGH und der Kommission ist zu entnehmen, dass Abgrenzungsvereinbarungen am Art. 101 Abs. 1 AEUV gemessen werden. Ein Bedürfnis nach der teleologischen Reduktion des Kartellverbotes besteht nicht. Die Rechtsprechung des BGH sowie der nationalen Instanzgerichte ist diesbezüglich nicht so eindeutig. Die Einflüsse der Dekartellierungsvorschriften des nordamerikanischen Rechts sind teilweise noch erkennbar.
3. Die kartellrechtliche Prüfung sollte sich an den Tatbestandsmerkmalen des Art. 101 Abs. 1 AEUV orientieren.
4. Bei der Frage nach dem Vorliegen einer Wettbewerbsbeschränkung ist ein Vergleich zwischen der gegebenen Marktsituation und derjenigen, wie sie ohne die fragliche Abrede bestehen würde, vorzunehmen. Außerdem sind die Auswirkungen der betreffenden Vereinbarung auf den Binnenmarkt, die übrigen Marktteilnehmer und die Verbraucher zu untersuchen.
5. Die Tatsache, dass die in der Abgrenzungsvereinbarung enthaltenen Pflichten von einem entsprechenden Unterlassungsanspruch gedeckt sind, kann als Indiz für die Kartellrechtsfreiheit der Abrede dienen. Trotzdem müssen

die anderen Parameter, wie ihre Auswirkungen auf den gemeinsamen Markt usw. ebenfalls berücksichtigt werden.

6. Ein Beurteilungsspielraum der Parteien in Bezug auf das Vorliegen der Verwechslungsgefahr und somit Bestehen eines Unterlassungsanspruchs in Bezug auf das Vorliegen des Tatbestandsmerkmals der Wettbewerbsbeschränkung ist abzulehnen.
7. Die Wirksamkeit der Abgrenzungsvereinbarung ist nach dem zu ihrem Abschluss geltendem Recht zu beurteilen. Nachträgliche Verbotsgesetze bewirken ihre nachträgliche Unwirksamkeit. Nachträgliche, nicht bei Vertragsabschluss absehbare Rechtsprechungsänderungen begründen nicht die nachträgliche Unwirksamkeit von Abgrenzungsvereinbarungen. Es ist fraglich, ob der EuGH sich dieser Betrachtung anschließen würde.
8. Eine grundsätzlich bestehende Möglichkeit der geltungserhaltenden Reduktion verleitet die Parteien dazu, überschießende Regelungen in Abgrenzungsvereinbarungen zu treffen. Ein starres Verbot der geltungserhaltenden Reduktion verleitet die Parteien dazu, überschießende Regelungen in Abgrenzungsvereinbarungen zu treffen. Ein starres Verbot der geltungserhaltenden Reduktion kann jedoch ebenfalls zu unsachgemäßen Ergebnissen führen. Aus diesem Grund muss anhand einer Einzelfallentscheidung festgestellt werden, ob dem Parteiwillen oder der Erhaltung des freien Wettbewerbs Vorzug zu gewähren ist.
9. Nach Aufgabe der Vorrangthese bestehen der markenrechtliche und der lauterkeitsrechtliche Schutz nebeneinander.
10. In Fällen, in denen es den Parteien nicht gelingt, die zwischen den Marken bestehende Verwechslungsgefahr durch die Abgrenzung vollständig zu beseitigen, kann es zu Wertungswidersprüchen zwischen dem Marken- und dem Lauterkeitsrecht kommen. Dies führt dazu, dass trotz der Einigkeit der Markeninhaber über die künftige Nutzung der Zeichen in der abgegrenzten Form, in § Abs. 3 UWG aufgeführte Berechtigte gegen diese Nutzung vorgehen und somit den Inhalt der Abgrenzungsvereinbarung angreifen können.
11. Die Auflösung der Wertungswidersprüche zwischen dem Marken- und dem Lauterkeitsrecht kann durch eine Interessenabwägung oder durch eine Anpassung des Bildes des Durchschnittsverbrauchers erfolgen.
12. Abgrenzungsvereinbarungen sind auch an den allgemeinen für Verträge geltenden Regelungen des BGB zu messen.
13. Eine Änderung der Rechtsprechung in Bezug auf Abgrenzungsvereinbarungen wird das Zweite Gesetz zur Änderung des Gesetzes gegen den unlauteren

Wettbewerb nicht bewirken, weil sich diese bereits auf die Vorgabe der UGP-Richtlinie stützt.

14. Eine Nichtigkeit der Abgrenzungsvereinbarung kann sich aus § 138 Abs. 1 BGB oder § 138 Abs. 2 BGB ergeben, wenn die prioritätsältere Marke zum Zeitpunkt des Abschlusses der Abgrenzungsvereinbarung verfallen ist, die Parteien darüber nicht im Streit stehen und die weiteren Voraussetzungen von § 138 Abs. 1 BGB oder § 138 Abs. 2 BGB vorliegen. Ebenso gestaltet sich die Sachlage, wenn die ältere Marke bei Abschluss der Abgrenzungsvereinbarung nach § 50 Abs. 1 MarkenG bzw. Art. 52 GMV nichtig ist, weil in Bezug darauf absolute Schutzhindernisse bestehen.
15. Im amtlichen Verfahren gemäß Art. 53 GMV ist die Abgrenzungsvereinbarung im Rahmen des Art. 52 Abs. 3 GMV zu berücksichtigen. Im amtlichen Widerspruchsverfahren gemäß § 42 MarkenG bzw. Art. 42 GMV ist die Abgrenzungsvereinbarung nicht zu berücksichtigen.
16. Die warenmäßige Abgrenzung ist in der Regel rechtlich nicht zu beanstanden, solange sie der Ausräumung eines markenrechtlichen Konflikts dient und gerade dem Anmelder des jüngeren Zeichens die Aufnahme bzw. die Fortführung seiner wirtschaftlichen Betätigung unter einem bestimmten Zeichen, in welches er eventuell bereits Investitionen getätigt hat, ermöglicht. Sie kann aber auch negative Auswirkungen auf den Verkehr von Waren und Dienstleistungen innerhalb der Europäischen Union haben. Ob darin eine spürbare Wettbewerbsbeschränkung zu sehen ist, ist anhand einer Einzelfallprüfung festzustellen.
17. Grundsätzlich ist in der zeichenmäßigen Abgrenzung, auch außerhalb des Eintragungsverfahrens, kein Verstoß gegen geltendes Recht, insbesondere nicht gegen das Kartellrecht zu sehen. Dies gilt vor allem dann, wenn die betreffende Marke noch keine Verwendung auf dem Markt fand. Wurde sie aber bereits verwendet, ist im einzelnen Fall zu untersuchen, ob durch die Abgrenzung eine spürbare Wettbewerbsbeschränkung bewirkt wird.
18. Die territoriale Abgrenzung ist kartellrechtlich sehr bedenklich, weil sie schnell eine Marktaufteilung bewirken kann und dies in der Praxis auch meistens der Fall ist, wenn beispielsweise die Nutzungsbeschränkungen nicht von der Prioritätslage in jedem durch die Abgrenzungsvereinbarung betroffenen Land gedeckt sind. Dasselbe gilt, wenn sich die in der Abgrenzungsvereinbarung enthaltenen Abreden auf Länder beziehen, in denen zwischen den Parteien kein Markenkonflikt besteht. Allerdings kann die territoriale Abgrenzung ausnahmsweise gerechtfertigt sein.

19. Einen Sonderfall der territorialen Abgrenzung stellt die rechtsgeschäftliche oder hoheitliche Markenspaltung dar. Hierbei stehen sich zwei unabhängige Markeninhaber gegenüber, die sich im Rahmen von einer Abgrenzungsvereinbarung über die Nutzung der infolge einer Aufspaltung entstandenen, für ähnliche Waren- und Dienstleistungen in verschiedenen Ländern bestehenden, identischen Markenrechte verständigt haben.
20. Vorrechtsvereinbarungen sind in der Regel rechtlich, insbesondere kartellrechtlich nicht zu beanstanden, weil darin meistens lediglich die bestehende Rechtslage wiedergegeben wird.
21. Eine Nichtangriffsabrede, die das Vorgehen aufgrund des nachträglichen Eintretens der Löschungs- oder Verfallsgründe der §§ 49 Abs. 2, 50 Abs. 1 MarkenG, Art. 51 Abs. 1 b), c) GMV, Art. 52 GMV oder die Geltendmachung von wettbewerbsrechtlichen oder deliktischen Ansprüchen umfasst, fällt unter die Geltung der §§ 134, 138 BGB.
22. Der Verzicht auf die Rechte aus § 49 Abs. 1 MarkenG, Art. 51 Abs. 1 GMV in einer Nichtangriffsabrede ist mit den markenrechtlichen Grundsätzen vereinbar.
23. Der Verzicht einer Partei gegen die andere Partei nicht wegen Verfalls seiner Marke wegen Nichtbenutzung vorzugehen in einer Nichtangriffsabrede, verstößt nicht gegen das Kartellrecht.
24. In Bezug auf die Sukzessionsklausel ist zu beachten, dass sie, abgesehen von Fällen, in denen das Gesetz den Übergang der Rechte und Pflichten bestimmt, einen unzulässigen Vertrag zu Lasten Dritter darstellt. Aus diesem Grund bietet es sich hier an, zu formulieren, dass die Parteien sich verpflichten, ihrem jeweiligen Nachfolger die Pflichten aus der Abgrenzungsvereinbarung aufzuerlegen.
25. Ein Sukzessionsschutz gemäß § 30 Abs. 5 MarkenG analog ist bei Abgrenzungsvereinbarungen nicht zu gewähren.
26. Die Kündigung einer Abgrenzungsvereinbarung gemäß § 723 BGB analog kommt grundsätzlich nicht in Betracht, weil es hier in den meisten Fällen an einem gesellschaftsähnlichen Verhältnis fehlt, denn die dazu erforderliche Verfolgung eines gemeinsamen Zweckes durch die Parteien findet dadurch in der Regel nicht statt.
27. Eine ordentliche Kündigung einer Abgrenzungsvereinbarung ist nur möglich, wenn die Parteien sie ausdrücklich vereinbart haben.
28. Die Kündigung einer Abgrenzungsvereinbarung aus wichtigem Grund gemäß § 314 BGB ist auch dann möglich, wenn dazu keine Regelung im Vertragswerk getroffen wurde. Es müssen jedoch schwerwiegende Umstände

vorliegen, um eine Zerrüttung des dem Vertragsverhältnis zugrunde liegenden Vertrauens anzunehmen, weil es hier nicht auf eine Zusammenarbeit der Parteien ankommt.

29. Der zu einer außerordentlichen Kündigung der Abgrenzungsvereinbarung führende Wegfall der Geschäftsgrundlage gemäß § 313 Abs. 1, 3 S. 2 BGB ist bei Eintritt einer nicht vorhersehbaren Rechtsprechungsänderung anzunehmen, wenn dadurch der ursprünglich bestehende Markenkonflikt entfällt und die Einschränkung der wirtschaftlichen Handlungsfreiheit der benachteiligten Partei nicht mehr gerechtfertigt ist.
30. Ein Ausgleichsanspruch gemäß § 89b HGB analog aus Gründen des Investitionsschutzes besteht nach Beendigung einer Abgrenzungsvereinbarung nicht.

Muster einer Abgrenzungsvereinbarung

Abgrenzungsvereinbarung[878]
zwischen

Inhaber des prioritätsälteren Markenrechts, Sitz, vertreten durch
- nachfolgend A-
und

Inhaber des prioritätsjüngeren Markenrechts, Sitz, vertreten durch
-nachfolgend B-

Präambel[879][880]

A ist Inhaber der Marken[881] XXX, YYY, ZZZ für Waren bzw. Dienstleistungen der Klasse .... mit Priorität vom 00.00.0000[882]. B hat am 00.00.0000 das Zeichen XY als Marke für die Waren und Dienstleistungen der Klasse .... angemeldet[883]. Dagegen hat A am 00.00.0000 Widerspruch eingelegt.

---

878 Nach Beck'schem Formularbuch, Münchener Prozessformularbuch und von Kollegen zur Verfügung gestellten Mustern.

879 Da vielfältige Konstellationen existieren, die zum Abschluss einer Abgrenzungsvereinbarung führen, sollten die Parteien ihre Ausgangssituation und die Beweggründe für den Vertragsschluss detailliert beschreiben, damit der Parteiwille nachträglich einfach ermittelt werden kann, sollte während der Laufzeit der Vereinbarung eine ergänzende Vertragsauslegung notwendig sein. Hier bietet es sich an, die Parteien sowie die betreffenden Marken genau aufzuführen und zu erläutern, wie sie nachfolgend bezeichnet werden. Dies dient dazu, in den zum Teil komplizierteren Regelungen die Parteien sowie die jeweiligen Marken gut unterscheiden zu können.

880 Zudem kann hier je nach vorliegeneder Konstellation vorsorglich angemerkt bzw. dargestellt werden, dass der Informationsaustausch zwischen den Parteien nur im kartellrechtlich zulässigen Maße stattgefunden hat (vgl. Leitlinien zur Anwendbarkeit von Artikel 101 des Vertrages über die Arbeitsweise der Europäischen Union auf Vereinbarungen über horizontale Zusammenarbeit, ABlEU. 2011 C 11/1, S. 13ff.; Pischel/Hausner, EuZW 2013, S. 498ff.).

881 Oder eines Unternehmenskennzeichens oder eines Zeichens nach § 5 Abs. 3 MarkenG (vgl. Koch in: Beck'sches Formularbuch, Abgrenzungsvereinbarung, 3. Aufl. 2014, zitiert nach beck-online).

882 Auch die Registrierungsnummern der Marken sollten angegeben werden (vgl. Rohnke/Jacob in: Münchener Prozessformularbuch, S. 257).

883 Hier kann es sich auch um ein Zeichen handeln, welches bereits benutzt wird, für welches aber noch keine Markenanmeldung erfolgt ist. Es ist zudem denkbar, dass

Um ein Widerspruchsverfahren bzw. einen Rechtsstreit und künftige Kollisionen zu vermeiden bzw. um ein Widerspruchsverfahren zu beenden, treffen die Parteien folgende Vereinbarungen:

§ 1

Pflichten von B

1.1 B verpflichtet sich, das Zeichen XY oder eine damit verwechselbar ähnliche Bezeichnung in Alleinstellung nicht für die Waren bzw. Dienstleistungen …… zu benutzen.

1.2 B verpflichtet sich, die Waren bzw. Dienstleistungen …… aus dem Waren- und Dienstleistungsverzeichnis der Marke XY streichen zu lassen, indem er alle dafür erforderlichen Erklärungen gegenüber dem DPMA bzw. HABM abgibt.

1.3 B verpflichtet sich, das Zeichen XY nur in der hier näher bezeichneten Form bzw. nur mit dem hier näher bezeichnetem Zusatz bzw. nicht in der von A benutzten grafischen Gestaltung mit der Farbgebung blau und rot nur für Waren und Dienstleistungen …., jedoch nicht für Waren und Dienstleistungen …… zu benutzen[884].

1.4 Die in den vorstehenden Absätzen aufgeführten Verpflichtungen wird B auch bei künftigen Markenanmeldungen, die den Bestandteil XY aufweisen, berücksichtigen. Dasselbe gilt für die künftige Nutzung von Unternehmenskennzeichen, Domainnamen oder sonstigen Kennzeichen mit dem Bestandteil XY oder damit verwechselbare ähnliche Bezeichnungen.

---

der Inhaber dieses als Firmenname oder Domain nutzen möchte und nicht beabsichtig eine Marke anzumelden (vgl. Koch in: Beck'sches Formularbuch, Abgrenzungsvereinbarung, 3. Aufl. 2014, zitiert nach beck-online).

884 Die Benutzungsregelung kann für den Fall der Zuwiderhandlung mit einer Strafbewährung verbunden werden. Dies empfiehlt sich, wenn zwischen den Parteien bereits ein Verletzungsrechtsstreit anhängig ist oder der Inhaber der prioritätsjüngeren Marke bereits die Benutzung seines Zeichens aufgenommen hat und die Art und Weise der Nutzung den Inhaber der prioritätsälteren Marke in seinen Rechten beeinträchtigt (vgl. Koch in: Beck'sches Formularbuch, Abgrenzungsvereinbarung, 3. Aufl. 2014, zitiert nach beck-online; Rohnke/Jacob in: Münchener Prozessformularbuch, S. 259). Diese Regelung kann unter eine auflösende Bedingung, dass dem Inhaber der prioritätsälteren Marke kein Verbotsrecht mehr zusteht, beispielsweise weil seine Marke wegen Verfalls, Nichtigkeit, Verzichts oder anderer Löschungsgründe angreifbar sind oder eine Übertragung der Marke auf einen Dritten stattgefunden hat.

1.5 B verpflichtet sich, aus seinen prioritätsälteren Rechten an dem Zeichen XY nicht gegen die Benutzung bzw. Neueintragung von XXX, YYY in Kombination mit anderen Wort- und Bildelementen oder damit verwechselbar ähnlichen Zeichen als Marke oder sonstigen Zeichen durch A vorzugehen.

1.6 B verpflichtet sich, gegen die Marken XXX, YYY keine ihm wegen Bestehens prioritätsälterer Rechte zustehenden Rechte geltend zu machen[885].

§ 2

Pflichten von A

2.1 A verpflichtet sich, die Benutzung bzw. Registrierung und Neuanmeldung der Bezeichnung XY durch B in dem in dieser Vereinbarung festgelegten Umfang zu dulden[886] und dagegen keine Rechte geltend zu machen, insbesondere keinen Widerspruch zu erheben, wenn die Benutzung bzw. Registrierung oder Neueintragung sich in dem durch diese Vereinbarung festgelegten Umfang hält.

2.2 A verpflichtet sich, seinen Widerspruch gegen die Marken von B gegen die Vorlage eines schriftlichen Nachweises[887] über die erfolgte Einschränkung des Waren- und Dienstleistungsverzeichnisses entsprechend der Regelung des § 1 1.1 zurückzunehmen und alle dafür erforderlichen Erklärungen gegenüber dem DPMA bzw. HABM abzugeben.

2.3 A verpflichtet sich, gegen die Marken XY von B keine ihm wegen Bestehens prioritätsälterer Rechte zustehenden Rechte geltend zu machen[888].

---

885 Nach der Rechtsprechung sind Klauseln, die hier auch das Vorgehen aufgrund von Nichtbenutzung einbeziehen, dahingehend auszulegen, dass lediglich das Vorgehen aufgrund von Bestehens prioritätsälterer Rechte umfasst ist, weshalb die Klausel auch weiter formuliert werden könnte, vgl. S. 149.

886 Alternativ: A verpflichtet sich, die Verwendung des Zeichens XY in der nachfolgend dargestellten konkreten Ausgestaltung und Farbgebung zu dulden.

887 Alternativ: innerhalb von einer Woche nach Vorlag eines schriftlichen Nachweises über die erfolgte Einschränkung des Waren- und Dienstleistungsverzeichnisses.

888 Nach der Rechtsprechung sind Klauseln, die hier auch das Vorgehen aufgrund von Nichtbenutzung einbeziehen, dahingehend auszulegen, dass lediglich das Vorgehen aufgrund von Bestehens prioritätsälterer Rechte umfasst ist, weshalb die Klausel auch weiter formuliert werden könnte, vgl. S. 149.

§ 3

Geltungsbereich und Geltungsdauer

3.1 Diese Vereinbarung gilt für die Europäische Union[889].

3.2 Diese Vereinbarung gilt ab dem 00.00.0000 und wird auf unbestimmte Dauer geschlossen[890].

§ 4

Rechtsnachfolge[891]

4.1 Die Parteien verpflichten sich, die Pflichten aus dieser Vereinbarung ihrem jeweiligen Rechtsnachfolger aufzuerlegen.

4.2 Die Parteien verpflichten sich, die Pflichten aus dieser Vereinbarung verbundenen Unternehmen im Sinne des § 15 AktG und/oder Lizenznehmern, die durch diese Vereinbarung umfasste Marken registriert haben oder benutzen für die Dauer ihrer Verbundenheit im Sinne des § 15 AktG oder ihrer Lizenznehmerstellung aufzuerlegen.

§ 5

Beendigung

5.1 Die ordentliche Kündigung dieser Vereinbarung ist ausgeschlossen[892].

5.2 Die Parteien können die Vereinbarung aus wichtigem Grund kündigen. Als wichtiger Grund gilt insbesondere die Veränderung der tatsächlichen oder rechtlichen Verhältnisse oder der Rechtsprechung, die dazu führt, dass A kein Verbotsrecht mehr zusteht, insbesondere weil die Marken wegen Nichtigkeit, Verfalls, Verzichts oder anderer Löschungsgründe angreifbar sind[893].

5.3 Die Kündigung bedarf zu ihrer Wirksamkeit der Schriftform.

---

889 Alternativ: Diese Vereinbarung gilt in den nachfolgend aufgeführten Ländern. B ist dabei nur in den Ländern zur Einhaltung der Verpflichtungen aus seiner Vereinbarung verpflichtet, in denen A über ältere Rechte in Bezug auf die in der Präambel aufgeführten Marken verfügt. (vgl. Althaus, Markenrechtliche Abgrenzungsvereinbarungen, 2010, S. 212). Der Geltungsbereich der Vereinbarung sollte so genau wie möglich angegeben werden. Andernfalls besteht die Gefahr eines Kartellrechtsverstoßes (vgl. S. 156).

890 Vgl. S. 157.

891 Vgl. S. 152ff.

892 Vgl. S. 158.

893 Vgl. S. 159ff.; alternativ wäre hier eine Klausel denkbar, in der sich die Parteien verpflichten, den Vertrag an eine Änderung der Rechtsprechung anzupassen, indem sie über die betroffenen Punkte neu verhandeln.

§ 6

Anwendbares Recht, Gerichtsstand

6.1 Diese Vereinbarung unterliegt dem Recht der Bundesrepublik Deutschland.

6.2 Für alle Streitigkeiten aus oder in Verbindung mit dieser Vereinbarung wird die Zuständigkeit des Landgerichts .... vereinbart.

§ 7

Kosten, Schriftform, Salvatorische Klausel

7.1 Jede Partei trägt ihre Kosten selbst. Dies gilt auch für die Kosten dieser Vereinbarung sowie die Kosten des Widerspruchsverfahrens.

7.2 Änderungen und Ergänzungen dieses Vertrages bedürfen der Schriftform. Auf die Schriftform kann nur schriftlich verzichtet werden.

7.3 Sollten eine oder mehrere Bestimmungen dieser Vereinbarung unwirksam sein oder werden, soll die Wirksamkeit der Vereinbarung hiervon unberührt bleiben. Die Parteien verpflichten sich, die unwirksame Bestimmung durch eine wirksame zu ersetzen, die dem angestrebten wirtschaftlichen Zweck am nächsten kommt. Gleiches gilt im Fall einer Regelungslücke.

Checkliste für die Vertragsgestaltung

- ✓ Präambel
- ✓ Genaue Bezeichnung der Parteien
- ✓ Genaue Bezeichnung der Schutzrechte
- ✓ Regelung der Abgrenzung
- ✓ Rücknahme Widerspruch
- ✓ Nichtangriffsabrede
- ✓ Geltungsbereich
- ✓ Geltungsdauer
- ✓ Rechtsnachfolge
- ✓ Ausschluss der ordentlichen Kündigung
- ✓ Kündigung aus wichtigem Grund
- ✓ Ggf. Definition des/der wichtigen Grundes/Gründe
- ✓ Schriftform der Kündigung
- ✓ Anwendbares Recht
- ✓ Gerichtsstandsvereinbarung
- ✓ Kosten
- ✓ Doppelte Schriftformklausel
- ✓ Salvatorische Klausel

Saarbrücker Studien zum Privat- und Wirtschaftsrecht

herausgegeben von
Prof. em. Dr. Johann Paul Bauer
Prof. Dr. Dr. Dr. h.c. mult. Michael Martinek
Prof. Dr. Dr. h.c. Helmut Rüßmann

Die Schriftenreihe "Saarbrücker Studien zum Privat- und Wirtschaftsrecht" bildet in erster Linie ein Forum für rechtswissenschaftliche Doktorarbeiten der Universität des Saarlandes auf zwei juristischen Schwerpunktgebieten. Zum einen sollen Dissertationen im klassischen Privatrecht, vor allem im bürgerlichen Vermögensrecht der ersten drei Bücher des BGB und ihrer Nebengesetze vorgestellt werden. Zum anderen findet das Wirtschaftsrecht im Sinne des Wirtschaftsprivatrechts besondere Berücksichtigung, womit namentlich die Gebiete des Handelsrechts einschließlich des Bilanzrechts, des Personen- und Kapitalgesellschaftsrechts einschließlich des Konzernrechts, des Gewerblichen Rechtsschutzes sowie des Wettbewerbs- und Kartellrechts bezeichnet sind. Es versteht sich, dass nicht nur rechtsdogmatische Studien, sondern auch rechtstatsächlich, rechtspolitisch oder interdisziplinär angelegte Arbeiten in die Schriftenreihe Aufnahme finden. Denn die Rechts- und Wirtschaftswissenschaftliche Fakultät der Universität des Saarlandes vereinigt unter *einem* Dach die Fachbereiche Rechtswissenschaft und Wirtschaftswissenschaft und regt damit Studenten und Hochschullehrer in besonderer Weise zu fachübergreifender Lehre und Forschung an. Die Schriftenreihe steht aber nicht nur sehr guten und ausgezeichneten Dissertationen, sondern auch anderen "Studien" zu privat- und wirtschaftsrechtlichen Themen offen, bis hin zu Materialien und Skripten des akademischen Unterrichts. Die drei Herausgeber, die zugleich stellvertretend für ihre anderen Saarbrücker Fakultätskollegen des Privat- und Wirtschaftsrechts handeln, verbinden mit den "Saarbrücker Studien zum Privat- und Wirtschaftsrecht" den Wunsch, dass die hier veröffentlichten Arbeiten die verdiente Resonanz in der breiteren juristischen Fachöffentlichkeit finden.

Saarbrücker Studien zum Privat- und Wirtschaftsrecht

Herausgeber:
Johann Paul Bauer, Michael Martinek und Helmut Rüßmann

Band 1 Susanne Jaschinski: Die Haftung von Schwestergesellschaften im GmbH-Unterordnungskonzern. Ein Beitrag zum Konzernverfassungsrecht. 1997.

Band 2 Roman Sascha Ahnert: Die *actio individualis*. Ein Beitrag zur verfassungsrechtlichen Fundierung der Aktionärsklage bei sogenannten Aktien-Interessenverbänden. 1997.

Band 3 Torsten Peters: Der Cateringvertrag. Rechtstatsachen, Rechtsnatur und Rechtsprobleme eines modernen Dienstleistungsvertrags. 1998.

Band 4 Michael Meissner: Persönlichkeitsschutz juristischer Personen im deutschen und US-amerikanischen Recht. Eine rechtsvergleichende Untersuchung des allgemeinen Persönlichkeitsrechts juristischer Personen. 1998.

Band 5 Thomas Tegen: Joint Venture-Vertrag und Projektträgergesellschaft im amerikanischen und deutschen Recht. 1998.

Band 6 Gerhard Wolter: Treuhandrecht im Umbruch? Ein Blick nach Frankreich, Luxemburg, in die Schweiz und in den Libanon sowie auf das Haager Trust-Übereinkommen. 1999.

Band 7 Thomas Dehlfing: Das Recht der irreführenden Werbung in Deutschland, Großbritannien und Frankreich. 1999.

Band 8 Hanno Dornseifer: Börsentermingeschäfte und Börsentermingeschäftsfähigkeit. Zur börsengesetzlichen Behandlung von finanzwirtschaftlichen Festgeschäften, Options- und Optionsscheingeschäften. 1999.

Band 9 Patrick Lenz: Absatzförderung durch *zinssubventionierte* Darlehen. Eine wettbewerbs- und kartellrechtliche Studie zur Zulässigkeit von Niedrigzins-Kreditangeboten unter besonderer Berücksichtigung des Automobilmarktes. 1999.

Band 10 Mansur Pour Rafsendjani: Der Goodwill-Ausgleichsanspruch des Franchisenehmers. Ein Vergleich des deutschen, französischen und US-amerikanischen Franchiserechts. 1999.

Band 11 Jörg Hartmann: Juristische und ökonomische Regelungsprobleme des Insiderhandels. Eine rechtsvergleichende Darstellung USA – Deutschland. 1999.

Band 12 David Altmeier: Rückstellungsbilanzierung in Deutschland und Frankreich. Eine vergleichende Untersuchung der französischen Rückstellungsbilanzierung aus der Perspektive des deutschen Bilanzrechts. 1999.

Band 13 Barbara Günther: Aktivische Bilanzierungshilfen im deutschen und französischen Bilanzrecht. 1999.

Band 14 Bernhard Glasow: Vertikale Preisbindung, Wettbewerbstheorie und Wettbewerbsrecht in den USA, Deutschland und Europa. Bestandsaufnahmen, Kritik und Zukunftsperspektiven. 2000.

Band 15 Dorota Nowak-James: Der Börsenzugang für Anleger in Deutschland und Polen. Eine rechtsvergleichende Untersuchung zum deutschen Finanzkommissionsgeschäft und zum polnischen Brokerauftragsvertrag. 2000.

Band 16 Mathias Queck: Der Nießbrauch am Anteil einer offenen Handelsgesellschaft. Eine Form der (un-)mittelbaren Unternehmensbeteiligung. 2000.

Band 17 Ina Roth: Umweltbezogene Unternehmenskommunikation im deutschen und europäischen Wettbewerbsrecht. 2000.

Band 18 Jörg Preiss: Die Anwendung des markenrechtlichen Erschöpfungsgrundsatzes auf Dienstleistungsmarken. 2000.

Band 19 Kevin M. McDonald: Der Begriff der Dienstleistung im europäischen Binnenmarkt und WTO-System (GATS). 2001.

Band 20 Carolin Opgenhoff: Die europäische Fusionskontrolle zwischen Wettbewerbsrecht und Industriepolitik. 2001.

Band 21 Susanne Schäfer: Die Deliktsfähigkeit juristischer Personen. Eine rechtsvergleichende Untersuchung zur Übertragbarkeit des englischen Modells. 2001.

Band 22 Kay Diedrich: Die Interventionswirkung – Ausprägung eines einheitlichen Konzepts zivilprozessualer Bindungswirkung. 2001.

Band 23 Michael Fröhlich: Zentrale Institutionen des deutschen Urheberrechts und des französischen Droit d'auteur auf dem Prüfstand der elektronischen Netzwerke. 2001.

Band 24 Joël Benjamin Münch: Abtretungsverbote im deutschen und französischen Recht. Rechtsvergleichende Untersuchung der Übertragungshindernisse im deutschen und französischen Forderungsverkehr als Beitrag zu einer weiteren Schuldrechtsvereinheitlichung in Europa. 2001.

Band 25 Monika Prieß: Der Begriff des Sachmangels im deutschen und englischen Kaufrecht. Reformbedarf aufgrund der Verbrauchsgüterkauf-Richtlinie 1999/44/EG. 2001.

Band 26 Katharina Siegel: Produkthaftung im polnischen, tschechischen und slowenischen Recht. 2001.

Band 27 Carolin Kühne: Die gesetzliche Form der Rechtsgeschäfte im deutschen und italienischen Recht. Eine rechtsvergleichende Untersuchung. 2002.

Band 28 Nina Scherf: Die Nachschußpflicht im Gesellschaftsrecht. Eine rechtsformübergreifende Bestandsaufnahme, Analyse und Kritik. 2002.

Band 29 Marc Laukemann: Fernsehwerbung im Programm. Die zunehmende Kommerzialisierung des Fernsehprogramms im Zeitalter einer Ökonomisierung der Aufmerksamkeit als verfassungs-, wettbewerbs- und rundfunkrechtliches Problem. 2002.

Band 30 Michael Bo Jaspers: Nachträgliche Rechtswahl im internationalen Schuldvertragsrecht. Unter besonderer Berücksichtigung der Rechtspraxis in England, Frankreich, Dänemark und Deutschland. 2002.

Band 31 Christina Pernice: Die Insolvenzverschleppung durch das Geschäftsführungsorgan der kleinen Kapitalgesellschaft im deutschen, französischen und englischen Recht. Eine rechtsvergleichende Untersuchung zur Entwicklung eines europäischen Lösungsansatzes. 2002.

Band 32 Anne Christine Janert: Der sachliche und persönliche Anwendungsbereich des deutschen Verbraucherkreditrechts und des britischen Consumer Credit Act 1974. Ein Beitrag zu den Möglichkeiten und Grenzen verbraucherrechtlicher Harmonisierung in Europa. 2002.

Band 33 Annette Trost: Faktische Sitzverlegung unter Sitz- und Gründungstheorie im Vergleich. Unter besonderer Berücksichtigung ihrer gesellschafts- und zivilrechtlichen Folgewirkungen. 2003.

Band 34 Esther Cordula Hilpert: Die Gründerhaftung in der Gesellschaft mit beschränkter Haftung in Deutschland, Frankreich und England. 2003.

Band 35 Wei-ming Liao: Die Schiedsgerichtsbarkeit in Taiwan. Unter besonderer Berücksichtigung der internationalen Handelsschiedsgerichtsbarkeit und mit Hinweisen zu der Entwicklung in Deutschland. 2003.

Band 36 Stefan Stork: Sitzverlegung von Kapitalgesellschaften in der Europäischen Union. Zur Reichweite der Niederlassungsfreiheit unter Berücksichtigung der positiven und der negativen Integration. 2003.

Band 37 Marc Pfeffer: Interbrand-Kartellverbot und Intrabrand-Vereinbarungen. Die Ablösung horizontaler und vertikaler Eingriffsmerkmale im GWB zu Gunsten einer Betrachtung produktexterner und -interner Wettbewerbsfaktoren. 2003.

Band 38 Nicole Burkardt: Der arbeitsrechtliche Aufhebungsvertrag. Einvernehmliche Beendigung von Arbeitsverhältnissen unter Berücksichtigung der Rechtslage nach der Schuldrechtsreform. 2004.

Band 39 Christian Schmeling: Die Entlastung von Mitgliedern geschäftsführender Organe im Recht der Kapitalgesellschaften. Eine rechtsvergleichende Studie zum deutschen, schweizerischen und französischen Recht. 2004.

Band 40 Andreas Wolf: Wege zur virtuellen Haupt- und Gesellschafterversammlung. Eine vergleichende Untersuchung über die Einbeziehung elektronischer Medien in die Hauptversammlung einer Aktiengesellschaft und die Gesellschafterversammlung einer GmbH. 2004.

Band 41 Bianca Natalie Baldus: Der elektronisch geschlossene Vertrag mit Schiedsabrede. Zulässigkeit und anwendbares Recht in nationalen und internationalen Schiedsverfahren. 2004.

Band 42 Vania Dilek: Der Wettbewerbsschutz in Bulgarien und in der Russischen Föderation während des Übergangs vom Dirigismus zur Privatautonomie. 2004.

Band 43 Rudolf Lenders: Treuhand am Gesellschaftsanteil. Die Einbindung des Treugebers in das gesellschaftsrechtliche Organisationsgefüge. 2004.

Band 44 Weizuo Chen: Rück- und Weiterverweisung (Renvoi) in staatsvertraglichen Kollisionsnormen. 2004.

Band 45 Stefan Hahn: Neue Ansätze im Anlegerschutz durch die Ad-hoc-Publizität des § 15 WpHG. 2004.

Band 46 Pietro Graf Fringuelli: Internet TV. Filmurheberrecht im Internet. 2004.

Band 47 Caspar Frhr. v. Schnurbein: Missbrauch von Minderheitsrechten im deutschen und italienischen Aktienrecht. 2005.

Band 48 David Kereselidze: Der allgemeine Teil des Georgischen Zivilgesetzbuches von 1997. Eine rechtsvergleichende Untersuchung. 2005.

Band 49 Miguel A. García Mateos: Das neue Recht der Namensaktie. Bestandsaufnahme, Analyse und Kritik. 2005.

Band 50 Christine Eckstein-Puhl: Prozessbetrug im Schiedsverfahren. Eine Studie zu den vom erschlichenen Schiedsspruch aufgeworfenen Fragen des Aufhebungsverfahrens gemäß § 1059 ZPO. 2005.

Band 51 Steffen Paulmann: Wirksamkeit von Haftungsausschlüssen und -begrenzungen im deutsch-französischen Warengeschäftsverkehr. Unter besonderer Berücksichtigung der UNIDROIT-Principles und der Principles of European Contract Law. 2005.

Band 52 Ina Krischek: Wirtschaftsmediation als alternatives Streitbeilegungsverfahren. Gerichtsverfahren, Schiedsverfahren und Mediation im Vergleich. 2005.

Band 53 Olaf Pick: Verkehrspflichten und Handlungsfreiheit des „Schädigers“. 2005.

Band 54 Thomas Paul: Die Gesellschafterfähigkeit von Gesamthandsgemeinschaften. 2005.

Band 55 Dieter Friedrich Unger: Das Recht der Kapitalaufbringung und -erhaltung bei der Aktiengesellschaft im Rechtsvergleich Deutschland, Österreich und Schweiz. Eine Analyse des Kapitalsicherungsrechts in Deutschland, Österreich und der Schweiz. 2006.

Band 56 Nicole Schröder: Perspektiven der Europäisierung des GmbH-Rechts und der Europäischen Privatgesellschaft vor dem Hintergrund der Europäischen Aktiengesellschaft. 2007.

Band 57 Ivo du Mont: Die Kombination von Rücktritt und Schadensersatz im neuen Schuldrecht. Eine ökonomische und rechtsvergleichende Analyse am Beispiel des Kaufvertrags. 2007.

Band 58 Matthias Kühn: Umweltschutz durch Privatrecht. Eine Studie zur ökologischen Analyse der privatrechtlichen Schutzrechte und des Vertragsrechts in Deutschland und England. 2007.

Band 59 Komninos Komnios: Die elektronische Signatur im deutschen und griechischen Recht. 2007.

Band 60 Matthias Kühl: Die Gewinnzusage nach § 661a BGB. Dogmatische Einordnung und rechtsvergleichende Untersuchung. 2007.

Band 61 Barbara Jeanne Attinger: Der Mittelpunkt der hauptsächlichen Interessen nach der EuInsVO – erfolgreiches Konzept oder Quelle der Rechtsunsicherheit? Eine Auseinandersetzung mit dem Zuständigkeitskriterium der Europäischen Insolvenzverordnung unter Heranziehung der Erkenntnisse der ökonomischen Analyse des Rechts. 2008.

Band 62 Dorothee Stober: Der deutsch-schweizerische Erbfall. Eine rechtsvergleichende und international-privatrechtliche Analyse. 2009.

Band 63 Daniel Marc Protz: Das zivilrechtliche Anforderungsprofil mezzaniner Strukturen der Unternehmensfinanzierung. 2009.

Band 64 Manuela Schäfer: Die Verträge zur Durchführung des Schiedsverfahrens. Analyse und Vergleich zweier Lösungsmodelle am Beispiel des deutschen und US-amerikanischen Rechtsraums. Teil I und Teil II. 2010.

Band 65 Ionut Raduletu: Der Schutz von Minderheitsaktionären nach rumänischem und deutschem Aktienrecht unter Berücksichtigung des EU-Acquis. 2010.

Band 66 Christoph Köhler: Lastschriftverfahren in der Insolvenz des Schuldners. Im Lichte der neuen BGH-Rechtsprechung. 2010.

Band 67 Stefan Weiland: *Par condicio creditorum.* Der insolvenzrechtliche Gleichbehandlungsgrundsatz und seine Durchbrechungen zugunsten öffentlich-rechtlicher Gläubiger. 2010.

Band 68 Philipp Ehring: Die Due Diligence im Spannungsverhältnis zwischen kaufrechtlichem Haftungssystem und vertraglicher Gestaltung. 2010.

Band 69 Jochen Hell: GmbH-Mantelverwendung. Haftung und Verantwortlichkeit jenseits der „wirtschaftlichen Neugründung“. 2010.

Band 70 Ge Jiang: Das GmbH-Recht in China aus rechtsvergleichender Sicht. Analyse, Kritik und Verbesserungsvorschläge. 2011.

Band 71 Michael Helmut Wildscheck: Das Recht des Unternehmenskaufs in Deutschland und Frankreich unter besonderer Berücksichtigung von Garantieklauseln. Eine rechtsvergleichende Studie zur deutschen und französischen Kautelarpraxis. 2011.

Band 72 Britta Wagner: Haftungsrisiken aus Liquiditätszusagen und Patronatserklärungen in der Unternehmenskrise. 2011.

Band 73 Manuel Karb: Energiepreiskontrolle. Eine Untersuchung der Entgeltkontrolle auf den verschiedenen Energiemärkten nach Energiewirtschaftsrecht, deutschem und europäischem Wettbewerbsbeschränkungsrecht und allgemeinem Zivilrecht. 2011.

Band 74 Bernd Steffen Bertelmann: Das BGB-Zahlungsdiensterecht im Kontext der Single Euro Payments Area. Leitlinien zur richtlinienkonformen Auslegung unter vergleichender Berücksichtigung des britischen und französischen Rechts. 2011.

Band 75 Susanne Niesse: Die leistungsstörungsrechtlichen Grundstrukturen des deutschen, französischen und englischen Unternehmenskaufrechts im Vergleich. 2012.

Band 76 Zhong Ren: Wahrheitspflicht und Kooperationsmaxime im Zivilprozess in Deutschland, Japan und China. 2013.

Band 77 Giga Gabrichidze: Der Prozess der Angleichung des georgischen Wettbewerbsrechts an das Recht der Europäischen Union. 2013.

Band 78 Stephan Wachs: Flucht aus der kartellrechtlichen Bußgeldverantwortung? Unternehmensrestrukturierung und Haftungsnachfolge im deutschen und europäischen Bußgeldrecht. 2013.

Band 79 Max Jakob Rösch: Gesellschafterfremdfinanzierung, Gläubigerschutz und Gläubigerrisikoverantwortung. Die insolvenzrechtliche Sonderbehandlung der Gesellschafterfremdfinanzierung als Ausdruck von Gläubigerschutz und Gläubigerrisikoverantwortung der Gesellschafter. 2013.

Band 80 Sinan Okur: Eine kritische Untersuchung zu den Rechtsbehelfen des Käufers im alten und im neuen türkischen Warenkaufrecht. Zugleich ein Beitrag zu der Harmonisierung des türkischen Warenkaufrechts im Lichte des CISG, BGB und der europäischen Vertragsrechtsharmonisierung. 2013.

Band 81 Dagmar Julia Mathieu: Der Kampf des Rechts gegen erpresserische Aktionäre. Bestandsaufnahme, Kritik und Perspektiven. 2014.

Band 82 Matthias Michael Kappel: Der Grundschuldsicherungsvertrag als Wandlung eines Treuhandverhältnisses. Ein Beitrag zur Überwindung der Dichotomie von Sicherung und Treuhand. 2014.

Band 83 Norman Konecny: Der Verordnungsentwurf über ein Gemeinsames Europäisches Kaufrecht. Meilenstein der europäischen Integration oder Irrlicht der europäischen Politik? 2014.

Band 84 Anna Feilen: Verträge über die Lieferung herzustellender beweglicher Sachen und deren rechtliche Einordnung – eine rechtsvergleichende Untersuchung. 2015.

Band 85 Zeynep Dönmez: Das Widerrufsrecht bei Fernabsatzverträgen. Online-Verträge im türkischen und deutschen Recht. 2015.

Band 86 Martin Kienzler: Die Partnerschaftsgesellschaft mit beschränkter Berufshaftung (PartG mbB) als gesetzgeberische Zwischenstation der Liberalisierung des Gesellschaftsrechts Freier Berufe. 2015.

Band 87 Philipp J. Gergen: Rechtsfragen der Regulierung außerbörslicher derivativer Finanzinstrumente. Zur neuen Marktinfrastruktur in der Europäischen Union, den Vereinigten Staaten von Amerika und Singapur. 2015.

Band 88 Birgit Schmeyer: Franchising als wettbewerbs- und verbraucherrechtliche Regelungsaufgabe in Europa und Südafrika. 2016.

Band 89 Julia Lorenz: Die Abgrenzung von Marken. Eine Untersuchung zur Wirksamkeit und Gestaltung markenrechtlicher Abgrenzungsvereinbarungen. 2016.

www.ingramcontent.com/pod-product-compliance
Ingram Content Group UK Ltd.
Pitfield, Milton Keynes, MK11 3LW, UK
UKHW021852290926
8980IPUK00005B/797

9 783631 671986